全媒体播音主持科学训练

语音发声科学训练 第三版

YUYIN FASHENG
KEXUE XUNLIAN

DI-SAN BAN 王峥 ❖ 编著

中国传媒大学出版社
·北京·

第三版修订说明

  《语音发声科学训练》自2009年出版以来,经历了2014年比较大的修订,又一个五年过去了。现在去繁取精,保留经典,新增热点,进行第三版修订。

  在李钢教授的指导之下,本书厘清了一些学界、业界容易混淆的概念,包括示意图,得到"拨乱反正"的梳理(李钢教授语),这让本书在理论架构上站得住脚。李钢教授为本书普通话声韵配合表做的示范朗读,是汉语普通话的国家级标准示范音,永远是我们播音专业教师、学生和读者的标杆。

  第三版仍然保留系统的字词、古诗、绕口、贯口、故事、散文、纪录片解说、新闻、即兴评述话题等类别的练习材料,进一步增加了曲艺和北方鼓曲的训练内容。同时,第三版删去了朗诵稿和演讲稿,是考虑到让这本书的主题更集中,删掉的稿件将保留在"语音发声科学训练工作室"微信公众号当中,以备读者选用。

  第三版中,新闻消息、人物报道以及新闻评述话题有较大篇幅的更换,新稿件以各大媒体近两年的新闻为主。对新近消息的选择不仅遵循重要性原则,而且注重其句子的严谨复杂程度,对呼吸、口腔等控制有很强的针对性。本书精选学生有话可说、有话想说的热点话题作为即兴评述话题。

  我们特邀请我校播音本科的毕业生薛焱丹(2009级播音本科,重庆广播电视总台影视频道主持人)、孙哲(2009级播音本科,四川广播电视台天府之声主持人)、李泽鹏(11级播音本科,前中央广播电视总台主播,腾讯视频主持人,当当影响力作家)录制了贯口词、新闻和纪录片解说稿件,特此感谢他们的倾情相助!

  这本书很大程度呈现了李钢教授的教学思想和高效的语音发声问题矫治方法,感谢导师生前在播音主持语音发声教学领域有专业分量、有文化含量的思考与耕耘!感谢导师津津乐道、毫无保留的传授与指导!在本书第三版修订之际,我特向导师致敬、致谢!

  在这五年里,这本书仍然得到许多高校相关专业老师和广大读者关注和推荐,这是让《语音发声科学训练》接地气、有活力的力量之源。我在此深表感谢!感谢弦师孙逊先生记录《妙词新岔》的曲谱并仔细校对!也感谢责任编辑赵欣为本书的出版及两次修订倾注的热情、付出的辛劳!

王峥
2019年9月

第二版修订说明

《语音发声科学训练》自2009年出版以来,已五年有余。在这五年里,我对播音主持语音发声教学有了许多新的认识与体会,不断尝试调整教学方法。得益于我所在的中国传媒大学播音主持艺术学院为我们师生营造的优越的专业氛围,我特别加大了对传统曲艺,特别是北京鼓曲艺术用声、用气、咬字等方法的研究,用心习唱,虚心向名家求教,并尝试将传统练声方法与播音发声教学相结合,在课堂里收到很好的教学效果。我愿意借这次修订的机会与读者分享这些有益的经验。我也将自己作词,由著名弦师孙鸿宴老师编曲的岔曲习作发表在第二版里,供大家批评指正。

在这五年时间里,国家和社会大环境变化很大,人们的精神面貌和心态也较几年前有很大差异。原先的许多新闻消息、热点话题很难适应当前教学训练的需要,有必要及时修订。同时,这些年这本书得到专家的认可与指正,收到热心读者的反馈与建议,也为本书的修订提供了很好的思路,在此特表感谢!

2013年9月,我的硕士生导师李钢先生因病永远离开了。李钢老师为本书的框架结构以及理论部分的观点做了关键的工作,对一些容易混淆的概念做出不同以往的、清晰的表述,在声音拓展训练以及语音问题矫治等多个方面总结出独到、高效的方法,并亲自示范朗读"普通话声韵配合表"。金声玉振,音犹在耳。在本书修订之际,我特向导师表达深深的感谢与敬意!

感谢责任编辑赵欣的督促、建议和辛勤工作!是她的"执行力"迫使我启动和完成本次修订。

王峥
2014年10月

目 录

习"声"成"音"(代序) /1

使用指南 /1

第一部分 普通话语音训练 /1

普通话语音训练概说 /2

第一单元 声 母 /5

第二单元 韵 母 /24

第三单元 声 调 /60

第四单元 语流音变 /73

　　第一节 普通话轻声 /73

　　第二节 普通话儿化 /78

　　第三节 变 调 /82

　　第四节 语气词"啊"的音变 /86

　　第五节 轻重格式 /87

第五单元 语音问题矫治 /90

　　第一节 语音问题矫治要则 /90

　　第二节 声母问题矫治 /91

　　第三节 韵母问题矫治 /99

第二部分 播音发声训练 /107

播音发声训练概说 /108

第六单元 呼吸控制 /109

　　第一节 呼吸控制的要领 /110

　　第二节 呼吸控制应注意的问题 /113

　　第三节 呼吸控制训练 /115

第七单元 口腔控制 /126

　　第一节 咬字器官的配合要领 /126

　　第二节 吐字归音 /133

　　第三节 吐字归音训练 /135

语音发声科学训练(第三版)
音频+PPT

第八单元　喉部控制　/146
　　第一节　喉部控制的要领　/146
　　第二节　发声能力拓展训练　/148

第九单元　共鸣控制　/156
　　第一节　播音共鸣的特点和控制要领　/156
　　第二节　共鸣控制的训练　/157

第十单元　声音弹性　/162
　　第一节　声音弹性及其获得　/162
　　第二节　声音弹性训练　/163

第十一单元　发声问题矫治　/170
　　第一节　发声问题矫治要则　/170
　　第二节　发声问题矫治　/172

第十二单元　练声与嗓音保护　/182
　　第一节　练声应注意的问题　/182
　　第二节　嗓音保护　/184

第三部分　推荐练声材料　/189

推荐练声材料概说　/190

第十三单元　绕口令、贯口词　/191

第十四单元　诗歌散文　/199

第十五单元　故事类稿件　/208

第十六单元　新闻类稿件　/213

第十七单元　主持类稿件　/222

第十八单元　即兴口语表达语音发声训练　/226

附　录　/233

一、易读错的字　/234

二、易读错的成语　/237

三、易读错的地名　/240

四、易读错的中药名　/244

五、易读错的姓氏、少数民族名称　/247

六、岔曲习唱　/248

参考书目　/250

后　记　/251

习"声"成"音"

(代序)

改革开放30年了,我们国家在各方面都取得了令世人瞩目的成就,社会得到了空前的大发展。说到社会发展的最大成就还是人的发展,因为一切发展和进步都是为了每个人的全面发展。人们在注重提高自己的内在修养的同时,也比以往任何时候都注重自己的形象,如发型服饰、仪态仪表等,而语言表达作为人的形象的重要组成部分,日益受到人们的重视。

《礼记·乐记》中说:"凡音者,生人心者也。情动于中,故声形于外。声成文,谓之音。"声音是由人的内心生出的,内心的情感活动就表现为声音。声音能够和谐悦耳,充满感情色彩,才能成为"音",即接近于"乐"。因此,"声"与"音"是不同的,其不同之处在于声能"文"即为"音"。能"文"的声音最好是准确清晰、圆润集中、朴实明朗、刚柔相济、充满感受、富于色彩的声音。由是观之,人们在日常言语活动中,既发"声",也发"音",不同在于有人发"声"多些,有人发"音"多些。

在此基础上,我们认为,人的语言表达是一个人人文精神的音声化。人文精神是人之为人的精神实质,她是分文野、有高下、区精粗的,为国家为他人"舍生取义"是人文精神,极端自私、"拔一毛利天下而不为"也是人文精神。这样,一个人的言语谈吐就不仅仅是他示人的形象,而简直就是这个人自己。因此,我们对语言表达的精益求精更甚于对服饰发肤美感的追求。人们要努力使自己语言谈吐成为"音",而不是单纯地发"声"。要做到这一点,一方面要提高自己人文精神的境界与层次,用古今中外真善美的情感和意志精神浸润自己的心田,使我们内心更加和乐自由,使我们的头脑具有更丰富的创造性,使我们属人的本质尽可能地展开;另一方面,我们有必要对人文精神"音声化"的载体——声音进行雕琢和磨砺,王峥的这本《语音发声科学训练》为我们提供了进行这样雕琢、磨砺乃至提升的途径和方法。

我认为一本好的训练教程应该具备以下几个特质:对理论的阐述精当而又能深入浅出,以尽可能清晰的理论脉络统领训练方法,以科学恰当的训练方法统摄训练材料,以精炼实用的训练材料铺设训练对象的提升路径。本书基本上做到了以上几点,这是很不容易的。

具体说来,王峥的这本训练教程在以下几个方面给我留下了比较深刻的印象:一是以扎实严谨的理论体系和踏踏实实的实践经验作为组织训练材料的经线和纬线,比如在编排语音部分练习材料时,能够尽可能照顾到声母、韵母、声调的合理分布,字词的选择是按照普通话声母发音部位由前到后的顺序编排,强化了发声部位的概念,对语音问题的矫治更为有效到位,为练习者铺就一条循序渐进的上升通路。

二是对初学者乃至好多从业者存在的语音和发音的问题、难题,比如"尖音"、"平翘舌不分"、声音不集中、吐字不清晰等进行了非常有针对性的分析,并给出了有效的解决办法。作者对于有些发音问题的分析还是较有开创性的,比如对鼻音问题的分析,区分了通过性(开放性)鼻音和阻塞性鼻音,然后再对两种不同情况给出切实的解决办法,等等。

三是丰富了声音弹性的训练方法和训练手段。这对发声训练有比较大的贡献。声音富有弹性是语音、声音训练的最主要的目标之一。富于弹性的声音能够充分展示创作主体对创作对象的理解和感受,如同为一位高明的画家提供了尽可能多的颜料后,他就更能够尽情挥洒才情一样。有弹性从而有魅力的声音能够全面地展示创作主体丰富多彩的人文精神世界。

当然,这本书也不是那么尽善尽美,但作者的态度是非常认真而诚恳的,工作是扎实有效的,这也为未来作者在这方面的提升提供了广阔的空间。

王峥是我的同门学妹,深得我国播音发声领域权威李钢教授的真传,而她自己善于思考,乐于积累,勤于耕耘,终于阶段性地收获了这本著作,实为可贺。

成书后,王峥力邀我作序,我深感惶恐。因我一向以为,作序之事,事关重大,惟德行才学俱佳者方可胜任,而我自己离此要求远甚。无奈王峥言辞恳切,而出版期限切近,再推脱就显虚伪了,只好硬着头皮应下,也就逼出了自己此生为人所做的第一篇序。

一切发展都是为人的发展,发展也是为了一切人的发展。但愿我们同本书的读者一起充分展开作为人的本质,坚持不懈地习"声"成"音",丰富我们的人文精神世界!

是为序,与王峥共勉。

李凤辉

2009 年元月 6 日于北京

使用指南

21世纪,从"重文轻语"到"语""文"并重,人们对语言的认识达到一个新的高度。在这一过程中,无论是否为播音专业人员,人们对自己的"声音形象"都更加在意,迫切要求在这一领域得到提升。语音和声音是思想感情的载体,是我们打造"声音形象"工程的基石和保证。本书旨在语音、发声训练环节给予读者科学、有效的指导。

一、目标读者

本书主要针对播音专业人员,包括播音员、主持人、记者及播音专业在校学生。同时适用于其他嗓音职业工作者:同声传译人员;商务人士,特别是涉及谈判和培训业务的人员等;广大教师;窗口行业服务人员,如话务员、导游、司乘人员等;中外普通话及朗诵艺术爱好者等人士。

二、训练目的

本书训练目的有三:

其一是对目标读者的吐字发声能力进行拓展训练。科学用声,提高发声效率,减少损耗,保护嗓子,克服在长时间用嗓之后,咽喉干涩、肿痛,说话力不从心的现象。

其二,改变语音面貌,扫除因语音障碍带来的交际不畅和自信缺失,顺利通过普通话水平测试,取得上岗资格。提高用标准的普通话自如、规范地表情达意的能力。

其三,美化声音。加大声音变化,丰富声音色彩,取得先声夺人、引人入胜的大众传播和言语交际效果,顺利完成交际任务,展示富含个人魅力的第二张名片——声音形象。

三、编著特点——科学性

本书的科学性建立在作者多年媒体工作发声实践以及中国传媒大学播音主持艺术学院播音与主持艺术专业各学历层次教学的经验积累及科研成果基础上。同时,本书注意吸取长期以来关注、研究并指导其他嗓音职业工作者的用声实践中的有益经验。

1. 指导思想的严谨性

本书力求简洁明了、深入浅出地对理论进行阐述,加强理论和实践的融会贯通,强调发音、用声的心理支持,反对进行机械的发声训练,指导读者发"暖"声,目的在于提高读者运用纯正标准的普通话和丰富的声音色彩表情达意的能力。

本书从声音产生的动力,到字音形成,再到声音制造器官以及声音的美化,最后融会各项元素服务于普通话的表情达意。普通话语音部分讲授了声、韵、调和语流音变等内容。不仅分别讲解声音、语音产生的各个环节,更加强了各声音元素综合运用的训练,避免使练习出现僵化、呆板。

2. 练习材料的合理性

本书充分论证了练习材料的合理性,比如字词的选择根据实验语音学的研究,照顾到普通话声母、韵母、声调的合理分布。本书中的句段和文章练习为作者在教学实践中总结筛选出来的经典材料,均选自古今中外的名家名篇;新闻类练习有意选择重大且具有历史意义的新闻及主持人稿件。练习材料中既有经典篇目,又有契合时代特点的现代文章,更注意到了对当下新节目类型稿件的选取,涉及新闻评论、读报、服务、科教等方面。

3. 内容设计的实用性

本着真诚服务广大读者的原则,本书最后附加了非常实用的内容:易读错的字、成语、地名、中药名、姓氏、少数民族名称、普通话声韵配合表等。这些都是播音专业人员的必备常识,对于其他嗓音职业工作者也具有普遍意义。

四、特别说明

一是,字词的选择和排序打破了普通话拼音字母表的顺序,按照普通话声母发音部位由前到后的顺序编排,强化了发声部位的概念,对语音问题的矫治更为有效。

二是,**本书配套音频,是普通话语音练习材料铺灰部分的示范读音**。李钢老师亲自示范普通话声韵配合表的发音,其中普通话声母的发音示范为该声母的呼读音。

三是,本书字词、现代文及附录部分的注音,依据为商务印书馆出版,中国社会科学院语言研究所词典编辑室编的《现代汉语词典》(第 7 版)。古文部分的注音依据为上海古籍出版社出版,史良昭、李梦生等译注的《古文观止》。特此说明。

作者力求从诸多方面满足目标读者的普通话语音发声训练的需要,然而由于作者自身的局限,本书的不足和疏漏在所难免,期待得到读者的批评指正。

第一部分
普通话语音训练

 普通话语音训练概说

在世界上几千种语言当中,汉语普通话是使用人数最多的语言,被列为联合国六种工作语言之一。普通话作为现代汉民族共同语和国家通用语言,基于长久以来客观存在的历史基础和政治、经济、文化等因素的综合作用。

汉语普通话,是以北京语音为标准音,以北方话为基础方言,以典范的现代白话文著作为语法规范的现代汉民族共同语。普通话是中华人民共和国国家通用语言。

一、普通话语音的特点

普通话"以北京语音为标准音",是在北京音系的基础上建立起来的,具有简单、清晰、音乐性强、表现力强等特点。

一是,音节结构简单,声音响亮。普通话一个音节最多由4个音素组成,其中发音响亮而时值较长的元音占优势,是一般音节中不可缺少的成分。普通话音节中没有复辅音现象,并且清辅音多、浊辅音极少,使普通话语音听起来较为响亮、清脆、悦耳。

二是,普通话音节界限分明,节奏感强。汉语的音节一般都是由声母、韵母以及贯穿整个音节的声调组成,有鲜明的音节划分,使语音听上去更富节奏感。

三是,普通话声调系统简单,但变化鲜明,富有音乐性。普通话四个声调变化高低分明,高、扬、转、降区分明显,抑扬顿挫,听起来就像音乐一样动听。另外声调本身具有极强的语言表现力。

四是,词汇的双音节化的演变、轻重格式的区分以及轻声、儿化、双声、叠韵等语音现象,使表达更为准确到位,使流更具音韵美感,极大丰富了普通话的表现力。

播音主持专业人员应加强语言功力的锤炼,打好语音基础,做到发音纯正、清晰、响亮,艺术语言创作应力图体现普通话这些突出的特点和美感,使有声语言更富音乐性和表现力。

二、普通话语音基本概念

1. 音节、音素

（1）音节

音节是用听觉可以区分的语音结构基本单位。一般说来,一个汉字就表示一个音节,只有儿化词是两个汉字读成一个音节。音节是句子的最小单位,而不是语音的最小单位。普通话常用的无声调音节有 400 个。

（2）音素

音素是从音色角度划分出来的最小的语音单位。把音节进一步拆分,就可以得到更小的语音单位,如"窗 chuāng"这个音节可以进一步分解为 ch、u、a、ng 四个更小的单位,也就是四个音素。普通话中有 32 个音素,其中元音音素 10 个,辅音音素 22 个,普通话一个音节可以由 1~4 个音素组成。

2. 辅音、元音

音素可以分为辅音和元音两大类。

（1）辅音

音素的一类。发音时,气流在口腔中明显受到阻碍,呼出气流较强,发音器官对气流构成阻碍的部分肌肉紧张,大部分辅音发音时声带不颤动,也叫子音。普通话中辅音音素有 22 个。

（2）元音

音素的一类。发音时,气流在口腔不受明显阻碍,呼出气流较弱,发音器官肌肉均衡紧张,声带颤动,都是乐音,又叫母音。元音是汉语语音中的主要成分。普通话中元音音素有 10 个。

三、普通话语音训练总的要求

1.基础要求——准确

具体指声母、韵母、声调发音的准确到位,语流音变的纯正表现等等,这是所有发音训练及表情达意最基础的要求。

2.审美要求——美感

人们对发音审美的要求在日常口语和大众传播层面都是存在的,特别是艺术语言传播,在发音准确的基础上,就面临语音和嗓音结合的问题,发音有没有灵魂和心理动力的问题,能否准确鲜明地表情达意的问题。这些是对播音专业人员更高的要求。

总之,如果只用准确的标准来要求,往往会导致发音的训练成为机械发音,像一个有声语言打字机。而在人们体会到语音美之后,就会形成一种自然的追求。我们训练的最终目的是一个活生生的、有修养的人在说话,而不是机器在发音。

四、普通话语音训练应注意的问题

1.对于音准的判断

发音准确是语音训练最基础的要求,对于每一个声母、韵母、声调的发音要领和方法在书中都会有详细描述,但由于每个人咬字器官的构造不尽相同,发音的位置和力度大小也会不尽相同,在这里我们强调对音准的听觉上的主观判断,因此,发音者首先应提高听辨能力,不要僵死地理解发音部位等概念。

2.发音的心理动力

我们提出,在发音训练的过程中,应首先寻求发音者的心理动力。在发音准确的基础之上,注重发音吐字的力度和灵活性,对于不同语境的适应力,对于内心情感、态度的表现力,即用纯正标准的普通话表情达意的能力。

第一单元　声　母

一、声母相关概念

声母是中国传统音韵学术语,简称为"声",指一个汉语音节开头的辅音。普通话中共有 21 个辅音声母。声母都是辅音,但辅音不都是声母。辅音 ng 就只作韵尾,不充当声母;辅音 n 既可作声母,又可作韵尾。

1. 三个发音过程

辅音的发音过程是指辅音发音时,从准备发音到发音结束的过程,可分为成阻、持阻和除阻三个阶段。

2. 七个发音部位

发音部位是辅音发音时,发音器官对呼出气流构成阻碍的位置。普通话声母有七个发音部位,按照位置从前至后分别为:双唇阻、唇齿阻、舌尖前阻、舌尖中阻、舌尖后阻、舌面阻和舌根阻。

3. 五种发音方法

发音方法一般指辅音发音时,构成阻碍和排除阻碍的方式。按照阻碍的状况,普通话中 22 个辅音音素可分为五种:塞音、擦音、塞擦音、鼻音和边音。

塞音又称爆发音、破裂音、爆破音等。发音时,发音部位紧闭,完全堵塞气流通路。然后,气流突然冲破障碍爆破成声。普通话中的塞音有 b、p、d、t、g、k 六个。

擦音又称摩擦音。发音时,发音部位靠近,形成缝隙,呼出的气流从中挤擦而成声。普通话的擦音有 f、h、x、sh、s、r 六个。

塞擦音发音时,发音部位紧闭,气流冲出,冲出的同时,再从发音部位造成的缝隙中挤擦成声。塞擦音是先塞后擦,二者紧密结合发出的辅音。普通话的塞擦音有 j、q、zh、ch、z、c 六个。

鼻音是发音时,软腭下垂堵住口腔通路,使气流主要分流入鼻腔,以鼻腔做共鸣腔而发出的音。普通话有三个鼻辅音:m、n、ng,其中 m 充当声母,ng 充当韵尾,n 既可作声母,又可作韵尾。

边音是发出辅音时,气流从舌的侧面呼出而发出的辅音。普通话的边音只有一个：l。

4. 两个区别

普通话辅音有五种发音方法，除此之外，还有清与浊、送气与不送气的区别。

(1) 清浊的区分

普通话的辅音音素按照发音时声带颤动与否的状况，分为**清音**和**浊音**两类。普通话中的浊音有 m、n、ng、l、r，共五个，在声母中叫浊声母。其余均为清音。

(2) 送气与否

按照声母发音时呼出气流强弱的状况，从理论上，把呼出气流较强的称为**送气音**，呼出气流较弱的称为**不送气音**。这里尤其应该注意到具有对应关系的塞音和塞擦音的分辨。在普通话里，送气与否具有区别意义的作用，所以应当注意到其对应关系。

送气音：	p	t	k	q	ch	c
	|	|	|	|	|	|
不送气音：	b	d	g	j	zh	z

5. 零声母音节

音韵学上把每一个汉语音节都分为声母和韵母两个部分。但有些音节并无开头辅音，声母有名无实，就被称为**零声母音节**。

二、声母发音要则

声母发音品质对播音发声有着重要影响，首先声母具有辨别字义的作用，声母发音影响语音的准确度；声母是一个汉语音节起头的辅音，也是"字头"的主要组成部分。如果声母发音时唇舌没有一定的力度，就会导致吐字含混不清，因此声母发音影响发音的力度和清晰度。

根据声母发音对播音发声的影响，我们提出声母发音的要则。声母发音总的原则是准确、清晰、有力。声母发音应注意以下具体要则。

1. 声母发音过程应注意的问题

(1) 成阻阶段的处理

成阻要求部位准确、成阻面小。分清楚七个发音部位。建立发音部位的概念，将发音部位由前至后排队，有助于发音问题的矫治。应注意准确的判断建立在主观听觉判断上，而不是僵死的发音部位，每个人口腔的构造不同，在成阻时位置前后稍有调整，以主观听觉判断为标准。

(2) 持阻阶段的处理

持阻要积蓄足够的气流,保证一定的力度,注意不能过分用力,做到巧而不拙。力度大小还应与发音者心理动力、思想感情挂钩。

(3) 除阻阶段的处理

除阻要求干脆利落,速度快,不拖泥带水。声母应与韵母的介音或主要韵母紧密结合,以使整个音节的发音听起来更加清晰、响亮。

2. 声母发音方法应注意的问题

(1) 擦音的处理——应节制气流

擦音这种发音方法是发音部位接近、形成缝隙,而不是接触,如果不注意控制,会耗费大量气流,通过电声设备传送,容易带出嚓嚓的杂音,影响字音的清晰度。控制擦音送气量,必须使发音部位局部肌肉紧张,缩窄气流通道,造成口腔内部的压力,使气流集中,更有冲击力。还应注意适当缩短擦音声母发音的时长,不能超过韵母发音的时长。缩窄气流通道和打开口腔有一点矛盾,但擦音的发音缝隙越窄越好,缝隙宽容易产生音包字的现象。

(2) 塞擦音的处理——注意开头塞音成分的力量

塞擦音是由发音部位相同的塞音和擦音两种发音方法组合而成的。这类声母的发音要加强开头的塞音部分的力量,并且在塞音部分向擦音部分过渡时,肌肉不能马上放松,保持一定的紧张度以节制气流。另外,还要保持塞擦音中塞音部分和擦音部分的时长比例,擦音部分时值长,但是不能任意延长。不能削弱塞音成分,否则会影响语音的准确度。

(3) 塞音的处理——爆破成音

塞音又称为爆破音,成阻部位应有爆破的清脆、弹动感,不能滞涩、粘连。

(4) 边音的处理

边音的发音较为松弛,如过分用力,发音容易走形。

3. 送气音的处理

送气音和不送气音是相对气流的强弱而言的,不送气音也有气流送出,送气音也不能过分用力送气,否则会造成"扑话筒",增加噪音,影响清晰度。

在发送气音时,注意气流不能太强,在送气的同时,保持吸气的感觉,形成一种拮抗。通过听觉判断,以送气音的发音是否能清晰地区别于不送气音为标准,控制气流的强弱。

4. 零声母音节的处理

零声母音节不等于没有声母,在实际的发音中,零声母音节开头往往带有闭塞或摩擦的辅音成分。特别是在艺术语言发声当中,为了避免混淆与前一音节的界线引起的歧义或吃字,使发声清晰有力,有必要强调零声母音节起始时的实际读音。但是也应注意分寸,不能过度,影响发声整体的美感。

三、声母发音部位及发音方法[1][2]

声母的七个发音部位由前至后,分为唇音(包括双唇阻、唇齿阻)、舌尖音(包括舌尖前阻、舌尖中阻、舌尖后阻)、舌面音(舌面阻)、舌根音(舌根阻)。以下练习按照发音部位由前至后顺序编排,便于读者体会、把握正确的发音部位。发音器官示意图(图1-1)帮助读者准确使用发音部位。

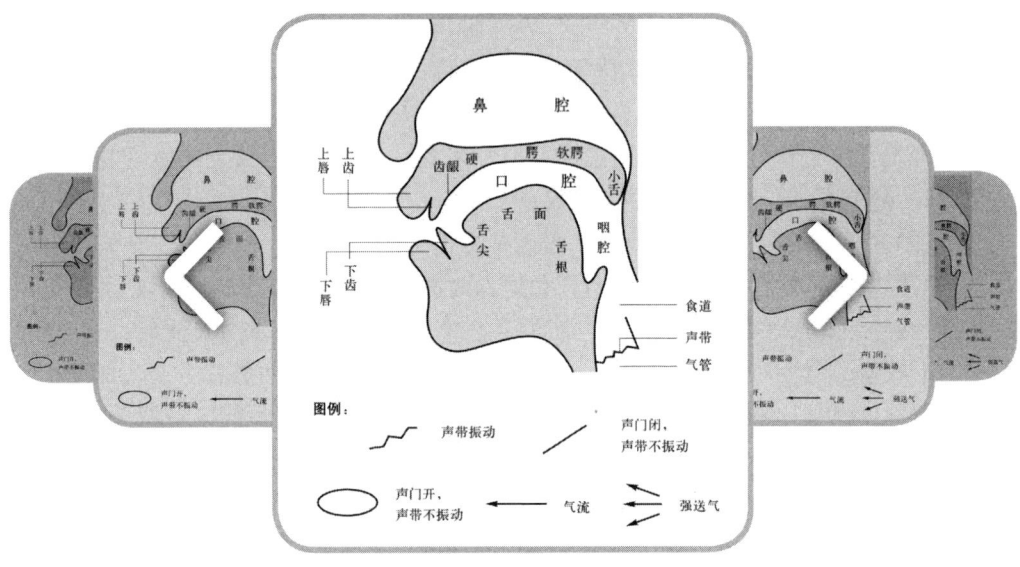

图1-1 发音器官示意图

1. 双唇阻

双唇阻又称"重唇音"。上唇与下唇内缘闭拢成阻,普通话中有3个双唇阻声母 b、p、m。

发音要领 一是,双唇内缘应积蓄一定的力量,避免双唇无力造成的口腔松散,吐字不清。唇的闭合力应依照表义的要求而定。二是,双唇的力量应集中在内缘的中央处,不能裹唇或满唇用力,避免吐字笨拙、生硬。

---

① 以下练习覆盖普通话声母和韵母所有的拼合关系,便于读者把握不同环境中声母的发音。
② 铺灰部分为示范音频的内容。

b[p]——双唇阻、不送气、清塞音

🔊 **发音描述** 双唇内缘闭合,同时软腭挺起,使声音通过口腔辐射出去;气流到达双唇后蓄气;凭借积蓄在口腔中的气流瞬间打开双唇爆破成声(图1-2)。

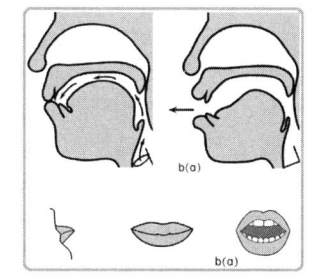

图1-2 b发音示意图

2.普通话声母发音示范
李钢　王峥

单音节:八 播 白 北 爆 班 本 绑 绷 笔 别 表 边 宾 兵 不
双音节:八宝 摆布 板报 帮办 褒贬 被捕 本部 蚌埠
　　　　碧波 辨别 表白 彬彬 冰雹 播报 布帛
四音节:百发百中 斑驳陆离 半壁江山 毕恭毕敬 八拜之交
　　　　不卑不亢 兵不厌诈 杯水车薪 饱经风霜 百步穿杨

p[p']——双唇阻、送气、清塞音

🔊 **发音描述** 成阻和持阻阶段与b相同。不同的是除阻时,声门开启,从肺部呼出的破除阻碍的气流较强(图1-3)。

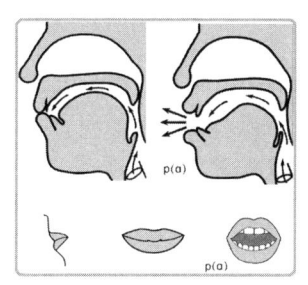

图1-3 p发音示意图

单音节:爬 泼 派 沛 跑 剖 盼 喷 旁 捧 皮 撇 飘 偏 品 平 普
双音节:爬坡 排炮 攀爬 澎湃 抛盘 碰破 批判 偏颇
　　　　飘萍 频谱 评判 泼皮 铺排
四音节:旁敲侧击 蓬荜增辉 披荆斩棘 平起平坐 平铺直叙
　　　　评头品足 婆婆妈妈 攀龙附凤 偏听偏信 破釜沉舟

m[m]——双唇阻、浊鼻音

🔊 **发音描述** 双唇内缘闭合,软腭下垂,打开鼻腔通路;声带颤动,气流同时到达口腔和鼻腔,在口腔的双唇后部受到阻碍,气流从鼻腔透出成声(图1-4)。

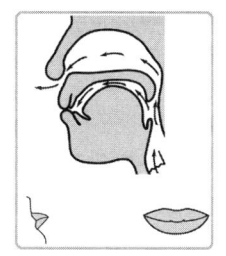

图1-4 m发音示意图

单音节：马 墨 麦 梅 猫 某 瞒 门 忙 盟 米 灭 描 谬 棉 民 明 木
双音节：麻木　麦芒　曼妙　盲目　貌美　眉目　门面　梦寐
　　　　密谋　棉麻　描摹　灭门　泯灭　明媚　磨灭　谋面
四音节：麻木不仁　满面春风　名满天下　冒名顶替　默默无闻
　　　　莫名其妙　美轮美奂　茅塞顿开　明眸皓齿　面目全非

双唇阻声母绕口令

八百标兵（b、p）

八百标兵奔北坡，炮兵并排北边跑。
炮兵怕把标兵碰，标兵怕碰炮兵炮。

白庙和白猫（b、m）

白庙外蹲着一只白猫，
白庙里有一顶白帽。
白庙外的白猫看见了白帽，
叼着白庙里的白帽跑出了白庙。

一座棚（b、p）

一座棚傍峭壁旁，峰边喷泻瀑布长。
不怕暴雨瓢泼冰雹落，不怕寒风扑面雪飘扬。
并排分班翻山攀坡把宝找，聚宝盆里松柏飘香百宝藏。
背宝奔跑爆矿炮劈山，篇篇捷报飞伴金凤凰。

2. 唇齿阻

唇齿阻又称"清唇音"。由上门齿沿与下唇的内缘成阻，普通话中只有1个唇齿阻声母 f。

🔊 **发音要领**　一是，上门齿沿与下唇的内缘自然接触，减小接触面，不要裹唇发音。二是，普通话只有1个唇齿阻声母 f，避免与唇齿浊擦音 v 混淆。

f[f]——唇齿阻、清擦音

🔊 **发音描述** 下唇向上门齿沿靠拢,形成间隙;软腭挺起,关闭鼻腔通路;气流从齿唇形成的间隙摩擦通过而成声(图1-5)。

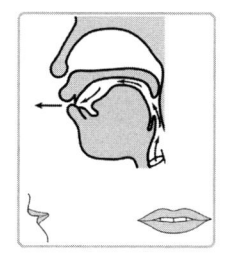

图1-5 f发音示意图

单音节:法 佛 飞 否 帆 粉 访 冯 肤
双音节:发放 发奋 佛法 肺腑 非凡 翻飞 芬芳 纷繁
   仿佛 芳菲 风范 蜂房 复方 伏法
四音节:凡夫俗子 沸沸扬扬 反腐倡廉 夫唱妇随 发愤图强
   翻天覆地 非同凡响 肺腑之言 富富有余 丰富多彩

唇齿阻声母绕口令

黑化肥发灰

黑化肥发灰,灰化肥发黑。黑化肥发灰会挥发,灰化肥挥发会发黑。黑化肥挥发发灰会花飞,灰化肥挥发发黑会飞花。黑灰化肥会挥发发灰黑花会飞,灰黑化肥会挥发发黑灰化为灰。

3. 舌尖前阻

为了避免发这组音时带出过多的杂音冲击话筒,我们对其做如下描述,舌尖放在下齿后方,抬起舌尖稍后的部位轻触或接近上门齿背成阻,普通话有3个舌尖前阻声母——z、c、s。

🔊 **发音要领** 一是,舌体成收势,成阻面要小而集中,尽可能减少噪音。二是,避免舌尖伸到上下齿中间发成齿间音。

z[ts]——舌尖前阻、不送气、清塞擦音

🔊 **发音描述** 舌尖放在下门齿后方,抬起舌尖稍后的部位轻触上门齿背形成阻塞,在阻塞的部位后积蓄气流;同时软腭挺起,关闭鼻腔通路;瞬间解除阻塞时,在原形成阻塞的部位之间保持适度的间隙,气

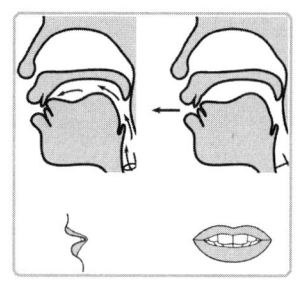

图1-6 z发音示意图

流从间隙透出而成声(图1-6)。

单音节：资 杂 则 栽 贼 早 奏 咱 怎 藏 增 足 左 最 钻 尊 棕
双音节：自尊 咂嘴 喷喷 在座 贼子 造作 走卒 藏族
曾祖 祖宗 做作 醉枣 粽子
四音节：再接再厉 载歌载舞 责无旁贷 在劫难逃 自给自足
赞不绝口 在所难免 孜孜不倦 做贼心虚 作茧自缚

C[ts']——舌尖前阻、送气、清塞擦音

🔊**发音描述** 成阻阶段与z相同。不同的是在瞬间解除阻塞时，声门开启，从肺部呼出的破除阻碍的气流较强(图1-7)。

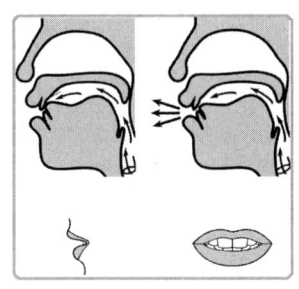

图1-7　c发音示意图

单音节：词 擦 册 彩 曹 凑 蚕 岑 舱 层 醋 错 催 窜 村 葱
双音节：此次 猜测 草丛 残存 参差 苍翠 层次 粗糙
措辞 催促 寸草 匆匆
四音节：寸草不留 蹉跎岁月 错落有致 才高八斗 苍翠欲滴
餐风宿露 沧海桑田 草木皆兵 层峦叠嶂 粗茶淡饭

S[s]——舌尖前阻、清擦音

🔊**发音描述** 舌尖放在下门齿后方，抬起舌尖稍后的部位接近上门齿背，形成间隙；软腭挺起，关闭鼻腔通路；气流从间隙摩擦通过成声(图1-8)。

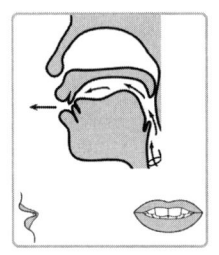

图1-8　s发音示意图

单音节：司 洒 色 腮 扫 搜 伞 森 桑 僧 素 所 随 酸 笋 松
双音节：思索 洒扫 色素 缫丝 搜索 三思 森森 僧俗
诉讼 琐碎 酸涩 笋丝 松散
四音节：三从四德 桑榆暮景 三思而行 丝丝入扣 私心杂念
四面楚歌 岁寒三友 四通八达 似是而非 死得其所

舌尖前阻声母绕口令

桑树和枣树(z、c、s)

操场前面有三十三棵桑树,操场后面有四十四棵枣树。
张三把三十三棵桑树认作枣树,赵四把四十四棵枣树认作桑树。

比粗腿(c)

山前有个崔粗腿,山后有个崔腿粗。
二人山前来比腿,看谁的粗腿比谁粗。
不知是崔粗腿比崔腿粗的腿粗,还是崔腿粗比崔粗腿的腿粗。

4. 舌尖中阻

舌尖抵住上齿龈成阻,普通话中有4个舌尖中阻声母——d、t、n、l

🔊 **发音要领**:一是,成阻部位精确,成点不成面,避免吐字拙。二是,舌尖要有一定力度,弹动应灵巧,避免舌发音无力、拖泥带水。

d[t]——舌尖中阻、不送气、清塞音

🔊 **发音描述** 舌尖抵住上齿龈形成阻塞;软腭挺起,关闭鼻腔通路;气流到达口腔后蓄气,瞬间解除阻塞成声(图1-9)。

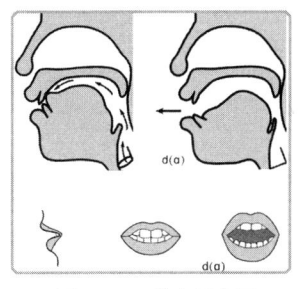

图1-9 d发音示意图

单音节:**大 德 傣** 得 刀 豆 丹 党 灯 笛 蝶 刁 丢 点 丁 读(děi)
　　　　多 对 短 吨 洞
双音节:**大豆 得当 歹毒** 导读 抖动 弹道 当代 等待 抵挡 跌宕
　　　　调动 丢掉 典当 订单 督导 夺得 对等 断定 蹲点 动荡
四音节:**对答如流 大刀阔斧 大名鼎鼎** 单刀直入 大队人马
　　　　胆大妄为 当机立断 弹丸之地 独断专行 道听途说

t[t']——舌尖中阻、送气、清塞音

🔊 **发音描述** 成阻、持阻阶段与 d 相同。不同的是除阻阶段在瞬间解除阻塞时,声门开启,从肺部呼出的破除阻碍的气流较强(图1-10)。

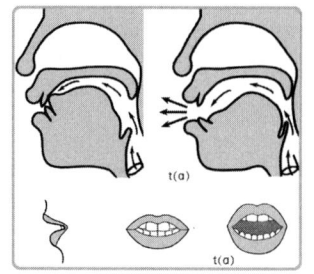

图1-10　t发音示意图

单音节:塔　特　台　涛　透　炭　糖　腾　体　铁　跳　天　亭　土　托　推　团　吞　桶

双音节:塔台　特体　抬头　饕餮　头条　探讨　唐突　疼痛　梯田　铁蹄　挑剔　天堂　听筒　图腾　拖沓　颓唐　团体　吞吐　通透

四音节:天方夜谭　体贴入微　脱胎换骨　忐忑不安　谈天说地　堂堂正正　特立独行　天伦之乐　昙花一现　天塌地陷

n[n]——舌尖中阻、浊鼻音

🔊 **发音描述** 舌尖抵住上齿龈形成阻塞;软腭下垂,鼻腔通路打开;声带颤动,气流同时到达口腔和鼻腔,在口腔受到阻碍,气流从鼻腔透出成声(图1-11)。

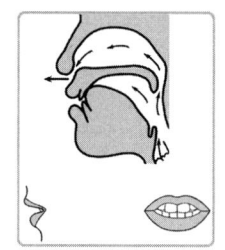

图1-11　n发音示意图

单音节:拿　讷　乃　内　闹　耨（nòu）　南　嫩　囊　能　你　捏　鸟　牛　年　您　娘　宁　努　诺　暖　农　女　虐

双音节:拿捏　讷讷　奶牛　内能　恼怒　南宁　能耐　泥泞　呢喃　袅娜　牛奶　忸怩　年年　娘娘　农奴　女奴

四音节:南腔北调　难能可贵　难解难分　恼羞成怒　牛年马月　泥牛入海　浓墨重彩　牛郎织女　怒发冲冠　袅袅婷婷

l[l]——舌尖中阻、浊边音

🔊 **发音描述** 舌尖抵住上齿龈的后部,阻塞气流从口腔中路通过的通道;软腭挺起,关闭鼻腔通路;声带颤动;气流到达口腔后从舌头与两颊内侧形成的空隙通过而成声(图1-12)。

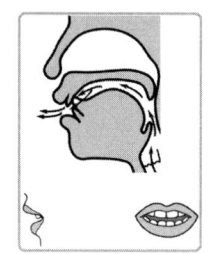

图1-12　l发音示意图

单音节：腊 勒 来 磊 捞 楼 览 浪 冷 梨 俩 列 聊 溜
脸 林 亮 领 路 罗 峦 论 龙 吕 略
双音节：拉拢 勒令 来临 磊落 劳累 楼兰 褴褛 冷落 历练 猎猎 缭乱
流浪 联络 凛冽 量力 领略 绿林 罗列 伦理 笼络 绿柳 略论
四音节：老态龙钟　礼尚往来　力挽狂澜　利令智昏　流离失所
琳琅满目　流连忘返　荦荦大端　老调重弹　玲珑剔透

舌尖中阻声母绕口令

打特盗（d、t）

调到敌岛打特盗，特盗太刁投短刀，
挡推顶打短刀掉，踏盗得刀盗打倒。

炖冻豆腐（d）

会炖我的炖冻豆腐，来炖我的炖冻豆腐，
不会炖我的炖冻豆腐，就别炖我的炖冻豆腐。
要是混充会炖我的炖冻豆腐，炖坏了我的炖冻豆腐，
那就吃不成我的炖冻豆腐。

新脑筋（n、l）

新脑筋，老脑筋，老脑筋可改变成新脑筋，
新脑筋不学习就会变成老脑筋。

5. 舌尖后阻（翘舌音）

舌尖抵住或接近硬腭前部成阻，普通话中有4个舌尖后阻声母——zh、ch、sh、r。

发音要领　一是，成阻部位精确，避免位置偏后形成卷舌音，或者位置偏前和平舌音混淆。二是，用舌尖的力量而不是双唇，不要噘唇发音，避免出现港台腔和洋腔洋调。三是，用舌尖的力量而不是舌面，避免和舌面音混淆造成的吐字不清。

zh[tʂ]——舌尖后阻、不送气、清塞擦音

🔊 **发音描述** 舌尖向前上方抵住硬腭前端；软腭挺起，关闭鼻腔通路；在形成阻塞的部位后积蓄气流，瞬间解除阻塞时，在原形成阻塞的部位之间保持适度的间隙，使气流从间隙透出而成声（图1-13）。

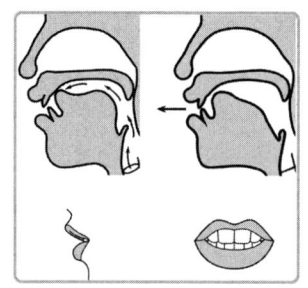

图1-13 zh发音示意图

单音节：之 闸 者 债(zhèi) 这 找 州 占 枕 章 正
　　　　逐 抓 浊 拽 坠 专 准 壮 中
双音节：指针 榨汁 债主 招展 周折 辗转 斟酌 长者 正直
　　　　主旨 抓住 茁壮 拽住 追逐 专注 谆谆 装置 种植
四音节：真知灼见 只争朝夕 众所周知 掌上明珠 整装待发
　　　　正中下怀 众志成城 壮志凌云 专心致志 置之度外

ch[tʂʻ]——舌尖后阻、送气、清塞擦音

🔊 **发音描述** 成阻阶段与zh相同。不同的是在瞬间解除阻塞时，声门开启，从肺部呼出的破除阻碍的气流较强（图1-14）。

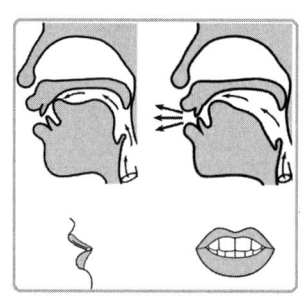

图1-14 ch发音示意图

单音节：吃 茶 车 柴 炒 筹 产 沉 常 秤 础 戳 踹 吹 船 春 闯 冲
双音节：驰骋 茶匙 车窗 折穿 超常 踌躇 铲除 沉船 长城
　　　　城池 出处 戳穿 垂成 传唱 春潮 窗纸 充斥
四音节：插翅难飞 超尘出俗 彻头彻尾 晨钟暮鼓 潮涨潮落
　　　　踟蹰不前 踌躇满志 唇齿相依 绰绰有余 重重叠叠

sh[ʂ]——舌尖后阻、清擦音

🔊 **发音描述** 舌尖向前上方接近硬腭前端，形成适度的间隙；软腭挺起，关闭鼻腔通路；使气流从间隙摩擦通过而成声（图1-15）。

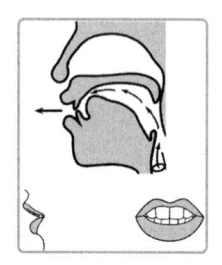

图1-15 sh发音示意图

单音节：是 沙 蛇 晒 谁(shéi) 勺 手 闪 深 商 声 耍
硕 衰 水 栓 顺 爽

双音节：史诗 沙石 涉水 韶山 手术 闪烁 审视 商厦 声势
树梢 硕士 甩手 税收 顺势 双手

四音节：山盟海誓 姗姗来迟 设身处地 神清气爽 山重水复
审时度势 生不逢时 实事求是 首善之区 舍生取义

r[ʐ]——舌尖后阻、浊擦音

发音描述 发音部位与 sh 相同。不同的是声带颤动，轻微摩擦（图 1-16）。

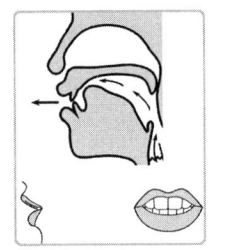

图 1-16 r 发音示意图

单音节：日 惹 烧 柔 染 刃 瓤 扔 入 若 蕊 软 润 容

双音节：惹人 扰攘 柔弱 柔韧 冉冉 荏苒 忍让 攘攘 仍然
濡染 如若 软弱 闰日 荣辱 容忍

四音节：任劳任怨 忍辱负重 任人唯贤 如日中天 仁人志士
弱肉强食 若隐若现 入木三分 瑞雪丰年 入情入理

舌尖后阻声母绕口令

学时事(zh、ch、sh)

史老师，讲时事，常学时事长知识。
时事学习看报纸，报纸登的是时事。
常看报纸要多思，心里装着天下事。

说日(r)

夏日无日日亦热，冬日有日日亦寒。
春日日出天渐暖，晒衣晒被晒褥单。
秋日天高复云淡，遥看红日迫西山。

6. 舌面阻

由舌尖抵住或接近下门齿背下方,舌面中前部贴近硬腭中前部成阻,普通话中有 3 个舌面阻声母——j、q、x。

发音要领 一是,特别注意找到舌面中前部的位置,避免用舌尖的力量而产生尖音。二是,舌尖放松,放在下齿背靠下的位置,不要碰到牙齿,不要习惯性用力。三是,做刮舌的动作体会舌面的位置,找准成阻点。

j [tɕ]——舌面阻、不送气、清塞擦音

发音描述 由舌尖抵住下门齿背下方,舌面中前部贴紧或接近硬腭中前部成阻;软腭挺起,关闭鼻腔通路。在阻塞的部位后面积蓄气流,瞬间解除阻塞时,在原形成阻塞的部位之间保持适度的间隙,使气流从间隙透出而成声(图 1-17)。

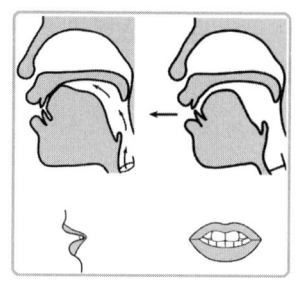

图 1-17　j 发音示意图

单音节:机 甲 节 教 九 见 斤 讲 京 局 绝 捐 俊 炯
双音节:基金 岬角 借鉴 交警 救济 建军 金橘 降价 京剧
　　　　聚焦 倔强 卷积 军舰 窘境
四音节:斤斤计较 借酒浇愁 交头接耳 锦囊妙计 机关用尽
　　　　既往不咎 驾轻就熟 饥寒交迫 加官晋爵 即景生情

q [tɕ']——舌面阻、送气、清塞擦音

发音描述 成阻阶段与 j 相同。不同的是当舌面中前部与硬腭中前部分离并形成适度间隙的时候,声门开启,从肺部呼出的破除阻碍的气流较强(图 1-18)。

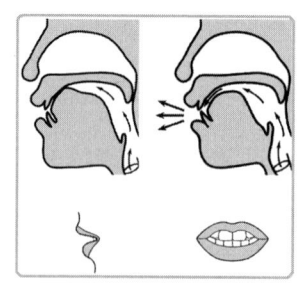

图 1-18　q 发音示意图

单音节:其 恰 且 桥 秋 前 亲 抢 晴 去 雀 泉 逡 琼
双音节:气球 恰巧 窃取 乔迁 求情 欠缺 秦腔 强权 清泉
　　　　取巧 鹊桥 全球 群情 穷期
四音节:七窍生烟 求全责备 气象万千 牵强附会 掐头去尾
　　　　黔驴技穷 乔迁之喜 琼浆玉液 曲径通幽 千秋万代

X[ɕ]——舌面阻、清擦音

🔊 **发音描述** 舌尖抵住或接近下门齿背下方,舌面中前部接近硬腭中前部,形成适度间隙,气流从间隙摩擦通过而成声(图1-19)。

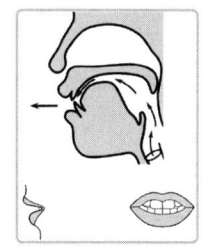

图1-19 x发音示意图

单音节:系 霞 写 晓 修 现 新 翔 星 徐 雪 绚 熏 熊
双音节:喜讯 遐想 些许 消息 休学 显现 信心 象形 星宿
　　　　虚心 学校 喧嚣 寻衅 凶险
四音节:欣欣向荣 嬉皮笑脸 喜笑颜开 喜形于色 狭路相逢
　　　　虾兵蟹将 相形见绌 孝子贤孙 循序渐进 险象环生

舌面阻声母绕口令

七加一(j、q)

七加一,七减一,加完减完等于几?
七加一,七减一,加完减完还是七。

稀奇(j、q、x)

稀奇稀奇真稀奇,麻雀踩死老母鸡,
气球碰坏大机器,正月初一挤着赶大集,
看到蚂蚁身长七尺七,八十岁的老头儿躺在摇篮里。

7. 舌根阻

由舌根抵住或接近软硬腭交界处成阻,普通话中有3个舌根阻声母——g、k、h。

🔊 **发音要领** 舌根阻声母成阻部位靠后,音色偏暗,注意做到"后音稍前",避免产生喉音或压喉现象。

g[k]——舌根阻、不送气、清塞音

🔊 **发音描述** 舌根隆起抵住软硬腭交界处,形成阻塞;软腭挺起,关闭鼻腔通路;气流在形成阻塞的部位后积蓄;瞬间解除阻塞而成声(图1-20)。

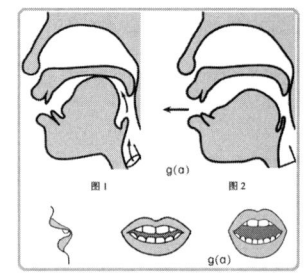

图1-20 g发音示意图

单音节:嘎 个 该 给 高 购 感 哏 杠 耕 谷 瓜 国 怪 轨 关 棍 广 弓
双音节:嘎嘎 个股 改观 高歌 沟谷 尴尬 亘古 杠杆 梗概
　　　　故国 瓜果 国歌 拐棍 鬼怪 灌溉 滚杠 广告 公关
四音节:改弦更张 盖棺定论 高歌猛进 歌功颂德 耿耿于怀
　　　　革故鼎新 根深蒂固 光怪陆离 孤陋寡闻 供过于求

k[kʻ]——舌根阻、送气、清塞音

🔊 **发音描述** 成阻、持阻阶段与g相同。不同的是除阻阶段声门开启,从肺部呼出的破除阻碍的气流较强(图1-21)。

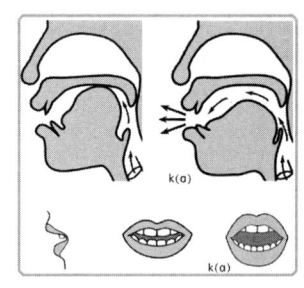

图1-21 k发音示意图

单音节:咖 可 开 考 口 刊 肯 抗 坑 库 夸 阔 快 魁 款 捆 筐 孔
双音节:亏空 可口 刻苦 坎坷 开垦 空旷 苛刻 开矿 困苦 宽阔
四音节:侃侃而谈 慷慨激昂 可歌可泣 口若悬河 刻骨铭心
　　　　苦尽甘来 苦口婆心 脍炙人口 溃不成军 空口无凭

h[x]——舌根阻、清擦音

🔊 **发音描述** 舌根隆起接近硬腭和软腭交界处,形成间隙;软腭挺起,关闭鼻腔通路;气流从形成的间隙摩擦通过而成声(图1-22)。

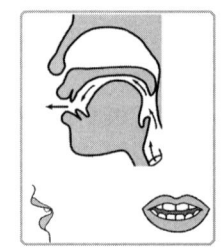

图1-22 h发音示意图

单音节：哈 和 海 黑 好 后 含 很 杭 衡 户 花 火 怀 灰
环 荤 黄 烘
双音节：哈韩 和缓 海河 黑海 浩瀚 后悔 憨厚 狠狠 行会 横祸
互惠 花环 火红 槐花 辉煌 欢呼 浑厚 黄河 洪湖
四音节：含英咀华 浩如烟海 赫赫有名 鸿鹄之志 含糊不清
挥汗如雨 绘声绘色 呼风唤雨 好高骛远 轰轰烈烈

舌根阻声母绕口令

老爷堂上一面鼓（g、h）

老爷堂上一面鼓，鼓上一只皮老虎。
老虎抓破堂上的鼓，拿块破布往上补。
只见过破布补破裤，哪见过破布补破鼓。

四、送气音和不送气音声母发音训练

🔊 **发音要领** 一是，普通话里送气音和不送气音具有区分意义的作用，因此必须区分清楚。二是，送气音的气流虽然较强，但是不应过冲，避免扑话筒的现象。

1. 送气音与不送气音双音节对比练习

b、p	被套—配套	宝马—跑马	拜别—派别	白班—排班
	罢休—怕羞	鼻子—皮子	发报—发炮	步子—铺子
z、c	澡堂—草堂	字符—赐福	坐落—错落	清早—青草
	棕桐—葱绿	再世—菜市	早稻—草稻	子弟—此地
d、t	弹头—探头	底线—体现	导论—讨论	动感—痛感
	读书—图书	兑换—退换	调动—跳动	胆子—毯子
zh、ch	摘除—拆除	宅门—柴门	展品—产品	章程—长城
	争霸—称霸	招式—超市	展示—阐释	张狂—猖狂
j、q	及时—其实	季节—气节	经销—倾销	介意—惬意
	监工—谦恭	戒尺—切齿	忌妒—气度	举目—曲目
g、k	关心—宽心	天公—天空	谷雨—苦雨	个体—客体
	歌谱—科普	米缸—米糠	投稿—投考	刻骨—刻苦

2. 送气音与不送气音双音节词连用练习

b、p　　北平　宾朋　鞭炮　布票　冰片　背叛　爆破　被迫　并排　奔跑

p、b	瀑布	屏蔽	漂白	蓬勃	旁白	牌匾	评比	碰杯	炮兵	喷薄
z、c	总裁	左侧	自从	字词	早餐	杂草	在此	造词	赞辞	足彩
c、z	村子	参赞	操作	辞藻	存在	刺字	擦澡	嘈杂	词组	惨遭
d、t	殿堂	登台	稻田	地铁	动听	独特	冬天	党团	顶替	短途
t、d	妥当	特点	通达	剃度	泰斗	团队	天地	停顿	唐代	腾达
zh、ch	征程	主持	摘抄	支撑	职场	真传	照常	轴承	展翅	抓差
ch、zh	纯真	橙汁	称职	查找	常驻	掣肘	持重	产值	朝政	冲撞
j、q	精确	崛起	家禽	郊区	甲醛	俊俏	接洽	就寝	健全	紧缺
q、j	情景	琴键	曲解	气节	敲击	迁就	抢劫	拳击	琼浆	求教
g、k	港口	甘苦	概况	高考	公开	关口	贵客	隔开	沟坎	孤苦
k、g	客观	宽广	考官	控股	口感	凯歌	苦瓜	矿工	快攻	跨国

3. 送气音与不送气音绕口令练习

冰棒碰瓶(b、p)

半盆冰棒半盆瓶，冰棒碰盆，盆碰瓶。
盆碰冰棒盆不怕，冰棒碰瓶瓶必崩。

乐生灾(z、c)

曾仔自在乐生灾，贼钻财柜索钱财。
曾仔醉卧总不醒，罪犯携脏走塞外。
警方纵横千百里，围追阻截擒贼来。

大兔子和大肚子(d、t)

大兔子，大肚子，
大肚子的大兔子，
要咬大兔子的大肚子。

常州、长春(zh、ch)

常州城中产竹床，长春车场制汽车。
常州竹床装汽车，长春汽车装床忙。

娇娇嫁金桥(j、q)

娇娇嫁金桥，起轿请舅瞧，

清酒鸡鱼齐,七姐九舅到。
锦衣裙,俏襟袄,娇娇娇又俏。
喜鹊叫,喜气绕,轿过斜街,巧过桥。

苦读古书(g、k)

苦读古书懂古通古熟古,
不苦读古书不懂古不通古糊涂古。
要懂古通古不糊涂,就得苦读古书熟悉古。

五、零声母音节发音训练

🔊 **发音要领** 一是,开头的元音增加轻微摩擦,使其辅音化。二是,控制好摩擦的轻重,避免使声音笨拙、生硬。三是,不要在开头添加辅音 ng 或 n,避免出现方音。

1. 开口呼零声母练习

| 阿姨 | 扼要 | 皑皑 | 傲岸 | 偶尔 | 暗暗 | 恩爱 | 昂昂 | 而已 | 安于 |
| 欧元 | 奥运 | 哀乐 | 额外 | 耳闻 | 恩威 | 昂扬 | 偶遇 | 欧亚 | 二月 |

2. 齐齿呼零声母练习

| 意义 | 抑扬 | 一样 | 夜莺 | 夜游 | 咽炎 | 演绎 | 摇曳 | 耀眼 | 阴阳 |
| 阴影 | 洋溢 | 扬言 | 友谊 | 牙医 | 衙役 | 压抑 | 应邀 | 营业 | 营养 |

3. 合口呼零声母练习

| 无误 | 无畏 | 无闻 | 瓦屋 | 娃娃 | 窝窝 | 外文 | 外务 | 外网 | 外围 |
| 威望 | 慰问 | 唯物 | 玩味 | 万物 | 万望 | 文物 | 温文 | 忘我 | 王位 |

4. 撮口呼零声母练习

| 玉宇 | 御用 | 粤语 | 跃跃 | 越狱 | 渊源 | 源于 | 远远 | 孕育 | 运用 |
| 云涌 | 芸芸 | 用语 | 永远 | 踊跃 | 语言 | 月牙 | 岳阳 | 原因 | 愿意 |

第二单元　韵　母

一、韵母相关概念

韵母是中国传统音韵学术语,指一个汉语音节声母后面不包括声调的部分。汉语普通话共有 39 个韵母,由单元音或复合音充当。

韵母主要由元音构成,也可以有辅音,普通话只有两个鼻辅音 n、ng 可以作韵母,并且总在韵尾处。

韵母的结构：韵母包括韵头、韵腹和韵尾三个部分,构成韵母的几个元音中开口度最大,声音最响亮的那个元音是韵腹,韵腹前面的元音是韵头,后面的元音或辅音是韵尾。一个韵母可以没有韵头或韵尾,但不可以没有韵腹。

韵母的分类：韵母按照语音结构可以分为单韵母、复韵母和鼻韵母；按韵母中第一个音素发音时的口形状况分为开口呼、齐齿呼、合口呼、撮口呼。

单韵母是单元音韵母的简称,即只有一个元音构成的韵母。普通话中一般单纯元音即舌面元音 7 个,a、o、e、ê、i、u、ü；特殊元音韵母 3 个,分别为舌尖元音韵母-i(前)、-i(后)和卷舌元音韵母 er。这 10 个元音都可以做单韵母。其中 er 只能做零声母音节的韵母。

元音的发音条件：元音韵母语音音色的差别主要取决于三个条件,一是口腔的开度,舌位的高低；二是舌位的前后；三是唇形的圆展(图 2-1)。

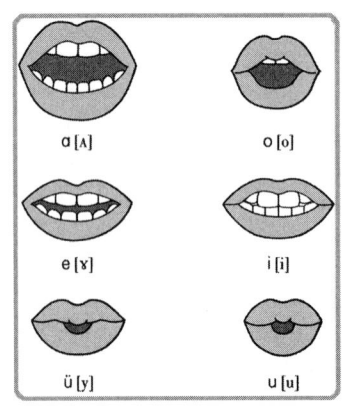

图 2-1　单韵母唇形比较图

我们不仅可以在发音中感觉到元音发音的条件,而且可以通过舌面元音舌位图(图 2-2)将主要元音表示出来。舌面元音舌位图是一种示意图,用以标记发不同的舌面元音时的舌位。四个端点分别表示发音时舌头在口腔中上下前后的四个极端位置。用直线将四个端点连接起来形成的一个四边形。四边形横面分为前、央、后,用以表示舌位的前后;竖面分为低、半低、半高、高,用以表示舌位的高低(口腔的开闭)。竖线的左侧标记不圆唇音,右侧标记圆唇元音。

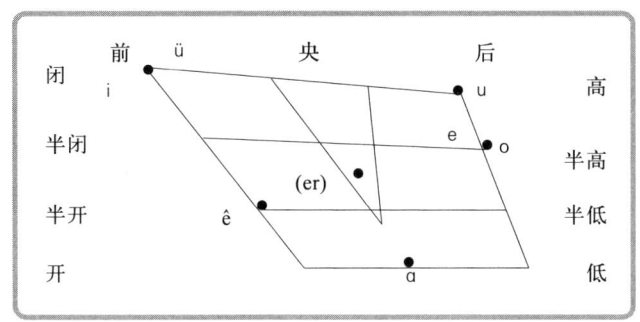

图 2-2 舌面元音舌位图

复合元音韵母简称**复韵母**,即由复合元音构成的韵母。复合元音的发音过程中,舌位的前后、高低和唇形的圆展会发生连续的移动变化。这种舌位移动的过程叫作"**舌位的动程**"。普通话共有 13 个复韵母。其中,二合复韵母 9 个,包括前响二合 4 个 ai、ei、ao、ou,后响二合 5 个 ia、ie、ua、uo、üe;中响三合复韵母 4 个 iao、iou、uai、uei。

韵尾是鼻音的韵母叫作**鼻韵母**。普通话鼻音韵尾有两个:n 和 ng,鼻音韵尾附在主要元音之后构成鼻韵母。带前鼻音 n 的韵母被称为前鼻韵母,带后鼻音 ng 的韵母被称为后鼻韵母。普通话共有 16 个鼻韵母,包括:8 个前鼻韵 an、en、in、ian、uan、un、ün、üan 和 8 个后鼻韵 ang、eng、ong、ing、iang、uang、ueng、iong。

"**四呼**"是音韵学术语,"呼"是按韵母中第一个音素发音时的口形状况给韵母划分出的类别。开口呼、齐齿呼、合口呼、撮口呼合起来被称为四呼。

凡是没有介音,主要元音又不是 i、u、ü 的韵母,发音时开口度较大,故称**开口呼**,共 15 个,a、o、e、ai、ei、ao、ou、an、en、ang、eng、ê、-i(前)-i(后)、er。

凡介音或主要元音为 i 的韵母,发音时上下齿并齐,故称**齐齿呼**,共 9 个,i、ia、ie、iao、iou、ian、in、iang、ing。

凡介音或主要元音为 u 的韵母,发音时圆唇,故称**合口呼**,共 10 个,u、ua、uo、uai、uei、uan、uen、uang、ueng、ong。韵母 ong 中的韵腹 o,实际发音并不是单元音 o,而是介乎 o 和 u 之间的音,舌位比 u 略低,我们把它称为"松 u",所以将韵母

ong 归入合口呼。

凡介音或主要元音为 ü 的韵母,发音时唇形撮起,故称**撮口呼**,共 5 个,ü、üe、ün、üan、iong。韵母 iong 的发音,展唇元音 i 受到圆唇元音 o 的影响,也带有圆唇动作,所以将其归入撮口呼。

"四呼"是按照实际发音的口形对韵母划分的类别,对发音有重要的指导作用,因为韵母发音的口形直接影响元音的音色,影响普通话语音的纯度;"四呼"这种韵母分类方法,还能体现普通话声母和韵母的拼合关系,有助于我们认识普通话和方言的差异。另外,"四呼"对我们调整语音的发力位置有重要影响,对解决部分嗓音问题有重要的指导作用。开口呼韵母发力于喉,齐齿呼韵母发力于齿,合口呼韵母力在满口,撮口呼韵母发力于唇。一些嗓音问题,如压喉、咬字偏前等,其实与字音的发力位置不当或发力位置混淆有关,用"四呼"的原理能更高效地解决此类问题。

二、韵母发音要则

韵母发音品质对播音发声有重要的影响,韵母主要具有辨别词义的作用,韵母发音影响语音的准确度。另外,普通话一个音节当中,韵腹声音最响亮、开口度最大、时值最长,因此,在准确的基础上,韵母发音很大程度上影响字音的饱满和响亮程度。

根据韵母发音对播音发声的影响,我们提出韵母发音的要则。韵母发音总的原则是舌位唇形准确、圆润、响亮、饱满。韵母发音应注意以下具体要则:

单韵母发音要找到其舌位、唇形的恰当位置和状态,发音时口腔状态相对稳定。为了适应艺术语言发声的要求,在准确的基础上应做到圆润、响亮,集中。在音准的前提下,我们通常采用开音稍闭、闭音稍开、前音稍后、后音稍前、圆唇稍扁、扁唇稍圆的原则。单韵母的发音还应注意避免元音鼻化的现象。

复韵母发音应注意口形变化,没有变化造成语音不准,缺少变化造成字音发扁,并且保证主要元音的开口度和时值,带动整个音节变得饱满、响亮。注意复韵母中的音素与单韵母同部位音素的区别,普通话复韵母不是元音的简单相加,而是舌位、唇形由一个元音滑动变化到另一个元音,没有哪个元音独立表现出来。

鼻韵母舌位动程相对较大,因此需要发音到位,不可丢掉鼻尾音,还要注意韵母前半部分的元音不可鼻化。前鼻音韵尾 n 的归音位置是声母 d、t、n、l 的成阻部位,归音时体会舌尖前伸;后鼻音韵尾 ng 的归音位置是声母 g、k、h 的成阻部位,归音时体会舌根抬起到软硬腭交界处。

三、单韵母发音训练[①]

1. 舌面元音

a[A]——央、低、不圆唇元音

3.普通话韵母
发音示范
李钢 王峥

🔊 **发音要领** 一是,口腔打开,舌自然放平,保持央低,舌尖接触下齿龈,双唇自然展开。二是,a 是口腔音,发音时,声带颤动,打开后声腔,软腭上升挺起,关闭鼻腔通路,音波从口腔发出,避免走鼻腔造成 a 音鼻化(图 2-3、图 2-4)。

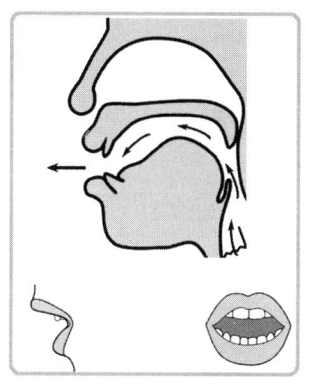
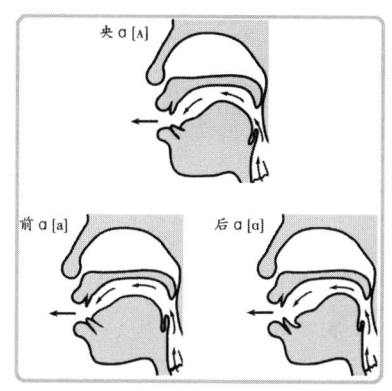

图 2-3　a 发音示意图　　　　图 2-4　不同位置 a 音发音比较图

单音节：阿 拔 帕 马 发 匝 擦 飒 达 塔 那 拉 眨 岔 啥 嘎 卡 哈
双音节：阿爸 疤瘌 怕啥 马达 砝码 发蜡 杂沓 飒飒 打靶 大厦
　　　　挞伐 拉萨 腊八 渣打 茶马 刹那 沙发 夏纳 咋低 哈达
四音节：拔苗助长　马到成功　发号施令　打草惊蛇　他山攻错
　　　　拿手好戏　杂乱无章　飒爽英姿　差强人意　煞费苦心

绕口令

白石塔

白石塔,白石搭。
白石搭白塔,白塔白石搭。
搭好白石塔,白塔白又大。

[①] 以下单韵母、复韵母和鼻韵母练习覆盖普通话声母和韵母所有的拼合关系,便于读者把握不同环境中韵母的发音。

胖娃和蛤蟆

一个胖娃娃,捉了三个大花活河蛤蟆。
三个胖娃娃,捉了一个大花活河蛤蟆。
捉了一个大花活河蛤蟆的三个胖娃娃,
真不如捉了三个大花活河蛤蟆的一个胖娃娃。

诗词

不第后赋菊 黄巢

待到秋来九月八,我花开后百花杀。
冲天香阵透长安,满城尽带黄金甲。

O[o]——后、半高、圆唇元音

🔊 **发音要领** 一是,口腔半闭,舌位半高,舌面后部隆起,舌面两边微卷,舌面中部稍凹。双唇自然圆拢。发音时,声带颤动,软腭上升挺起,关闭鼻腔通路。二是,韵母 o 与 e 发音时舌位的高低、前后基本相同,但是唇形的圆展有别,要注意这两个韵母的区分。三是,注意 o 和复韵母 uo 的区别(图 2-5)。

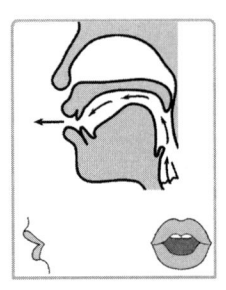

图 2-5 o 发音示意图

单音节:波 笸 墨 佛
双音节:剥夺 菠菜 菠萝 剥落 薄膜 勃勃 薄荷 婆婆 薄弱 波墨
　　　　婆娑 笸箩 摸索 默默 摩托 摩挲 没落 莫若 佛法 佛经
四音节:波澜壮阔 拨乱反正 博大精深 博闻强记 破釜沉舟
　　　　迫在眉睫 墨守成规 摩拳擦掌 莫名其妙 佛法无边

绕口令

打南坡走来个老婆婆

打南坡走来个老婆婆,两手托着俩笸箩。左手托着的笸箩装着菠萝,右手托着的筐箩装着萝卜。你说说,是老婆婆左手托着的筐箩装的菠萝多?还是右手托着的筐箩装的萝卜多?说得对送你菠萝和萝卜,说得不对让你扛着筐箩上山坡。

诗词

望洞庭　刘禹锡

湖光秋月两相和,潭面无风镜未磨。
遥望洞庭山水翠,白银盘里一青螺。

e[ɤ]——后、半高、不圆唇元音

 发音要领　口腔半闭,舌位后半高,舌体后缩。舌面后部隆起,舌面两边微卷,舌面中部稍凹。发音时,声带颤动,嘴角向两边微展,软腭挺起,关闭鼻腔通路(图 2-6)。

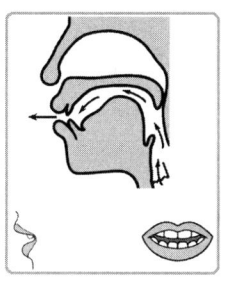

图 2-6　e 发音示意图

单音节:鹅　泽　测　瑟　德　特　讷　乐　者　彻　社　热　葛　科　河
双音节:舍得　咋舌　测得　色泽　特色　特赦　讷讷　乐得　折合　车辙
　　　　社科　热河　割舍　歌德　隔热　各色　可乐　客车　合辙　菏泽
四音节:阿谀奉承　择善而从　德高望重　乐善好施　车水马龙
　　　　热泪盈眶　格格不入　刻舟求剑　和颜悦色　何乐不为

绕口令

鹅和河

坡上立着一只鹅,坡下就是一条河。
宽宽的河,肥肥的鹅,鹅要过河,河要渡鹅,
不知是鹅过河,还是河渡鹅。

诗词

咏鹅　骆宾王

鹅、鹅、鹅,曲项向天歌。
白毛浮绿水,红掌拨清波。

ê[ɛ]——前、半低、不圆唇元音

🔊 **发音要领**　一是,口腔半开,舌位前半低,舌尖微触下齿背。舌面前部隆起,嘴角向两边微展。发音时,声带颤动,软腭挺起,关闭鼻腔通路。二是,这个音一般不单独出现,往往结合 i、ü 成为复韵母。可以先发"yè(叶)"的音,结尾停住不动,体会口腔的开度。

绕口令

谢老爹、薛大爹

谢老爹在街上扫雪,薛大爹在屋里打铁。薛大爹见谢老爹在街上扫雪,就放下手里打的铁,到街上帮谢老爹扫雪。谢老爹扫完了雪,进屋去帮薛大爹打铁。二人同扫雪,二人同打铁。

诗词

村夜　白居易

霜草苍苍虫切切,村南村北行人绝。
独出门前望野田,月明荞麦花如雪。

i[i]——前、高、不圆唇元音

🔊 **发音要领**　一是,口腔开度小,舌位前高,展唇呈扁平形。嘴角向两边展开,舌尖轻触下齿背,舌面前部隆起。发音时,声带颤动,软腭上升,关闭鼻腔通路。二是,i 是普通话中舌位最高、开口度最小的元音,实际发音时应尽量打开口腔,舌位稍后调,窄音稍宽,闭音稍开(图 2-7)。

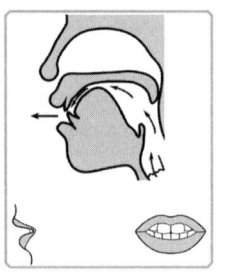

图 2-7　i 发音示意图

单音节：一 笔 披 迷 帝 梯 尼 力 脊 奇 西
双音节：伊犁 比拟 笔记 霹雳 匹敌 谜底 密闭 地基 嫡系 体系
　　　　体力 匿迹 立体 厘米 激励 机密 启迪 奇异 细腻 戏迷
四音节：一本万利 披星戴月 迷途知返 啼笑皆非 逆来顺受
　　　　离心离德 集思广益 既往不咎 杞人忧天 细枝末节

绕口令

老毕和老季

老毕篱下脱坯，老季窗西喂鸡。老毕脱坯怕碰跑了老季的鸡，老季喂鸡怕碰坏了老毕的坯。老毕顾及老季，老季顾及老毕。老季喂好鸡没碰坏老毕的坯，老毕脱完坯没碰跑老季的鸡。

诗词

钱塘湖春行　　白居易

孤山寺北贾亭西，水面初平云脚低。
几处早莺争暖树，谁家新燕啄春泥。
乱花渐欲迷人眼，浅草才能没马蹄。
最爱湖东行不足，绿杨阴里白沙堤。

U[u]——后、高、圆唇元音

🔊 **发音要领**　一是，口腔开度小，舌位后高，双唇收缩成圆形，稍向前突，中间留一小孔，舌后缩，舌面后部高度隆起。发音时，声带颤动，软腭上升，关闭鼻腔通路。二是，u音色较暗，注意唇齿相依，不可噘唇，而应尽量使用嘴唇内缘形成唇形（图2-8）。

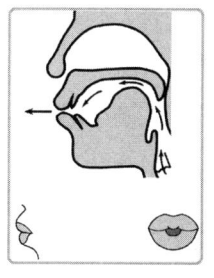

图2-8　u发音示意图

单音节：屋 步 葡 姆 富 祖 簇 苏 独 土 努 炉 祝 锄 输 如 固 枯 虎
双音节：武术 五谷 布谷 朴素 木屋 复苏 组图 粗鲁 速度 毒素
　　　　屠夫 怒族 露珠 逐鹿 出路 树木 入股 故土 枯木 葫芦
四音节：五光十色 普天同庆 釜底抽薪 足智多谋 独断专行
　　　　炉火纯青 珠联璧合 除暴安良 古道热肠 孤芳自赏

绕口令

布、醋、兔

肩背一匹布,手提一瓶醋,
走了一里路,看见一只兔。
卸下布,放下醋,去捉兔。
跑了兔,丢了布,洒了醋。

古老街上胡古老

古老街上胡古老,
古老街下古老胡。
古老街上的胡古老找古老街下的古老胡比古老,
不知是胡古老的古老比古老胡的古老古老,
还是古老胡的古老比胡古老的古老古老。

诗词

如梦令　李清照

常记溪亭日暮,沉醉不知归路。
兴尽晚回舟,误入藕花深处。
争渡,争渡,惊起一滩鸥鹭。

ü[y]——前、高、圆唇元音

发音要领　一是,口腔开度小,舌位前高,撮唇呈圆形。唇略向前突,中部留一扁圆小孔,主观感觉上 i 加圆唇动作可以帮助体会发音。发音时,声带颤动,软腭上升,关闭鼻腔通路。二是,注意 ü 的唇形不能噘起作吹哨状,还应保持唇齿相依,上唇稍用力撮起(图 2-9)。

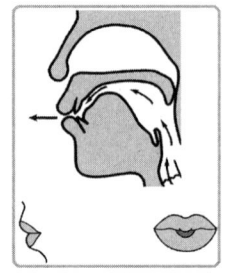

图 2-9　ü 发音示意图

单音节:雨　女　绿　居　区　徐
双音节:语序　豫剧　渔具　玉宇　女婿　旅居　吕剧　聚居　局域　区区
　　　　趋　屈居　曲剧　区域　须臾　栩栩　徐徐　絮语　序曲　蓄须

四音节：余音绕梁 愚公移山 屡教不改 绿肥红瘦 鞠躬尽瘁
　　　　举棋不定 据理力争 曲高和寡 虚张声势 嘘寒问暖

绕口令

村里新开一条渠

村里新开一条渠,弯弯曲曲上山去。河水雨水渠里流,满山庄稼一片绿。

诗词

鸳鸯语　贺铸

京江抵、海边吴楚。铁瓮城、形胜无今古。北固陵高,西津横渡。几人携手分襟处。

凄凉渌水桥南路。奈玉壶、难叩鸳鸯语。行雨行云,非花非雾。为谁来为谁还去。

2. 舌尖元音

-i[ɿ]——舌尖前、不圆唇元音

🔊**发音要领**　一是,口微开,展唇,舌尖轻触下齿背,舌尖前和上齿背保持适当距离,声带颤动发音。这个韵母只和z、c、s有拼合关系,如"字、词、四"的韵母发音。二是,在实际发音中,zi、ci、si 延长后的发音就是舌尖前元音(图2-10)。

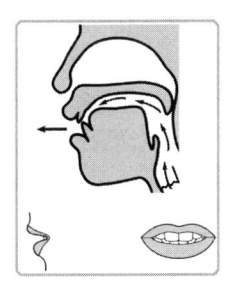

图2-10　-i(前)发音示意图

单音节：紫　词　寺
双音节：孜孜 恣肆 子嗣 字词 自此 自私 刺死 此次 刺字
　　　　刺死 四次 私自
四音节：子虚乌有 自暴自弃 字斟句酌 恣意妄为 词不达意
　　　　此地无银 慈眉善目 司空见惯 四海为家 肆无忌惮

绕口令

子词丝

四十四个字和词,组成一首子词丝的绕口词。
桃子、李子、梨子、栗子、橘子、柿子、槟子和榛子,栽满院子、村子和寨子。
刀子、斧子、锯子、凿子、锤子、刨子和尺子,做出桌子、椅子和箱子。
名词、动词、数词、量词、代词、副词、助词、连词,造成语词、诗词和唱词。
蚕丝、生丝、熟丝、缫丝、染丝、晒丝、纺丝、织丝,自制粗丝、细丝、人造丝。

诗词

相思 王维

红豆生南国,春来发几枝?
愿君多采撷,此物最相思。

-i[ɿ]——舌尖后、不圆唇元音

🔊 **发音要领** 一是,口微开,展唇,舌前端抬起和硬腭前部保持适当距离,声带颤动发音。这个韵母只和 zh、ch、sh、r 有拼合关系,如"之、吃、事"的韵母发音。二是,在实际发音中,zhi、chi、shi、ri 延长后的发音就是舌尖后元音(图2-11)。

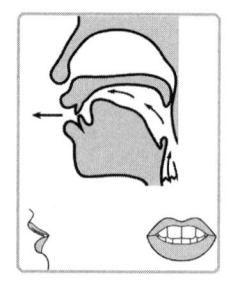

图 2-11 -i(后)发音示意图

单音节:之 尺 时 日
双音节:指示 咫尺 制式 制止 迟滞 史诗 时值 时事 市尺
　　　　实施 事实 逝世 日食 日志
四音节:支离破碎 知人善任 执迷不悟 指桑骂槐 志士仁人
　　　　持之以恒 赤子之心 失之交臂 实事求是 日上三竿

绕口令

石狮市没石狮

经三省过五市,狮子跑到华清池。

栀子花香桂树直,贵妃沐浴石岸湿。
历史风云卷书志,中华大地写新诗。
池水清清映红日,枝头石榴笑红柿。
石狮回头望东南,思乡泪下发毛湿。

诗词

夜雨寄北　李商隐

君问归期未有期,巴山夜雨涨秋池。
何当共剪西窗烛,却话巴山夜雨时。

3. 卷舌元音

er[ər]——卷舌元音

🔊 **发音要领**　一是,口腔自然打开,舌体自然居中,舌前部上抬,舌尖后卷,卷向硬腭,但不接触,声带颤动发音。二是,注意掌握口腔开度,er在读阳平和上声时不能读成ar,只有去声读成ar。三是,不能用缩舌代替卷舌(图2-12)。

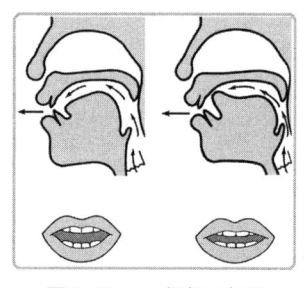

图2-12　er发音示意图

单音节:儿　耳　二
双音节:而今　而已　儿童　儿化　儿女　儿歌　儿戏　耳朵　耳目
　　　　耳环　洱海　鸸鹋　二胡　二心　二黄　二炮
四音节:儿女情长　尔虞我诈　耳鬓厮磨　耳聪目明　耳目一新
　　　　耳濡目染　耳熟能详　耳提面命　耳闻目睹　接二连三

绕口令

说"尔"

要说"尔"专说"尔",马尔代夫、喀布尔、阿尔巴尼亚、扎伊尔、卡塔尔、尼泊尔、贝尔格莱德、安道尔、萨尔瓦多、伯尔尼、利伯维尔、班珠尔、厄瓜多尔、塞舌尔、哈密尔顿、尼日尔、圣彼埃尔、巴斯特尔、塞内加尔的达喀尔、阿尔及利亚的阿尔及尔。

诗词

春怨　金昌绪

打起黄莺儿,莫教枝上啼。
啼时惊妾梦,不得到辽西。

四、复韵母发音训练

1. 二合复韵母

(1) 前响二合

ɑi[ɑi]——前响复韵母

发音要领　一是,发音时,ɑ 处在偏前位置,口腔开度略小。i 表示舌头移动的方向,实际到不了 i 的位置。ɑ 音较为清晰响亮,i 音发得较短较弱。二是,ɑi 韵母发音有助于我们找到打开口腔的感觉。口腔开度不能过小,避免和 ei 混淆(图 2-13)。

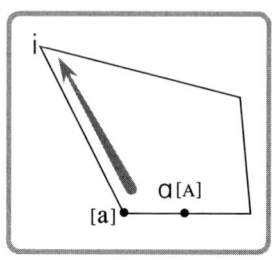

图 2-13　ɑi 发音示意图

单音节：哀　百　拍　麦　再　采　赛　呆　台　耐　籁　斋　豺　筛　改　慨　孩
双音节：爱戴　摆开　白菜　拍卖　买卖　灾害　采摘　塞外　带来　台海　奶白　赖债　债台　差派　晒台　芥菜　开采　开赛　海带　海派
四音节：爱莫能助　排山倒海　在所不辞　才疏学浅　塞翁失马　泰然自若　债台高筑　开怀畅饮　开诚布公　海阔天空

绕口令

白菜和海带

买白菜,搭海带,不买海带就别买大白菜。
买卖改,不搭卖,不买海带也能买到大白菜。

诗词

过华清宫绝句　杜牧

长安回望绣成堆,山顶千门次第开。

一骑红尘妃子笑,无人知是荔枝来。

ei[əi]——前响复韵母

🔊 **发音要领** 一是,ei里的e实际发音比单元音e偏后偏低。ei里的i舌位比单元音i略低,舌高点略偏后(图2-14)。

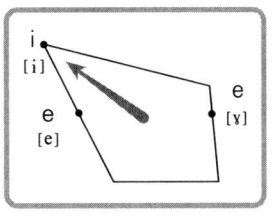

图2-14　ei发音示意图

单音节:碑　胚　每　费　贼　得(děi)　馁　雷　这(zhèi)　谁(shéi)　给　黑
双音节:北非　北碚　北美　贝类　蓓蕾　赔给　配备　妹妹　肥美　飞贼　非得　磊磊　给谁　黑煤
四音节:背道而驰　眉飞色舞　美不胜收　飞沙走石　飞扬跋扈　废寝忘食　贼喊捉贼　内忧外患　泪如雨下　黑白分明

绕口令

冬天雪花是宝贝

北风吹,雪花飞,冬天雪花是宝贝。
去给麦苗盖上被,明年麦子多几倍。

诗词

晚春　韩愈

草树知春不久归,百般红紫斗芳菲。
杨花榆荚无才思,唯解漫天作雪飞。

ao[ɑu]——前响复韵母

🔊 **发音要领** 一是,ao中的a受到后高元音o的影响,a处于比较靠后的位置,舌位也高一点。二是,归音的唇形舌位接近"u",拼写时不写成"u",是为了避免与"n"混淆(图2-15)。

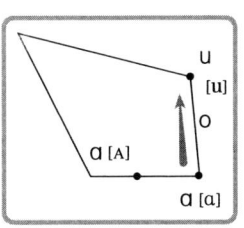

图2-15　ao发音示意图

单音节：袄 包 袍 冒 皂 槽 扫 岛 涛 恼 酪 招 潮 哨 扰 高 烤 浩
双音节：敖包 懊恼 宝岛 跑道 冒号 糟糕 草帽 骚扰 稻草 套牢
　　　　脑勺 牢靠 找到 超薄 烧烤 绕道 高傲 犒劳 毫毛 号召
四音节：傲雪斗霜　貌合神离　草菅人命　道貌岸然　劳苦功高
　　　　昭然若揭　少安毋躁　绕梁之音　高山景行　好逸恶劳

绕口令

老老道小老道

高高山上有座庙，庙里住着俩老道，一个年纪老，一个年纪小。庙前长着许多草，有时候老老道煮药，小老道采药，有时候小老道煮药，老老道采药。

诗词

咏柳　　贺知章

碧玉妆成一树高，万条垂下绿丝绦。
不知细叶谁裁出，二月春风似剪刀。

ou[əu]——前响复韵母

发音要领　o 比单发时舌高点略后且略高，但唇形没有单发时圆，双唇略撮，舌尖微触下齿背，舌位在 e 稍后处。o 发得较长较响亮，u 比单发时口腔开度大，但唇形比 u 扁，发音较短（图2-16）。

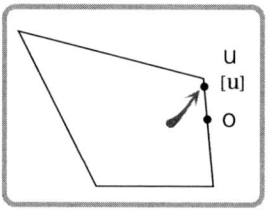

图 2-16　ou 发音示意图

　　　　　　　　　　　　　　　nòu
单音节：鸥 剖 眸 否 走 凑 艘 逗 头 耨 楼 洲 丑 寿 柔 构 叩 猴
双音节：欧洲 剖腹 谋求 否定 走漏 凑够 飕飕 兜售 抖擞 豆蔻
　　　　头筹 透漏 漏斗 周游 筹谋 守候 肉蔻 佝偻 叩首 喉头
四音节：藕断丝连　呕心沥血　走马观花　斗转星移　周而复始
　　　　臭名昭著　手不释卷　口诛笔伐　后顾之忧　厚古薄今

绕口令

大斗小斗

大斗小斗,俩斗量豆。斗大掉豆,豆大掉斗。

诗词

旅夜书怀　　杜甫

细草微风岸,危樯独夜舟。
星垂平野阔,月涌大江流。
名岂文章著,官应老病休。
飘飘何所似,天地一沙鸥。

（2）后响二合

ia[iA]——**后响复韵母**

🔊 **发音要领**　一是,发音时,a 由于受高元音 i 的影响,终止位置往往比央 a 的舌位偏前。同样 i 也会受央低元音 a 的影响,舌位稍降。二是,由于是后响复韵母,i 的发音时值短,具有过渡性,a 的发音较为响亮饱满,时值较长（图 2-17）。

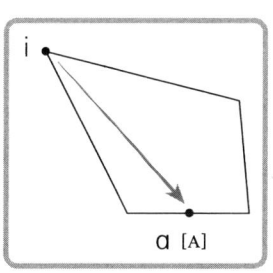

图 2-17　ia 发音示意图

单音节:芽　俩　家　恰　霞
双音节:压价　俩鸭　加价　加压　家家　假牙　掐架　恰恰　下压　下牙
　　　　下家　下嫁
四音节:雅俗共赏　家喻户晓　戛然而止　价廉物美　假以辞色
　　　　恰如其分　恰到好处　掐头去尾　狭路相逢　瑕不掩瑜

绕口令

鸭和霞

天上飘着一片霞,水上飘着一群鸭。
霞是五彩霞,鸭是麻花鸭。

麻花鸭游进五彩霞,五彩霞挽住麻花鸭。
乐坏了鸭,拍碎了霞,分不清是鸭还是霞。

诗词

乌衣巷　刘禹锡

朱雀桥边野草花,乌衣巷口夕阳斜。
旧时王谢堂前燕,飞入寻常百姓家。

ie[iɛ]——后响复韵母

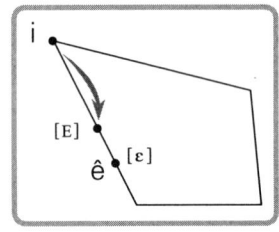

图2-18　ie发音示意图

发音要领 ie 里的 e 是一个前半低不圆唇复元音,在拼音方案中记作 ê,一般可以用 e 来替代。发音时,舌位半低,比 ei 中的 e 略低一点。不圆唇。i 的发音较为短暂,ê 的发音较为响亮(2-18)。

单音节:叶　别　瞥　灭　谍　贴　聂　烈　杰　茄　些
双音节:冶铁　业界　别业　瞥见　匕斜　蹀躞　喋喋　贴切　铁鞋　铁屑
　　　　捏造　趔趄　裂解　结业　节烈　结节　接界　切切　谢谢　斜街
四音节:叶公好龙　别开生面　灭顶之灾　喋喋不休　铁证如山
　　　　蹑足潜踪　竭泽而渔　锲而不舍　邪不压正　解甲归田

绕口令

茄子

姐姐借刀切茄子,去把儿去叶儿斜切丝,切好茄子烧茄子,炒茄子、蒸茄子,还有一碗焖茄子。

诗词

伤农　郑遨

一粒红稻饭,几滴牛颔血。
珊瑚枝下人,衔杯吐不歇。

ua[uA]——后响复韵母

🔊 **发音要领** 发音时，a 的口形比单发时稍圆，口腔稍开。由于受 u 的影响，a 终止位置比央 a 稍偏后。u 的发音短暂，a 的发音较为响亮（图 2-19）。

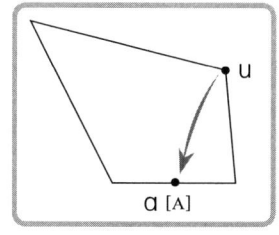

图 2-19　ua 发音示意图

单音节：蛙　爪　耍　卦　夸　华
双音节：娃娃　抓花　耍滑　唰唰　挂花　挂画　呱呱　夸夸　花瓜　花袜　画画
四音节：瓦解冰消　挖空心思　抓耳挠腮　瓜田李下　挂一漏万　夸大其词　花容月貌　华而不实　画地为牢　画龙点睛

绕口令

小华和胖娃

小华和胖娃，种花又种瓜。
小华会种花不会种瓜，胖娃会种瓜不会种花。
小华教胖娃种花，胖娃教小华种瓜。
小华学会了种瓜，胖娃学会了种花。

诗词

泊秦淮　杜牧

烟笼寒水月笼沙，夜泊秦淮近酒家。
商女不知亡国恨，隔江犹唱后庭花。

uo[uo]——后响复韵母

🔊 **发音要领**　一是，发音时，uo 中的 o 比单发时口腔稍闭，唇形稍圆。uo 里的 u 比单发时的唇形略大，但发得轻短，o 发得响而长。二是，uo 的发音动程窄，合口后，打开口腔，避免发成单韵母（图 2-20）。

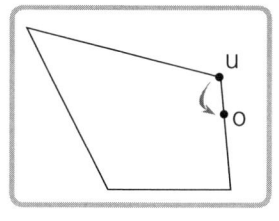

图 2-20　uo 发音示意图

单音节：窝 昨 撮 索 朵 驼 糯 络 桌 绰 说 弱 果 扩 活
双音节：窝火 龌龊 坐果 坐落 做作 蹉跎 错落 锁国 堕落 脱落
　　　　陀螺 懦弱 落座 骆驼 着落 绰绰 硕果 国货 阔绰 火锅
四音节：我行我素　左右逢源　多难兴邦　脱口而出　捉襟见肘
　　　　绰绰有余　硕果仅存　若有所思　国色天香　豁然开朗

绕口令

朵朵花朵像云朵

绿秧棵,开花朵,花朵朵朵结果果。
果果开花一朵朵,朵朵花朵像云朵。

诗词

天末怀李白　杜甫

凉风起天末,君子意如何?
鸿雁几时到,江湖秋水多。
文章憎命达,魑魅喜人过。
应共冤魂语,投诗赠汨罗。

üe[yɛ]——后响复韵母

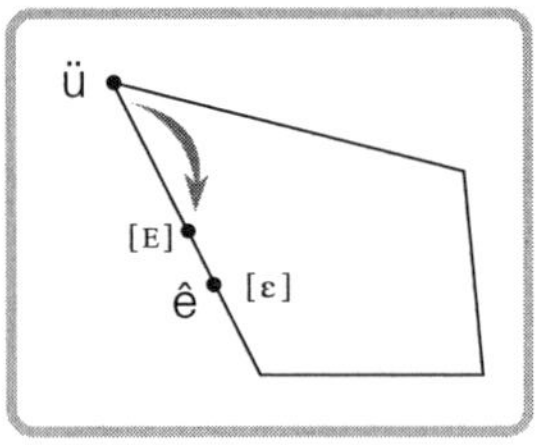

发音要领　一是,üe 里 e 与 ie 中的 e 属同一元音,在拼音方案中记作 ê。ü 较轻短,ê 较响亮。二是,发音时注意撮口的唇形(图 2-21)。

图 2-21　üe 发音示意图

单音节：约 虐 略 决 雀 雪
双音节：约略 月缺 绝学 雀跃 缺略 雪月
四音节：约定俗成　越俎代庖　略胜一筹　绝代佳人　却之不恭
　　　　削足适履　学而不厌　雪上加霜　血气方刚　学以致用

绕口令

真绝

真绝,真绝,真叫绝,皓月当空下大雪,麻雀游泳不飞跃,鹊巢鸠占鹊喜悦。

诗词

江雪 柳宗元

千山鸟飞绝,万径人踪灭。
孤舟蓑笠翁,独钓寒江雪。

2. 中响三合复韵母

iao[iau]——中响复韵母

🔊 **发音要领** 一是,发音时,在 ao 的基础上增加了 i(韵头)。ao 中的 a 舌位稍高且唇形略扁,这是受到了 i 的影响。i 的舌位比单元音 i 更高,与上颚接近甚至稍有摩擦,故称之为"半元音",而且发得轻短,a 发得响亮,最后趋向 o 的部位。iao 的发音动程较宽,唇形舌位的变化较大。二是,归音的唇形舌位接近"u",拼写时不写成"u",是为了避免与"n"混淆(图 2-22)。

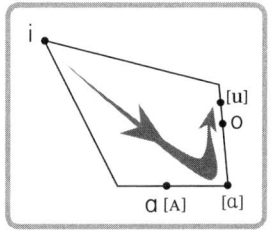

图 2-22 iao 发音示意图

单音节:邀 表 瓢 妙 钓 迢 鸟 燎 交 俏 小
双音节:窈窕 遥遥 鳔胶 飘摇 缥缈 苗条 秒表 渺小 妙药 吊桥
　　　　吊销 调教 调焦 袅袅 疗效 脚镣 叫嚣 巧妙 萧条 逍遥
四音节:咬文嚼字　表里如一　妙手偶得　雕虫小技　挑拨离间
　　　　鸟尽弓藏　寥寥无几　矫枉过正　焦头烂额　巧取豪夺

绕口令

鸟看表

水上漂着一只表,表上落着一只鸟。
鸟看表,表瞪鸟,鸟不认识表,表也不认识鸟。

诗词

寄扬州韩绰判官　杜牧

青山隐隐水迢迢,秋尽江南草未凋。
二十四桥明月夜,玉人何处教吹箫。

iou[iəu]——中响复韵母

🎤 **发音要领**　一是,发音时,舌位由较紧的 i(韵头)向后向低过渡,o 音后舌面向软腭升起,圆唇,韵尾 u 表示元音活动的方向。二是,拼写为 iu,省略了主要元音,但发音时必须保证主要元音的饱满响亮和时长(图 2-23)。

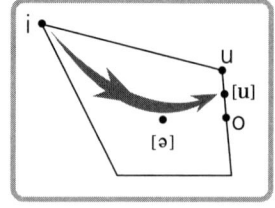

图 2-23　iou 发音示意图

单音节:优　谬　丢　纽　流　救　球　袖
双音节:悠久　优秀　犹有　谬论　谬误　妞妞　牛油　六九　流油　琉球
　　　　刘秀　久留　旧友　酒友　九流　赳赳　球友　秋游　求救　绣球
四音节:游刃有余　有勇无谋　谬种流传　丢盔弃甲　柳暗花明
　　　　九霄云外　秋高气爽　求贤若渴　休戚与共　袖手旁观

绕口令

酒换油

一葫芦酒,九两六。
一葫芦油,六两九。
六两九的油,要换九两六的酒。
九两六的酒,不换六两九的油。

诗词

生查子·元夕　欧阳修

去年元夜时,花市灯如昼。
月上柳梢头,人约黄昏后。

今年元夜时,月与灯依旧。
不见去年人,泪湿春衫袖。

uai[uai]——中响复韵母

🔊 **发音要领** 在 ai 的基础上增加了韵头 u,由于受到圆唇 u 音的影响,ai 里的 a 变得稍圆。发音时,u 发得轻短,a 发得响亮,最后趋向 i 的部位,整个发音过程唇形舌位变化较大(图2-24)。

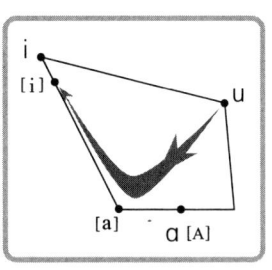

图 2-24 uai 发音示意图

单音节:歪 拽 揣 甩 乖 快 淮
双音节:外踝 外快 拽坏 踹坏 摔坏 乖乖 怀揣
四音节:歪风邪气 外强中干 拐弯抹角 怪诞不经 快马加鞭
　　　　脍炙人口 快人快语 怀才不遇 怀瑾握瑜 怀古伤今

绕口令

槐树槐

槐树槐,槐树槐,槐树底下搭戏台,
人家的姑娘都来了,我家的姑娘还没来。
说着说着就来了,骑着驴,打着伞,歪着脑袋上戏台。

诗词

浣溪沙　　晏殊

一曲新词酒一杯,去年天气旧亭台。夕阳西下几时回。
无可奈何花落去,似曾相识燕归来。小园香径独徘徊。

uei[uei]——中响复韵母

🔊 **发音要领** 一是,发音时,ei 的前面加了一段 u 的发音动程,舌位从后先降后升,前舌面向硬腭上升,不圆唇,韵尾 i 表示元音活动的方向。二是,拼写为 ui,省略了

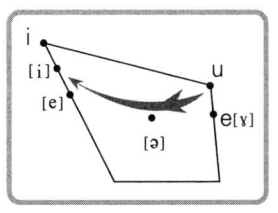

图 2-25 uei 发音示意图

主要元音,但发音时必须保证主要元音的饱满响亮和时长(图 2-25)。

单音节:威 醉 催 岁 队 腿 坠 炊 税 芮 龟 愧 回

双音节:尾随 葳蕤 卫队 罪魁 翠微 岁岁 队徽 退位 推诿 追尾
　　　　坠毁 垂危 水位 归回 归位 愧对 魁伟 荟萃 回味 汇兑

四音节:惟妙惟肖 醉翁之意 摧眉折腰 推波助澜 追悔莫及
　　　　吹灰之力 水到渠成 岿然不动 回头是岸 绘声绘色

绕口令

谁胜谁

梅小卫叫飞毛腿,卫小辉叫风难追。
两人参加运动会,百米赛跑快如飞。
飞毛腿追风难追,风难追追飞毛腿。
梅小卫和卫小辉,最后不知谁胜谁。

诗词

凉州词　王翰

葡萄美酒夜光杯,欲饮琵琶马上催。
醉卧沙场君莫笑,古来征战几人回!

五、鼻韵母发音训练

1. 前鼻韵母

an[an]——前鼻韵母

发音要领 发音时,an 中的 a 的舌位由于受到前鼻韵尾 n 的影响,a 处于比较前的位置,a 为前低不圆唇元音。n 的归音部位比它充当声母时的成阻部位稍后。鼻韵母音节在语流中由于受到前后音节协同发音的影响,往往会丢失鼻尾辅音而使主要元音鼻化,但在我们练习中必须归音到鼻辅音上(图 2-26)。

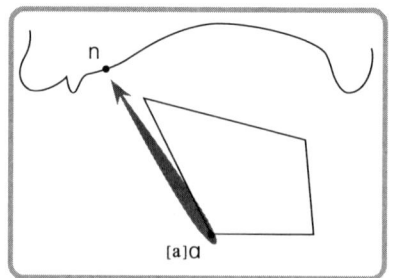

图 2-26　an 发音示意图

单音节：安 板 盘 漫 凡 赞 餐 伞 淡 坛 楠 懒 展 颤 珊 然 甘 看 寒
双音节：岸然 斑斓 蹒跚 漫谈 反感 赞叹 灿烂 散漫 但凡 坦然
　　　　难堪 阑珊 湛蓝 潺潺 善感 冉冉 橄榄 感叹 勘探 菡萏
四音节：按部就班　满载而归　幡然悔悟　三顾茅庐　探囊取物
　　　　昙花一现　南辕北辙　瞻前顾后　肝胆相照　含沙射影

绕口令

谭老汉买蛋和炭

谭家谭老汉，挑担到蛋摊，买了半担蛋，挑蛋到炭摊，买了半担炭，满担是蛋炭。老汉忙回赶，回家炒蛋饭。进门跨门槛，脚下绊一绊，跌了谭老汉，破了半担蛋，翻了半担炭，脏了木门槛。老汉看一看，急得满头汗，连说怎么办，蛋炭完了蛋，老汉怎吃蛋炒饭。

诗词

逢入京使　岑参

故园东望路漫漫，双袖龙钟泪不干。
马上相逢无纸笔，凭君传语报平安。

en[ən]——前鼻韵母

发音要领　发音时，e 的舌位比单发时靠前，舌头开始处于静止的位置，接着舌位升高，舌尖抵住上齿龈，软腭下垂，气流从鼻腔流出，归音到鼻辅音 n 上（图2-27）。

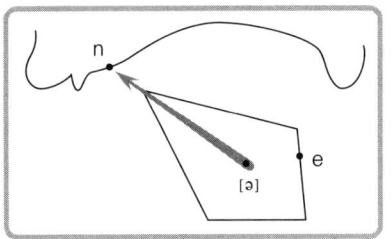

图 2-27　en 发音示意图

单音节：恩 笨 盆 门 纷 怎 岑 森 嫩 枕 趁 申 忍 根 垦 痕
双音节：恩人 本分 盆地 门诊 粉尘 怎样 涔涔 森森 振奋 真嫩
　　　　沉闷 沉稳 深沉 深圳 身份 人参 认真 根本 恳切 狠狠
四音节：恩重如山　喷薄欲出　粉身碎骨　参差不齐　森严壁垒
　　　　针锋相对　趁火打劫　仁至义尽　根深叶茂　恨之入骨

绕口令

小陈和小沈

小陈去卖针,小沈去卖盆。
俩人挑着担,一起出了门。
小陈喊卖针,小沈喊卖盆。
也不知是谁卖针,也不知是谁卖盆。

诗词

渭城曲　王维

渭城朝雨浥轻尘,客舍青青柳色新。
劝君更尽一杯酒,西出阳关无故人。

ian[ian]——前鼻韵母

🔊 **发音要领** an 前加了一个轻短的 i 韵头结合而成。发音时,a 处于比较前且比较高的位置。在实际运用中注意往返动程要宽,活动范围稍大些(图 2-28)。

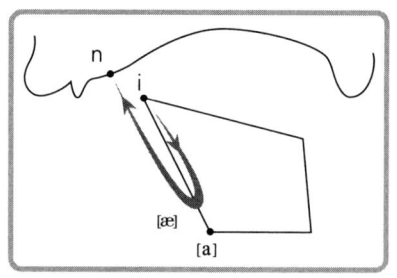

图 2-28　ian 发音示意图

单音节：烟　扁　篇　眠　淀　甜　碾　怜　肩　浅　线
双音节：咽炎　延年　边线　变迁　片面　翩跹　棉田　免检　碘盐　惦念
　　　　田间　天边　年前　年鉴　连绵　连篇　简练　牵线　前面　先遣
四音节：烟波浩渺　变本加厉　颠沛流离　甜言蜜语　拈轻怕重
　　　　连篇累牍　见贤思齐　千锤百炼　先发制人　先礼后兵

绕口令

半边莲

半边莲,莲半边,半边莲长在山涧边。

半边天路过山涧边,发现这片半边莲。
半边天拿来一把镰,割了半筐半边莲。
半筐半边莲,送给边防连。

诗词

望庐山瀑布　李白

日照香炉生紫烟,遥看瀑布挂前川。
飞流直下三千尺,疑是银河落九天。

in[in]——前鼻韵母

🔊 **发音要领**　发音时,舌尖抵住下齿背发出 i 音,然后舌尖上举抵住上齿龈,同时软腭下降,气流从鼻腔流出。实际运用中,i 的开口度要适当扩大,以增加声音的圆润度(图 2-29)。

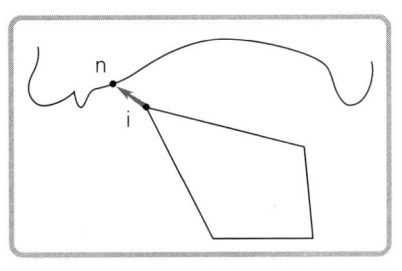

图 2-29　in 发音示意图

单音节:音　龈　品　民　您　吝　金　秦　信
双音节:殷勤　音频　引进　濒临　彬彬　贫民　聘金　民心　民进　林荫
　　　　临近　粼粼　金银　禁品　尽心　亲民　亲信　勤谨　信心　辛勤
四音节:饮水思源　引经据典　彬彬有礼　民不聊生　淋漓尽致
　　　　近在咫尺　秦晋之好　沁人心脾　心满意足　心心相印

绕口令

隔墙听见人分银

隔墙听见人分银,不知道多少人分多少银。只听见人说,人人分半斤银余银四两,人人分四两银余银半斤。

诗词

送杜少府之任蜀州　王勃

城阙辅三秦,风烟望五津。

与君离别意，同是宦游人。
海内存知己，天涯若比邻。
无为在歧路，儿女共沾巾。

uan[uan]——前鼻韵母

🔊 **发音要领** an 韵前加了一个轻短的 u 韵头结合而成。发音时，a 的舌位比单发时靠前，a 为前低不圆唇元音。u 的口形比单发时稍圆（图2-30）。

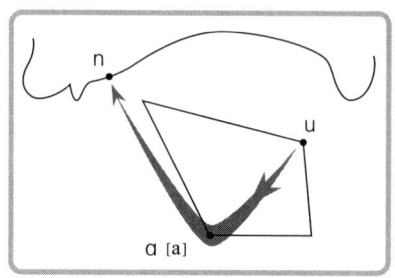

图 2-30 uan 发音示意图

单音节：湾 篡 蹿 算 段 湍 暖 孪 砖 船 栓 软 官 款 换
双音节：婉转 万端 万贯 钻断 篡权 酸软 短传 团圆 暖暖 乱窜
　　　　专款 专断 转弯 传唤 闩门 软缎 贯穿 款款 宦官 换算
四音节：完璧归赵 万象更新 短兵相接 乱臣逆子 转危为安
　　　　川流不息 软硬兼施 冠冕堂皇 宽宏大量 焕然一新

绕口令

谁也不服管

苏州玄妙观，东西两判官。东判官姓潘，西判官姓管。
管判官要管潘判官，潘判官要管管判官，闹得谁也不服管。

诗词

枫桥夜泊　张继

月落乌啼霜满天，江枫渔火对愁眠。
姑苏城外寒山寺，夜半钟声到客船。

uen[uən]——前鼻韵母

🔊 **发音要领** 一是，先发 u，舌头抬高接近软腭，圆唇，u 发得轻短。紧接着，舌尖前伸抵上齿龈，软腭下降，气流从鼻腔流出。语流中注意 u 的圆唇与口腔开度的保持。二是，中间的元音 e 是过渡性的，在非零声母音节中，中间的 e 被省略掉，记成"un"（图 2-31）。

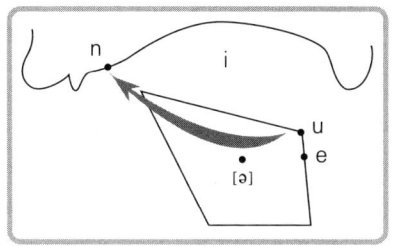

图 2-31　uen 发音示意图

单音节：温　遵　存　损　盾　屯　轮　准　春　舜　闰　棍　昆　魂
双音节：温润　温存　温顺　文论　伦敦　论文　谆谆　春笋　春困　春瘟
　　　　滚滚　滚轮　困顿　昆仑　混沌　馄饨　尊贵　寸土　钝角　屯兵
四音节：温文尔雅　寸步难行　损兵折将　顿开茅塞　谆谆教导
　　　　春寒料峭　顺理成章　滚瓜烂熟　困兽犹斗　浑然天成

绕口令

磙和棍

磙下压个棍，棍上压个磙，磙压棍滚，棍滚磙滚。

诗词

清明　杜牧

清明时节雨纷纷，路上行人欲断魂。
借问酒家何处有，牧童遥指杏花村。

üan[yan]——前鼻韵母

🔊 **发音要领** an 韵前加了一个轻短的 ü（韵头）结合而成。发音时，a 的舌位比单发时略偏高。ü 的舌位较高且靠前，唇形较圆。实际运用时应注意撮口圆唇（图 2-32）。

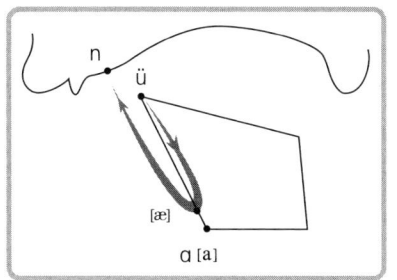

图 2-32　üan 发音示意图

单音节:渊 卷 泉 炫
双音节:源泉 圆圈 渊源 涓涓 拳拳 泉源 全员 全院 全权 轩辕
四音节:源远流长 缘木求鱼 卷土重来 全神贯注 权宜之计
　　　　犬马之劳 轩然大波 喧宾夺主 悬崖勒马 悬崖峭壁

绕口令

画圆圈

圆圈圆,圈圈圆,圆圆娟娟画圆圈。
娟娟画的圈连圈,圆圆画的圈套圈。
娟娟圆圆比圆圈,看看谁的圆圈圆。

诗词

水调歌头　苏轼

明月几时有,把酒问青天。不知天上宫阙,今夕是何年。我欲乘风归去,又恐琼楼玉宇,高处不胜寒。起舞弄清影,何似在人间。

转朱阁,低绮户,照无眠。不应有恨,何事长向别时圆。人有悲欢离合,月有阴晴圆缺,此事古难全。但愿人长久,千里共婵娟。

ün[yn]——前鼻韵母

🔊 **发音要领** 一是,发音时,先发圆唇撮口的 ü,但唇形没有单发时那么圆,舌面接近硬腭。紧接着舌尖前伸抵上齿龈,软腭下垂,气流从鼻腔出,注意舌面不要升得太高,以免产生摩擦噪声。二是,发音过程中注意唇形,不要展唇,避免出现方音(图2-33)。

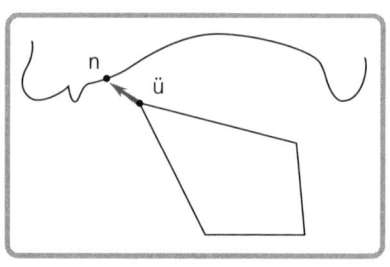

图2-33　ün发音示意图

单音节:晕 俊 裙 训
双音节:芸芸 均匀 军训 菌群 逡巡 循循 熏熏
四音节:云蒸霞蔚 运筹帷幄 君子之交 群策群力 群龙无首
　　　寻踪觅迹 循规蹈矩 训练有素 徇私舞弊 循序渐进

绕口令

白云与羊群

蓝天上是片片白云,草原上银色的羊群。近处看,这是羊群,那是白云;远处看,分不清哪是白云,哪是羊群。

诗词

江南逢李龟年　　杜甫

岐王宅里寻常见,崔九堂前几度闻。
正是江南好风景,落花时节又逢君。

2. 后鼻韵母

ang[ɑŋ]——后鼻韵母

🔊 **发音要领** 发音时,ang 中的 a 受后鼻韵尾 ng 的影响,a 处于比较靠后的位置,a 为后低不圆唇元音。a 的口腔开度大于单发的 a,发音时软腭下降,口鼻均有气息流出(图 2-34)。

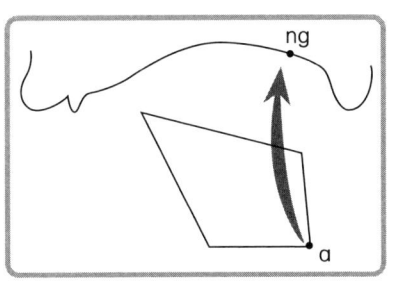

图 2-34　ang 发音示意图

单音节:昂 帮 胖 忙 访 脏 苍 嗓 荡 汤 囊 朗 掌 昌 尚 瓢 纲 炕 航
双音节:昂昂 肮脏 帮忙 彷徨 盲肠 方丈 藏香 苍茫 丧葬 党纲
　　　螳螂 囔囔 廊坊 张榜 长廊 商行 攘攘 港商 康庄 行当
四音节:昂首阔步 盲人摸象 放浪形骸 藏龙卧虎 当仁不让
　　　狼烟四起 仗义执言 赏罚分明 纲举目张 康庄大道

绕口令

大和尚小和尚

大和尚常常上哪厢？大和尚常常过长江。过长江为哪厢？过长江看小和尚。大和尚原住襄阳家姓张，小和尚原住良乡本姓蒋，大和尚和小和尚，有事常商量。大和尚说小和尚强，小和尚说大和尚棒。小和尚熬汤，请大和尚尝，大和尚赏小和尚好檀香。

诗词

江城子·密州出猎　苏轼

老夫聊发少年狂，左牵黄，右擎苍，锦帽貂裘，千骑卷平冈。为报倾城随太守，亲射虎，看孙郎。

酒酣胸胆尚开张，鬓微霜，又何妨？持节云中，何日遣冯唐？会挽雕弓如满月，西北望，射天狼。

eng[əŋ]——后鼻韵母

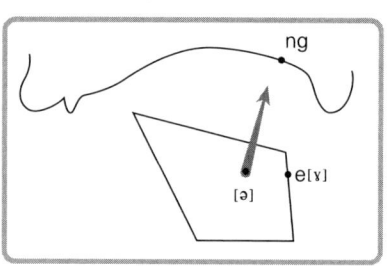

图 2-35　eng 发音示意图

发音要领　一是，发音时，e 的舌位比单发时偏前且低，然后舌根后缩与软腭接触，此时软腭下垂，气流从口、鼻流出。实际运用时，为增加声音响度，应增大口腔开度。二是，eng 和 ong 不要混淆，避免出现港台腔(图 2-35)。

单音节：泵 烹 盟 讽 赠 层 僧 等 疼 能 愣 整 成 圣 仍 梗 坑 恒

双音节：崩溃　鹏程　萌生　风泵　丰登　增生　蹭蹬　僧众　灯绳　腾腾　能动　冷风　蒸腾　承蒙　逞能　省城　仍旧　更正　吭声　横生

四音节：鹏程万里　梦寐以求　风调雨顺　层出不穷　登峰造极　能言善辩　冷若冰霜　峥嵘岁月　生不逢时　耿耿于怀

绕口令

藤与绳

丝瓜藤,绕丝绳,丝绳绕上丝瓜藤。
藤长绳长绳藤绕,绳长藤伸绳绕藤。

诗词

滁州西涧　韦应物

独怜幽草涧边生,上有黄鹂深树鸣。
春潮带雨晚来急,野渡无人舟自横。

ong[uŋ]——后鼻韵母

🔊 **发音要领** 发音时,o 的发音与发单韵母 o 不同,它在 u 与 o 之间,口腔开度比 u 的开度稍大,时长较短。然后舌根接触软腭,口、鼻出气发音。要注意它与 ueng 和 eng 的区别(图 2-36)。

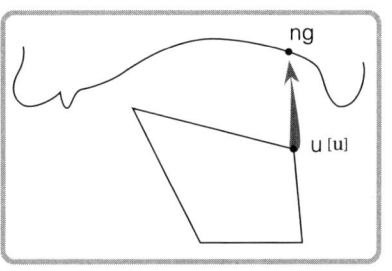

图 2-36　ong 发音示意图

单音节:宗　丛　宋　冬　同　弄　陇　众　虫　冗　工　恐　洪
双音节:总统　从容　松动　动容　瞳孔　通红　浓重　笼统　中东　重工
　　　充公　冲动　溶洞　融融　公共　共同　空洞　恐龙　洪洞　红松
四音节:纵横交错　从容不迫　洞若观火　童叟无欺　浓墨重彩
　　　龙腾虎跃　中庸之道　融会贯通　觥筹交错　洪水猛兽

绕口令

风、松、钟、弓

走如风,站如松,坐如钟,睡如弓。
风、松、钟、弓,弓、钟、松、风,连念七遍口齿清。

诗词

鹧鸪天　晏几道

彩袖殷勤捧玉钟。当年拚却醉颜红。舞低杨柳楼心月,歌尽桃花扇底风。
从别后,忆相逢。几回魂梦与君同。今宵剩把银釭照,犹恐相逢是梦中。

iang [iaŋ]——后鼻韵母

🔊**发音要领**　ang 韵前加了一个轻短的 i 韵头结合而成。发音时,iang 韵母的发音动程较宽,ang 受到 i 的影响,a 的唇形稍扁(图2-37)。

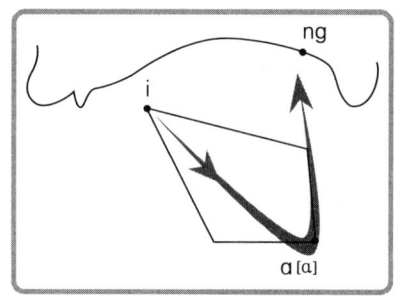

图 2-37　iang 发音示意图

单音节：央　酿　两　桨　呛　翔
双音节：洋枪　洋相　娘娘　踉跄　亮相　粮饷　良将　两江　两厢　两样
　　　　酱香　奖项　将相　强将　强项　响亮　相向　向阳　湘江　想象
四音节：阳春白雪　良莠不齐　两相情愿　江郎才尽　匠心独运
　　　　江河日下　强弩之末　枪林弹雨　相得益彰　响彻云霄

绕口令

杨家养了一只羊

杨家养了一只羊,蒋家修了一道墙。
杨家的羊撞倒了蒋家的墙,蒋家的墙压死了杨家的羊。
杨家要蒋家赔杨家的羊,蒋家要杨家赔蒋家的墙。

诗词

闻官军收河南河北　杜甫

剑外忽传收蓟北,初闻涕泪满衣裳。

却看妻子愁何在,漫卷诗书喜欲狂。
白日放歌须纵酒,青春作伴好还乡。
即从巴峡穿巫峡,便下襄阳向洛阳。

ing[iŋ]——后鼻韵母

🔊 发音要领 一是,发音时,舌面接近硬腭先发出i,然后舌头后缩,舌根与软腭接触,口腔关闭,气流从口、鼻流出。实际运用中注意与in的区别。二是,有人为了更鲜明地区分前后鼻音,在i和ng之间加了一个e的音素,造成语音不纯,这是不可取的(图2-38)。

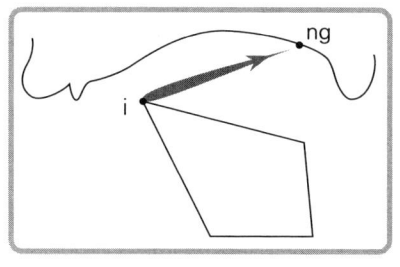

图2-38　ing 发音示意图

单音节:英　丙　平　命　丁　庭　宁　岭　井　晴　星
双音节:影星　英明　冰凌　并行　娉婷　平行　酩酊　明镜　鼎铭　叮咛
　　　　听命　宁静　聆听　菱形　精灵　精明　倾听　轻盈　兴兵　姓名
四音节:莺歌燕舞　冰清玉洁　名垂青史　平分秋色　宁缺毋滥
　　　　令行禁止　泾渭分明　蜻蜓点水　行将就木　形影不离

绕口令

天上七颗星

天上七颗星,树上七只鹰,梁上七个钉,台上七盏灯。
拿扇扇了灯,用手拔了钉,举枪打了鹰,乌云盖了星。

诗词

秋夕　杜牧

银烛秋光冷画屏,轻罗小扇扑流萤。
天阶夜色凉如水,坐看牵牛织女星。

uang[uaŋ]——后鼻韵母

🔊 **发音要领** ang 韵前加了一个轻短的 u 韵头结合而成。uang 韵母的发音动程较宽,受到 u 的影响,a 的唇形较圆(图 2-39)。

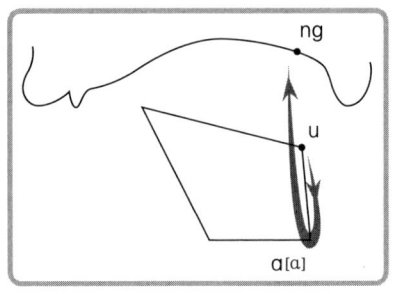

图 2-39 uang 发音示意图

单音节:汪 壮 闯 霜 广 况 黄
双音节:往往 网状 装潢 状况 装框 窗框 双双 双簧 光芒
　　　 狂妄 矿床 框框 荒旷 黄光 皇皇 黄庄
四音节:亡羊补牢 枉费心机 壮志未酬 窗明几净 双管齐下
　　　 光彩夺目 广开言路 旷日持久 黄粱美梦 恍如隔世

绕口令

量窗量床又量墙

量窗量床又量墙,跳上床量窗,靠住墙量床。墙比床长,床又比窗长,窗长不过床,床又长不过墙,所以墙比床比窗长,读不顺就去撞墙。

诗词

清平调三首之二　李白

一枝红艳露凝香,云雨巫山枉断肠。
借问汉宫谁得似?可怜飞燕倚新妆。

ueng[uəŋ]——后鼻韵母

🔊 **发音要领** 一是,发音时,u 要发得轻短,然后接着发 eng。实际运用时注意合口音 u 的圆唇,可增加字音的准确度和清晰度。再有,别把 u 发成唇齿音。如"翁"的发音。二是,在普通话中,ueng 只能出现在零声母音节中,也就是说它不能与任何辅音声母相拼。三是,ong 必须有前拼声母,ueng 没有前拼声母(图2-40)。

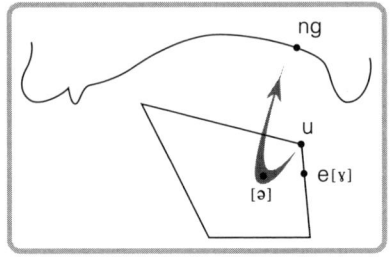

图 2-40 ueng 发音示意图

单音节：翁 蓊 瓮
双音节：嗡嗡 水瓮 渔翁 蓊郁 瓮城
四音节：瓮中捉鳖 瓮声瓮气

绕口令

老翁和小瓮

老翁卖酒小瓮买，小瓮买酒老翁卖。

诗词

示儿 陆游

死去元知万事空，但悲不见九州同。
王师北定中原日，家祭无忘告乃翁。

iong[yŋ]——后鼻韵母

🔊 **发音要领** 一是，发音时，i 韵头由于受到圆唇 o 的影响，唇形由扁趋圆，接近于 ü。与 j、q、x 组成音节时，注意在发音开始时就要撮口，否则影响语音的清晰度。二是，iong 是撮口呼韵母，不能发成齐齿呼（图 2-41）。

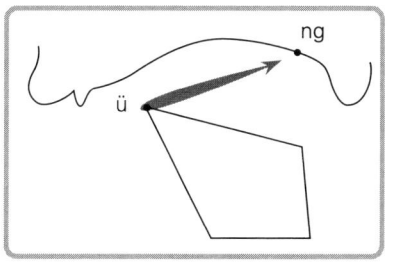

图 2-41 iong 发音示意图

单音节：用 窘 穷 兄
双音节：拥军 雍容 勇于 踊跃 用具 用语 炯炯 窘迫 穷凶 琼剧
　　　　汹涌 汹汹 熊熊
四音节：庸人自扰 雍容华贵 迥然不同 炯炯有神 穷途末路
　　　　茕茕孑立 琼浆玉液 汹涌澎湃 胸有成竹 雄才大略

绕口令

学游泳

小涌勇敢学游泳，勇敢游泳是英雄。

第三单元　声　调

一、声调相关概念

在现代汉语语音学中，**声调**是指汉语音节所固有的，可以区别意义的声音的高低和升降。声调贯穿音节始终，主要作用在字腹上。汉语一个音节就是一个汉字，所以声调又叫字调。

声调的作用：在汉语音节中，声调和声母、韵母一样具有区别意义的作用，这也是声调的基本功能。声调能鲜明地体现普通话语音特征，可以说是普通话语音的"门面"，对整体语音面貌影响很大。普通话被公认为像音乐一样动听的语言，根本原因在于它具有鲜明的四声对比变化，体现出普通话抑扬顿挫的音乐美，因此声调体现普通话的审美价值。最后声调的准确及到位程度，体现播音专业人员的专业基本功。总之，播音专业人员应足够重视对普通话声调的掌握，提高普通话语音的纯度，增强语音的审美价值和表现力，体现艺术创作的专业含量。

声调的性质和特点：声调中有音长和音强的变化，但它的性质主要取决于音高的变化。声音的高低是由声波的频率，也就是声波每秒振动的速度决定的，频率的高低是由声带的拉紧或放松来调节的。需要说明的是，不同于音乐中音阶的绝对音高，声调的高低是相对的音高的变化。声调的另一个特点表现为声调音高上升和下降的变化是逐渐滑动的过程，没有明显的拐弯。而音乐中音阶的移动，常常表现为跳跃式变化。

调类就是把一种语言中所有的调值加以归类后得出的类别。调类的名称只代表汉语某种方言声调的种类，而不表示实际的读值。汉语普通话中共有阴平、阳平、上声、去声四个调类。

调值指声调的实际高低值，由于各地、各人的音域高低宽窄不同，这个高低值也是相对的，并非指绝对音频。各地方音的调值差别较大，比如同是阴平字，北京话念高平调（55）；济南念降升的曲调（213）；天津话念低调（11）。

调值是声调的"实"，调类是声调的"名"。调值与调类的关系，是"实"与"名"的关系。

调值的记录方法——五度标记法：为了记录方便，使声音形象化，便于学习掌握普通话,我们一般采用"五度标记法"对调值进行描写。用一条竖线坐标尺表示声音的高低,由下而上就是声音由低到高,分为五度,即低、半低、中、半高、高,分别用1、2、3、4、5依次表示,再用一条横斜的辅线表示升降起止的度数(图3-1)。

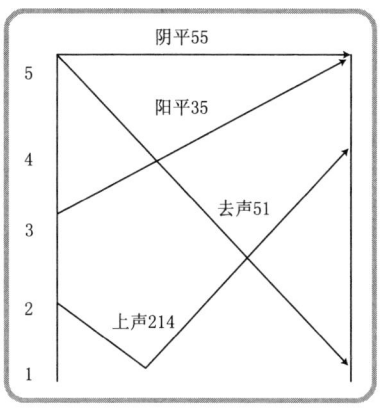

图3-1 五度标记法

《汉语拼音方案》的四个声调符号(－ ／ ∨ ＼)就是把五度标记法中的竖线去掉,使其更加简化而制定的。

普通话调值与调类的关系如图3-2所示:

调类	调值	标记符号	例字
阴平	高平 55	－	妈 mā
阳平	中升 35	／	麻 má
上声	降升 214	∨	马 mǎ
去声	全降 51	＼	骂 mà

图3-2 普通话调值与调类

二、声调发音要则

声调的发音是声带松紧调节的结果,在这一过程中须配合气息的控制和调节,以保证调值能够到位,声音不冒不哑。如果在语流中仍然发四声的标准调值,往往会影响语流的顺畅,应注意声调发音在语流中会在原来字调的基础上稍加改变,使它既不失去原来的声调,又符合语调的要求(图3-3)。

1. 阴平发音要则

阴平是高平调,声音形式高而平,起止音高都是5度。经语图仪显示,阴平实

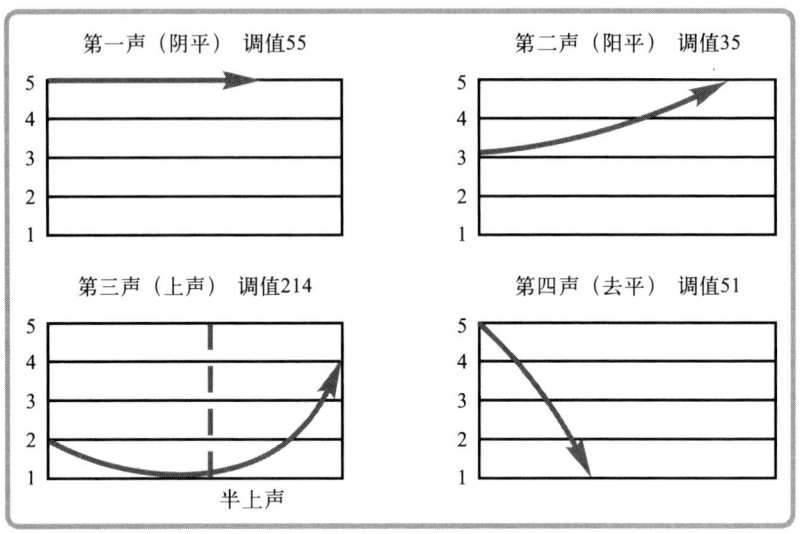

图 3-3　普通话声调调型示意图

际发音在起音后略升高一点,末尾有稍降的趋势,没有明显的升降变化。全调时值比上声、阳平略短,比去声稍长。声带闭合的力度不能松懈,与此同时气息的力度也较大,要保持均匀持久。

阴平的调值不准将影响其他声调的调值,阴平调发音容易出现两个问题:第一,调值低。解决阴平调值低的问题,我们要注重提高对音高的听辨能力,练声时选用阴平字位于其他字之后的词语,确保在和其他声调的对比中,阴平调值达到到位的高度。第二,调型不够平。注意声带闭合力度不能松懈,并保持均衡持久的气息支持。

2. 阳平发音要则

阳平是中升调,发音时起音由中音 3 度上升到最高音 5 度。全调时值比阴平、去声长,比上声略短。声带闭合由松到紧,气息控制由弱变强。

阳平发音容易出现两个问题:第一,阳平上不去。解决这个问题,应加强气息由弱到强的配合支持。第二,阳平曲线上升,有时调型甚至类似于上声,这是不标准的。阳平由 3 度升到 5 度应该是直升,声带由松到紧,而不能是紧—松—紧的变化,不能有曲折。

3. 上声发音要则

上声是降升调,发音时起音音高由半低音 2 度下降至低音 1 度,稍做延长后上升到半高音 4 度,调型是先降后升。全调时值在四声当中最长。声带闭合由微紧到松弛,稍做保持再到紧。

上声发音容易出现两个问题:第一,上声硬拐弯。音高由 2 度降到 1 度,不做停留保持,直接跳跃到 4 度,调型成一个尖锐的角。注意声调音高的变化是平滑过渡的,发上声的感觉用 2114 描述更为准确。第二,低音下不来。找好起调的高度,扎实地降下来,声音不哑不涩,低音时加大送气量,以气托声。

4. 去声发音要则

去声为全降调,发音时声音由最高 5 度降到最低 1 度。全调时值在四声中最短。声带由紧到松,气息控制由强到弱。

去声发音容易出现四个问题:第一,去声下不来,发成半去声,影响语音抑扬顿挫的美感。第二,去声容易劈或者冒,注意气息控制的配合,由强到弱应均衡,不能突然失去控制。第三,去声甩小尾巴,发音结束时又拖长一小段,这样发音容易形成朗读中的固定腔调。注意去声时值最短,发音应干脆利索,不能拖腔拉调。第四,去声起音高度低,相对高度达不到 5,致使声调的抑扬顿挫不鲜明,影响表达的整体状态。解决这个问题,应注意加大去声发音时声调的对比度。

三、声调发音训练

随着语言发音单位逐级扩大,声调体现出丰富的对比变化。本节从词单位训练开始,包括单音节词、双音节词、三音节词、四音节词,之后进入句子单位训练,包括绕口令、古诗、散文和新闻。在学习之初,我们要注意控制语速,尽可能加大声调对比度,使声调鲜明到位,最终达到能够在自然语速中下意识地表现出鲜明的四声变化和普通话抑扬顿挫的美。

1. 同声韵四声单音节词训练

发音提示:单音节词声调的训练应与气息控制结合起来,音高的绝对高度和相对高度要有稳定的表现。

单音节词四声变化练习还可以对照书后的"普通话声韵配合表",使单音节词声调变化练习覆盖所有相拼音节。

4.普通话声调
发音示范
李钢 王峥

阴平,高平调,55,次短。

巴 坡 猫 帆 作 参 虽 多 涛 蔫 拎 扎 撑 稍 嚷 机 敲 鲜 歌 科 欢

阳平,中升调,35,次长。

拔 婆 毛 繁 昨 蚕 随 夺 桃 年 林 闸 橙 勺 瓢 即 桥 闲 格 壳 还

上声,降升调,214,最长。

把 笸 卯 反 左 惨 髓 朵 讨 碾 凛 眨 逞 少 壤 脊 巧 显 葛 可 缓

去声,全降调,51,最短。

坝　破　貌　范　坐　灿　岁　鸵　套　念　赁　榨　秤　哨　让　既　俏　献　各　客　换

2. 双音节词声调训练

(1) 四声组合练习①

双音节词语的四声共有 16 种组合方式,做这项练习,我们可以在 16 种声调的对比变化中掌握声调的配合关系和变化(图 3-4)。

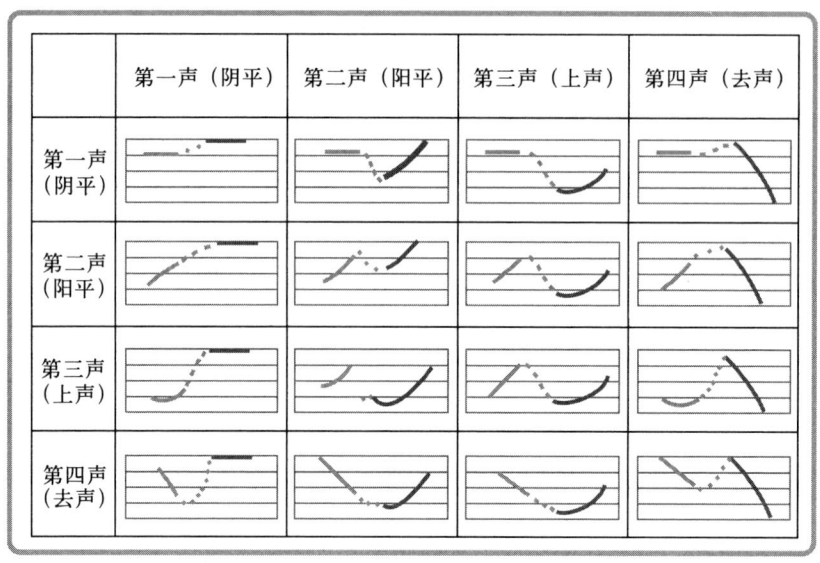

图 3-4　双音节连读调型示意图

下面的练习是按照阴阳上去的顺序编排的,但是在实际训练中,阴阴组合的练习往往会出现提气的现象,并影响下面练习的用声,因此建议训练的时候从阳平的组合开始,最后练习阴平的组合。

①阴阴组合

发音提示:两个阴平相连时,前一个阴平可降为 44 调值,后一个依然是 55 调值。如果不注意这个变化,语音会呈现出东北方言色彩,也会让声音状态不积极。

八仙　批发　冈香　芬芳　灾荒　参天　司机　丹青　他乡　拈阄
垃圾　招商　超标　山川　津贴　期刊　香烟　根雕　咖啡　烘干

---

① 这 16 组双音节词是按照声母发音部位由前向后的顺序编排的,有助于我们在练习声调的同时,强化声母发音部位的概念。

② 阴阳组合

包围　抛锚　猫粮　发达　栽培　催眠　森林　丹田　天平　捏合
拉平　朝阳　差额　沙尘　煎熬　羌笛　夕阳　甘甜　苛求　黑白

③ 阴上组合

编码　攀比　猫眼　发表　增长　参考　司法　刀俎　天井　拉美
瞻仰　憧憬　山谷　加冕　签署　星斗　歌舞　科举　酗饮　花朵

④ 阴去组合

发音提示：这组双音节词的两个字音高起音高度都在5，但在实际发音时要注意第二个字的起音高度应高于第一个字。如果不注意这一点也容易使播音状态不积极，并且容易产生固定腔调。

搬运　拍摄　闷热　帆布　匝道　苍翠　桑葚　堤坝　韬略　捏造
拉动　毡帽　充沛　深奥　究竟　期盼　吸纳　干脆　开幕　忽略

⑤ 阳阴组合

鼻烟　爬梯　麻花　繁星　杂音　丛书　达标　腾空　南瓜　联邦
折中　尘埃　神通　燃烧　节拍　奇观　行踪　革新　狂欢　航班

⑥ 阳阳组合

发音提示：两个阳平相连时，第一个阳平调值可以念成34，第二个仍念成35。这组词是留学生掌握的难点，留学生经常处理成半上声加阳平，这是不对的。

拔苗　旁白　萌芽　阀门　贼船　财团　答疑　弹劾　南极　梨园
闸门　查询　蛇足　人文　集邮　棋迷　习俗　阁楼　狂澜　毫厘

⑦ 阳上组合

白果　皮袄　梅雨　伏暑　杂耍　裁剪　德语　桃李　难免　莲藕
哲理　茶点　绳索　人选　极品　球网　雄伟　隔板　狂草　和蔼

⑧ 阳去组合

发音提示：这组双音节词前一个音高止于5度，第二个字起音高度为5度，但实际发音应注意第二个字起音的5度应略高于第一个字的尾音高度。如果不注意这一点同样容易使播音状态不积极，并且容易产生固定腔调。

跋涉　炮制　芒种　乏味　择业　惭愧　叠韵　堂会　能耗　凌驾
宅院　沉默　神话　饶恕　吉庆　前奏　辖制　格调　狂放　和煦

⑨ 上阴组合

发音提示：上声在非上声之前调值念成211，也叫作半上声。

保安　跑车　马帮　法官　早安　采光　导播　体温　女娲　缆车
展销　处方　赏析　染缸　剪刀　起飞　写真　改观　卡通　海鸥

⑩上阳组合

发音提示:同⑨的发音提示。

百合　漂白　马达　反刍　紫竹　彩霞　导游　讨伐　拟人　礼节
种族　齿轮　审查　扰民　脊梁　企鹅　小儿　岗亭　考勤　哈达

⑪上上组合

发音提示:上上相连时,前一个上声读成24调值,类似于阳平。

榜眼　跑表　玛瑙　法宝　采访　散打　底版　躺椅　脑海　冷暖
诊所　炒股　审美　染指　甲板　起止　洗礼　橄榄　考古　虎口

⑫上去组合

发音提示:同⑨的发音提示。

把脉　叵测　马术　法律　宰相　采购　祷告　体会　拟定　垄断
掌舵　宠爱　闪耀　扰乱　角度　启动　喜好　杆秤　拷贝　海浪

⑬去阴组合

发音提示:去阴相连时,阴平受到去声影响,起音高度可能会降低,达不到5度,这也会呈现东北方言色彩。因此,在实际发音时,尽量让阴平起音高度略高于去声的起音高度。

报刊　派生　麦冬　泛舟　再生　菜单　代沟　踏春　耐心　浪花
召开　唱腔　哨兵　热衷　季风　气功　信息　概说　克星　候车

⑭去阳组合

贝壳　叛逃　庙堂　沸腾　赞扬　促成　淡泊　挞伐　纳凉　蜡梅
湛蓝　畅达　社团　任职　继而　纤绳　象牙　告白　看台　耗材

⑮去上组合

罢免　泡影　麦草　发卡　载体　策反　淡雅　泰斗　纳米　蜡染
诤友　翅膀　哨卡　热土　降水　庆典　下岗　杠杆　抗体　汉语

⑯去去组合

发音提示:中重格式的两个去声相连时,前一个去声读为53调值,也叫作半去声,后一个仍为51。重中格式的两个去声相连,第二个去声起音相对稍低。

半夜　佩戴　麦浪　放哨　自动　测绘　大麦　透彻　纳粹　亮相
绽放　彻夜　盛夏　让步　剑鞘　契税　相册　告密　靠背　号脉

(2)双音节词声调辨正练习

边界—变节—辩解　　微小—微笑—胃小　　补发—步伐—不法
仙境—险境—陷阱　　抚育—赋予—富裕　　初期—出奇—出气
抵制—地址—地质　　礼节—理解—历届　　官吏—管理—惯例
争辩—整编—政变　　老实—老师—老是　　诗集—时机—实际

餐具—残局—惨剧　　语言—寓言—预演　　妖艳—谣言—耀眼
同志—通知—统治

3. 三音节词声调训练

三音节词在声调的搭配上有更丰富的组合方式,这里选取同声调三字进行训练,应注意三字之间音高的微弱差别以及三个字音长的处理,前两个字音长之和与第三个字大致相等,不能处理成等高等长。

(1)阴阴阴组合

发音提示:三个阴平相连,具体调值处理成44,44,55。

<u>八仙桌</u>　<u>包青天</u>　<u>包装箱</u>　攀枝花　攀高枝　冬瓜汤　拖拉机
贴标签　公积金　关东烟　咖啡因　空心砖　黑光灯　机关枪
鸡冠花　激光刀　金沙江　金刚经　交接班　军功章　青春期
星期天　新篇章　中间商　冲击波　吹风机　烧高香　深呼吸

(2)阳阳阳组合

发音提示:三个阳平相连,具体调值处理成34,34,35。

<u>白杨林</u>　<u>毛南族</u>　<u>煤油炉</u>　绵白糖　同仁堂　同盟国　陀螺仪
弹簧门　难为情　泥石流　牛皮糖　龙舌兰　联合国　寒食节
洪泽湖　合成词　蝴蝶结　华达呢　群言堂　形容词　折叠床
长绒棉　长途台　磁悬浮　儿童节　遗传学　颐和园　园林局

(3)上上上组合

发音提示:三个上声相连根据词语结构不同,有两种处理方法。

双单格式,具体调值处理成35,35,214。

<u>保管组</u>　<u>保险法</u>　<u>蒙古语</u>　狗尾草　苦水井　脚底板　洗脸水
选举法　展览馆　处理品　手写体　手把手　始祖鸟　索马里

单双格式,具体调值处理成211,34,214。

<u>打草稿</u>　<u>米老鼠</u>　<u>老古董</u>　老两口　党小组　小拇指　李厂长
孔乙己　海产品　九谷口　纸老虎　老保守　很友好　冷处理

(4)去去去组合

发音提示:三个去声相连,具体调值处理成53,53,51。

<u>备忘录</u>　<u>闭幕式</u>　<u>判断力</u>　命中率　目的地　大动脉　对立面
唾液腺　路透社　绿化带　过去式　快速路　阔叶树　后视镜
会客室　计步器　介绍信　现代化　血色素　战斗力　障碍物
创纪录　创造力　圣诞树　售票处　再就业　宿命论　塑料布

4. 四音节词声调训练

四音节词更加接近句子单位,但比句子简短,有利于集中注意力练习每个字的声调。练习时,可以先一个字一个字念,注意每个字读本调,讲求每个字必须到位。然后可以设计语境,表达出词的意义和色彩,注意声调配合时产生的变调现象,讲求四音节词的自然流畅,避免在语言表达时刻板僵死。

(1) 四声顺序组合

兵强马壮	飞檐走壁	灯红酒绿	花红柳绿	中流砥柱
新闻简报	千锤百炼	优柔寡断	山穷水尽	逍遥法外
光明磊落	英雄好汉	诸如此类	胸怀坦荡	瓜田李下

(2) 四声逆序组合

大好河山	厚古薄今	妙手回春	重点研究	暮鼓晨钟
万古长青	调虎离山	墨守成规	四海为家	破釜沉舟
耀武扬威	大雨瓢泼	热火朝天	顺理成章	袖手旁观

(3) 四字同调组合练习

① 阴阴阴阴组合

发音提示:四个阴平字相连,具体调值处理成 44,44,44,55。

| 公开招标 | 声东击西 | 居安思危 | 息息相关 | 卑躬屈膝 |
| 公交公司 | 忧心忡忡 | 江山多娇 | 珍惜光阴 | 春天花开 |

② 阳阳阳阳组合

发音提示:四个阳平字相连,具体调值处理成 34,34,34,35。

| 人民银行 | 民族团结 | 名存实亡 | 急于求成 | 文如其人 |
| 竭泽而渔 | 牛羊成群 | 名人名言 | 儿童文学 | 严格执行 |

③ 上上上上组合

发音提示:四个上声字相连,根据语法结构有不同处理,通常有两种。

第一种:具体调值处理成 211,34,34,214。

打洗脸水　省体改委　伪总统府

第二种:具体调值处理成 34,211,34,214

总统选举　岂有此理　打井引水　远景美好　产品展览

④ 去去去去组合

发音提示:四个去声字相连,具体调值处理成 53,53,53,51。

| 面面俱到 | 互利互惠 | 见利忘义 | 素质教育 | 对症下药 |
| 废物利用 | 热线电话 | 爱护备至 | 变幻莫测 | 创造纪录 |

(4)四声交错组合练习

天长地久	虚怀若谷	班门弄斧	千言万语	画龙点睛
和风细雨	得心应手	龙飞凤舞	寻根问底	百炼成钢
统筹兼顾	古为今用	海枯石烂	眼花缭乱	琼楼玉宇
万马奔腾	信口开河	罪有应得	卧薪尝胆	杂乱无章

5. 绕口令

绕口令的练习由慢到快，在语速逐渐加快的过程中，注意声调是否到位。

磨坊

磨坊磨墨，磨碎磨坊一磨黑；小猫摸煤，煤飞小猫一毛煤。

洗席

一领细席，席上有泥。溪边去洗，溪洗细席。

梁木匠和梁瓦匠

梁木匠，梁瓦匠，两梁有事齐商量，
梁木匠天亮晾衣裳，梁瓦匠天亮量高粱。
梁木匠晾衣裳受了凉，梁瓦匠量高粱少了粮。
梁木匠思量梁瓦匠少了粮，梁瓦匠料想梁木匠受了凉。

漂破瓢

破瓢波上漂，波上漂破瓢。
波漂破瓢破瓢漂，瓢破波上漂破瓢。

妈妈骑马

妈妈骑马，马慢妈妈骂马；妞妞轰牛，牛拗妞妞拧牛；
舅舅捉鸠，鸠飞舅舅揪鸠；姥姥喝酪，酪落姥姥捞酪。

老师和老史

老师老是叫老史去捞石，老史老是没有去捞石，
老史老是骗老师，老师老是说老史不老实。

铜钉和铜板

铜钉和铜板，铜钉钉铜板，铜板钉铜钉，钉钉铜，铜钉钉。

桑山青

桑山青,桑山苍,桑山桑树满山冈。桑山采桑上桑山,桑山采桑伤山桑。

6. 诗词朗读

诗词集中体现了普通话抑扬顿挫的音乐美,这种音乐美也是构成生活语言美的要素,使生活语言具有美的特质。诗词的朗读,对于声调的训练尤为有效。诗词朗诵应加大声调的对比度,让四声鲜明且到位,体会声调对于语言表达的辅助作用,再逐渐把这种感觉移植到其他稿件或生活语言中,有助于培养播音员主持人良好的语感。

泊秦淮　杜牧

烟笼寒水月笼沙,夜泊秦淮近酒家。
商女不知亡国恨,隔江犹唱后庭花。

登鹳雀楼　王之涣

白日依山尽,黄河入海流。
欲穷千里目,更上一层楼。

春晓　孟浩然

春眠不觉晓,处处闻啼鸟。
夜来风雨声,花落知多少?

寻隐者不遇　贾岛

松下问童子,言师采药去。
只在此山中,云深不知处。

7. 散文朗读

散文朗读的语速比日常谈话、新闻播报慢,因此在语流中,给声调的对比变化留出了相对较大的空间,用散文朗读对声调进行训练也非常有效。朗读时,我们应特别注意声调对于语言色彩和语言表达的影响。

在存放鉴真遗像的那个院子里,几株中国莲昂然挺立,翠绿的宽大荷叶正迎风而舞,显得十分愉快。开花的季节已过,荷花朵朵已变为莲蓬累累。莲子的颜色正由青转紫,看来已经成熟了。

(节选自严文井《莲花和樱花》)

苏联诗人吉洪诺夫说:"只有用音乐才能传达汉语的声音。"意思是说,汉语的声音好像音乐那样好听,这话很对。你们听听这两句:"英雄好汉""钻研苦干""山河美丽""资源满地",多好听啊!

(节选自《我们祖国的语言》)

其实你在很久以前并不喜欢牡丹,因为它总被人作为富贵膜拜。后来你目睹了一次牡丹的落花,你相信所有的人都会为之感动:一阵清风徐来,娇艳鲜嫩的盛期牡丹忽然整朵整朵地坠落,铺撒一地绚丽的花瓣。那花瓣落地时依然鲜艳夺目,如同一只奉上祭坛的大鸟脱落的羽毛,低吟着壮烈的悲歌离去。

牡丹没有花谢花败之时,要么烁于枝头,要么归于泥土,它跨越委顿和衰老,由青春而死亡,由美丽而消遁。它虽美却不吝惜生命,即使告别也要展示给人最后一次的惊心动魄。

(节选自张抗抗《牡丹的拒绝》)

8. 新闻播报

新闻播报语速偏快,要求信息的传达准确清晰。优秀的播音专业人员在快速播报时,吐字发音不走形,声调到位程度不受影响,体现出扎实的基本功,这是需要长时间练习才能做到的。

(1)世界首例体细胞克隆猴在中国诞生

经过五年攻关,中科院神经科学研究所成功克隆出两只猕猴"中中"和"华华",这也是世界首例通过体细胞克隆技术诞生的灵长类动物。25日,国际期刊《细胞》以封面文章形式发布了这一重大突破。

(选自央视《新闻联播》)

(2)铁人精神传承60载 我为祖国奋斗加油

人民创造历史,劳动开创未来。今年是新中国成立70周年,也是大庆油田发现60周年,从波澜壮阔的石油大会战,到原油5000万吨以上连续27年高产稳产,从抢滩国际市场,再到建设百年新油田。60年来,一代又一代的大庆石油人接续传承"铁人精神",不断攻坚克难,为中国发展助力"加油"。

(选自央视《新闻联播》)

四、音字词综合训练

这项训练的目的是取得稳定的音准。前文提供了丰富的练习材料,这里着重讲一讲练习材料的组织和练习的步骤。我们可以参考文后的"普通话声韵配合表",依照 21 个声母 39 个韵母的拼合关系和四声的变化来组织练习材料,全面覆盖普通话声韵的拼合。在练习的过程中,把声、韵、调分别作为侧重点逐步展开。

1. 声母的练习

第一步依照声母的序列,先按照声母的发音部位和方法读准它的呼读音。然后读和它有拼合关系的不同韵母拼合成的音节,最后再读这些音节组成的词。比如声母 b 的练习,首先要发准它的呼读音,就是双唇阻不送气的塞音"bo",然后再读音节"八、白、保、闭、宾",最后再读这些音节组成的词"本部、辨别、标兵、必报、病变"。

2. 韵母练习

韵母练习也是一样,依照单韵母、复韵母、鼻韵母的序列先把韵母读准,然后读和它有拼合关系的不同声母拼合成的音节,最后再读这些音节组成的词。

3. 声调的练习

声调练习在明确普通话四声调值的前提下进行。声调练习先进行同声韵的四声练习,也就是单音节的练习,如"妈、麻、马、骂",然后再进行多音节的组合练习。

双音节组合练习的材料是由四种声调排列组合而成的,包括阴平、阳平、上声、去声分别起头的 16 种样式。另外,三音节词声调的把握难度稍大,是掌握普通话声调的难点,本书提供了三音节词声调练习材料,以便读者能够更加准确地学习普通话声调。多音节组合练习的材料还有以成语为主的四音节词,可以先按四声顺序组合进行练习,比如"兵强马壮",再练四声逆序组合,比如"逆水行舟",最后进行四声交错组合的练习。

在进行多音节组合练习的时候,最好每个词读两遍。第一遍是单字慢读,就是所谓的夸张练习,声调不准的人还可以用手指按五度标记法的调值比画着发音,比如说,"兵——强——马——壮——"。第二遍是组词快读,"兵强马壮"。快读的时候要注意音变,让声调准确而自然。

第四单元　语流音变

我们在语言表达过程当中,为了使咬字器官配合得更加协调,或者为了适应不同语言环境和表情达意的需要,语音会发生相应变化。这些变化使得语言更流畅、更自然、更生动。判断语音是否标准和地道,一个重要标准就是看能否灵活掌握语言的语流音变。

在语流中,由于受到相邻音节音素和语言环境的影响,一些音节中的声母、韵母或声调会发生语音的变化,我们称之为**语流音变**。普通话中最典型的语流音变是轻声、儿化、变调、语气词"啊"的音变以及轻重格式。

第一节　普通话轻声

一、普通话轻声认知

1. 轻声的概念

汉语中语词里的音节或者句子里的词失去了原有的声调,念成另一个较轻较短的音节,叫作**轻声**。①

2. 轻声的作用

(1) 区别词性和词义

地道—地道　大意—大意　言语—言语　运动—运动
端详—端详　风光—风光　莲子—帘子　包含—包涵
报仇—报酬　笔试—比试　字据—字句　把守—把手

(2) 使语言流畅自然

老婆婆比谁都清楚做面的奥妙,风箱大柴、一灶旺火最让面条出彩。木耳、胡萝卜、嫩豆腐做成的浇头,陕西人称作臊子。浓墨重彩的油泼辣子,是面条永远不变的忠实搭档。

(节选自央视《舌尖上的中国》第二季第一集《脚步》)

---

① 罗常培,王均.普通语音学纲要[M].北京:商务印书馆,2002:148.

3. 轻声音节出现的规律

(1) 语气词"吧、吗、啊、呢"等

例:好吧、是吗、你呢、走啦、来呀

他们由天上看到山上,便不知不觉地想起:明天也许就是春天了吧?这样的温暖,今天夜里山草也许就绿起来了吧?就是这点儿幻想不能一时实现,他们也并不着急,因为这样慈善的冬天,干什么还希望别的呢!

(节选自老舍《济南的冬天》)

(2) 助词"着、了、的、地、得、们"等

例:跑着、去了、好的、快速地说、跑得快、你们

河中一道长虹,浴着朝霞熠熠闪光。哦,雄浑的大桥敞开胸怀,汽车的呼啸、摩托的笛音、自行车的丁零,合奏着进行交响乐;南来的钢筋、花布,北往的甘橙、家禽,绘出交流欢跃图……

(节选自郑莹《家乡的桥》)

(3) 名词后缀"子、儿、头"等

例:孩子、鸟儿、上头

有经验的老农把雪比做是"麦子的棉被"。冬天"棉被"盖得越厚,明春麦子就长得越好,所以又有这样一句谚语:"冬天麦盖三层被,来年枕着馒头睡。"

(节选自峻青《第一场雪》)

(4) 重叠式名词或动词的后一个音节、叠音的亲属称谓、双音节形容词重叠第一个音节

例:宝宝、看看、爸爸、说说笑笑

捧着作文本,他笑了,蹦蹦跳跳地回家了,像只喜鹊。但他并没有把作文本拿给妈妈看,他是在等待,等待着一个美好的时刻。

(节选自张玉庭《一个美好的故事》)

(5) 表示趋向的动词、方位词或词素

例:头上、脚下、快下来

大街上的积雪足有一尺多深,人踩上去,脚底下发出咯吱咯吱的响声。一群群孩子在雪地里堆雪人,掷雪球儿,那欢乐的叫喊声,把树枝上的雪都震落下来了。

(节选自峻青《第一场雪》)

(6) "一""不"夹在重叠动词或形容词中间

看一看 瞧一瞧 尝一尝 同意不同意

好不好 忙不忙 高不高 整齐不整齐

(7)口语色彩强的四音节词的第二个音节常常读轻声

稀里糊涂 啰里啰唆 糊里糊涂 慌里慌张 黑咕隆咚
黑不溜秋 小里小气

(8)作宾语的人称代词
例：叫他、请你

(9)约定俗成的轻声词

巴掌 葡萄 马虎 风筝 在乎 裁缝 扫帚 豆腐 体面 年成 烙铁 状元 差事
芍药 热闹 芥末 清楚 相声 干粮 咳嗽 和尚 鹌鹑 钥匙 文凭 云彩

二、普通话轻声发音要则

1. 轻声与"吃字"

在日常口语当中，轻声这种语流音变现象，其变化不仅体现在声音的强弱、长短和高低上，还体现在音色上。音色的变化主要是声母、韵母的弱化或缺失。这些弱化或者缺失现象造成生活口语当中的"吃字"。比如很多人来北京听不清售票员报站名，"吃字"是一个很重要的原因。如果播音员主持人不讲究轻声音节的清晰度，在语速偏快的情况下，势必产生更严重的"吃字"，影响传播效果。因此，在读轻声的时候要保持该音节原有的声母和韵母的读音，只是读得轻些、短些，避免因"轻声"产生的"吃字"。

2. 轻声运用的规范

(1)有区别作用的轻声必须保留
例如：
言语(yán yǔ)——名词，指谈吐、说的话，如"言语得体""言语不凡"。
言语(yán yu)——动词，指说话、告诉，如"有需要言语一声"。
兄弟(xiōng dì)——指哥哥和弟弟，如"兄弟情谊"。
兄弟(xiōng di)——指弟弟，如"兄弟媳妇"，是弟媳的意思。
这类词当中，轻声改变了词性或词义，如果读不准就会引起歧义。

(2)约定俗成的轻声必须保留
例如：馒头、饺子、漂亮、聪明、笑话、葫芦等等，这类词虽没有区别词性、词义的作用，如果不读轻声，人们也能听懂，但是听起来就不像普通话了，影响语音的纯度。

(3) 注意语境和语体对轻声使用的限制

在广播电视有声语言中,轻声的实际使用受到语境和语体的限制。语言环境和语体越庄重、越严肃,轻声的使用越少,凡可轻可不轻的,就不读轻声,以保证语言的庄重性和权威感;相反,轻松、随意的语言环境和语体中,轻声的使用会有所增加,但是使用时应以清晰为原则,不能像生活口语中一样随意。

三、普通话轻声发音训练

1. 轻声的音高表现

所有的轻声音节发音都变得轻而短,但并非音高都相同。轻声音节在实际发音中有特定的音高表现,轻声音节在音高上的差别往往取决于前一个音节声调的高低。广播电视有声语言的规范应以此为标准,保证轻声的清晰度,避免吃字现象(图4-1)。

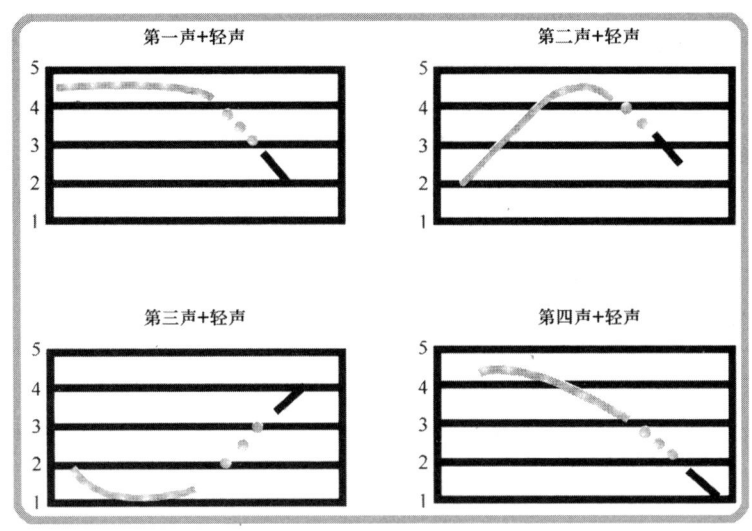

图 4-1 四个声调后轻声的音高

5.普通话语流音变发音示范
王峥

(1) 阴平后面的轻声音节念半低调(2度)

包袱　铺盖　眯缝　吩咐　作坊　村子　塞子　答应　挑剔　妞妞　溜达
扎实　窗户　烧饼　扔了　交情　欺负　稀罕　甘蔗　窟窿　花哨

(2) 阳平后面的轻声音节念中调(3度)

白净　盘算　苗条　福气　琢磨　财主　俗气　笛子　头发　能耐　累赘
宅子　柴火　石榴　人家　橘子　勤快　行李　格子　咳嗽　合同

(3) 上声后面的轻声音节念半高调(4度)

本事　笸箩　牡丹　斧子　祖宗　踩着　嫂子　打量　妥当　女婿　领子
枕头　场子　使唤　软和　脊梁　曲子　喜欢　骨头　口袋　火候

(4) 去声后面的轻声音节念低调(1度)

棒槌　漂亮　木匠　废物　自在　刺猬　岁数　动静　特务　念叨　利索
栅栏　畜生　世故　认识　嫁妆　亲家　秀才　告诉　快活　厚道

2. 多音节词语中连续两个轻声音节练习

发音提示：如果轻声后边再接一个轻声，第二个轻声依据第一个轻声字调的高低逐级下降一度。

下来吧　上头的　出去吧　起来了　看看吧　累得慌　拿起来　说出来
大师傅①　抬下去　站起来　熬过去　憋得慌　朋友们　免不得　没什么
走进去　坐下来　跳下去　听见了　女人家　拿起来　吃不得　乡亲们
告诉他　怪不得

3. 轻声综合训练

(1) 绕口令

做买卖

买卖人做买卖，买卖不公没买卖，
没买卖没钱做买卖，买卖人做买卖得实在。

屋子里有箱子

屋子里有箱子，箱子里有匣子，匣子里有盒子，盒子里有镯子，镯子外面有盒子，盒子外面有匣子，匣子外面有箱子，箱子外面有屋子。

天上日头

天上日头，嘴里舌头，地上石头，桌上纸头，手掌指头，大腿骨头，小脚指头，树上枝头，集上市头。

(2) 篇章练习

盼望着，盼望着，东风来了，春天的脚步近了。一切都像刚睡醒的样子，欣欣然张开了眼。山，朗润起来了；水，涨起来了；太阳的脸，红起来了。

(节选自朱自清《春》)

---

① 此处为厨师的意思。

秋天一定要住北平。天堂是什么样子,我不知道,但是从我的生活经验去判断,北平之秋便是天堂。论天气,不冷不热。论吃的,苹果、梨、柿子、枣儿、葡萄,每样都有若干种。论花草,菊花种类之多,花式之奇,可以甲天下。西山有红叶可见,北海可以划船——虽然荷花已残,荷叶可还有一片清香。衣食住行,在北平的秋天,是没有一项不使人满意的。

(节选自老舍《住的梦》)

第二节　普通话儿化

一、普通话"儿化"认知

1. 概念

儿化又称儿化韵,是普通话和某些汉语方言中的一种语音变化现象,即后缀"儿"字不自成音节,而同前面的韵母结合在一起形成儿化韵,发音时卷舌的音变现象。

如:"花儿"读成 huār,"门儿"读成 mér。

2. 儿化的作用

"儿化"在普通话里起着修辞和表示语法功能的作用。

(1)区分词性

盖(动词)—盖儿(名词)　　截(动词)—截儿(量词)

干(形容词)—干儿(名词)　　亮(形容词)—亮儿(名词)

零碎(形容词)—零碎儿(名词)

(2)区分词义及同音词

头(头部)—头儿(领导)　　白面(面粉)—白面儿(毒品)

信(信件)—信儿(消息)　　拉练(部队训练)—拉链儿(拉锁)

邮票(邮资已付的凭证)—油票儿(购买汽油、食油等的凭证)

(3)表示喜爱、亲切或轻蔑、鄙视等感情色彩

宝贝儿　热心肠儿　机灵鬼儿　小偷儿　小丑儿

(4)表示少或小的意思

头发丝儿　米粒儿　小葱儿　针尖儿　雨点儿

(5)儿化韵又叫小辙口,形成听觉上一种特殊的情趣

小小子儿,坐门墩儿,哭着喊着要媳妇儿。要了媳妇儿做什么?点上灯说话

儿,吹了灯做伴儿,明个儿起来梳小辫儿。

二、"儿化"发音要则

1. 有区别作用的儿化必须保留

例如：
针眼——指毛囊炎,一种眼疾。如"眼睛长针眼了。"
针眼儿——指针鼻儿,或针扎过留下的小洞。如"线拆了,针眼儿还在。"
零碎——形容词,指零散细碎,如"零散时间"。
零碎儿——名词,指零散的东西,如"把这些零碎儿收起来"。
这类词当中,儿化改变了词性或词义,如果不读儿化就会引起歧义。

2. 约定俗成和有表情达意功能的儿化必须保留

例如:冰棍儿、好玩儿、玩意儿、遛弯儿、土豆儿、碱面儿等等,这类词虽没有区别词性、词义的作用,如果不读儿化,听起来就不像普通话了,影响语音的纯度,给人感觉语音不地道。

由于儿化有加强不同感情色彩的作用,因此在语言表达过程中,表情达意需要的儿化一定要保留。

3. 切忌乱用儿化

在学习普通话过程中,有人故意在许多词后面加儿化,以显示自己普通话很标准,这是一种误解。有些词,比如"肝脏"决不能发成"肝儿脏","葡萄"也不能发成"葡萄儿","大肠杆菌"不能说成"大肠杆儿菌"。不该用儿化的词,切忌乱用儿化。

4. 注意语境和语体对儿化使用的限制

和轻声一样,在广播电视有声语言中,儿化的实际使用也受到语境和语体的限制。语言环境和语体越庄重、越严肃,儿化的使用越少,凡可儿化可不儿化,就不读儿化,以保证语言的庄重性和权威感。比如"清早儿""绕口令儿"一类的词都可以不儿化;相反,轻松、随意的语言环境和语体中,儿化的使用会有所增加,但是使用时应注意把握儿化的度,舌太卷,或儿化过多,会给人感觉主持人过于随便、不严肃,因此不能像生活口语中一样随意。

三、"儿化"发音训练

1. 儿化的音变规律

(1)原韵母直接加卷舌动作,这些韵母包括:a、o、e、u、ia、ua、ao、iao、uo、ou、iou、ie、üe。

a[A]—ar[ɐ˞]①	刀把儿	戏法儿	找碴儿	腊八儿
o[o]—or[o˞]	耳膜儿	粉末儿	山坡儿	歪脖儿
e[ɤ]—er[ɤ˞]	模特儿	饭盒儿	方格儿	风车儿
u[u]—ur[u˞]	火炉儿	碎步儿	泪珠儿	括弧儿
ao[au]—aor[ɑ˞u]②	红包儿	手套儿	口哨儿	熊猫儿
ou[ou]—our[o˞u]	纽扣儿	门口儿	小丑儿	网兜儿
ia[iA]—iar[iɐ˞]	豆芽儿	掉价儿	脚丫儿	人家儿
iao[iau]—iaor[iɑ˞u]	火苗儿	跑调儿	开窍儿	豆角儿
iou[iou]—iour[io˞u]	加油儿	棉球儿	顶牛儿	套袖儿
ua[uA]—uar[uɐ˞]	麻花儿	牙刷儿	笑话儿	香瓜儿
uo[uo]—uor[uo˞]	火锅儿	邮戳儿	被窝儿	花朵儿
ie[iɛ]—ier[iɛ˞]	半截儿	小鞋儿	台阶儿	树叶儿
üe[yɛ]—üer[yɛ˞]	主角儿	皮靴儿	正月儿	空缺儿

(2)韵腹是 a,韵尾是 i、n 的,儿化时失落韵尾,a 加卷舌动作,这些韵母包括:ai、uai、an、ian、uan、üan。

ai[ai]—ar[ɐ˞]	名牌儿	鞋带儿	小孩儿	窗台儿
uai[uai]—uar[uɐ˞]	土块儿	乖乖儿	一块儿	
an[an]—ar[ɐ˞]	快板儿	老伴儿	脸蛋儿	心肝儿
ian[iɛn]—iar[iɐ˞]	小辫儿	雨点儿	聊天儿	心眼儿
uan[uan]—uar[uɐ˞]	茶馆儿	火罐儿	落款儿	遛弯儿
üan[yɛn]—üar[yɐ˞]	汤圆儿	烟卷儿	人缘儿	绕远儿

(3)韵腹是 e,韵尾是 i、n 的,儿化时失落韵尾,韵腹变为 er,这些韵母包括:ei、ui(uei)、en、un(uen)。

ei[ei]—ër[ə˞]③	刀背儿	摸黑儿	宝贝儿	眼泪儿
uei[uei]—uër[uə˞]	土堆儿	跑腿儿	墨水儿	烟灰儿
en[ən]—ër[ə˞]	老本儿	别针儿	杏仁儿	后门儿
uen[uən]—uër[uə˞]	打盹儿	冰棍儿	开春儿	保准儿

(4)韵尾是 ng 的,儿化时失落韵尾,韵腹鼻化。发元音时,软腭下降,口腔、鼻腔同时共鸣,并加卷舌动作。在元音上加 ⌢ 表示元音鼻化,这些韵母包括:ang、

---

① 韵母 a[A]在卷舌时,舌位较原韵母偏央。
② 带韵尾[u]的韵母儿化时,韵尾[u]的舌位都移向偏低位置,实际上是在念主要元音时卷舌,后边带一个 ɔ˞ 或 ʊ˞。
③ ë=[ə],这里用 ë 借以区别 e[ɤ]。

ing、eng、iang、uang、ong、ueng、iong。

ang[ɑŋ]—ãr[ã˞]	药方儿	赶趟儿	香肠儿	肩膀儿
iang[iɑŋ]—iãr[iã˞]	鼻梁儿	透亮儿	花样儿	官腔儿
uang[uɑŋ]—uãr[uã˞]	蛋黄儿	天窗儿	打晃儿	眼光儿
eng[əŋ]—ẽr[ə̃˞]	钢镚儿	板凳儿	提成儿	门缝儿
ing[iŋ]—iẽr[iə̃˞]	水瓶儿	图钉儿	打鸣儿	电影儿
ueng[uəŋ]—uẽr[uə̃˞]	小瓮儿			
ong[uŋ]—õr[ũ˞]	果冻儿	胡同儿	酒盅儿	
iong[yŋ]—üẽr[yə̃˞]	小熊儿	叫穷儿		

(5)韵母是i、ü的,儿化时韵母后附加er。

i[i]—iër[iə˞]	玩意儿	针鼻儿	垫底儿	眼皮儿
ü[y]—üër[yə˞]	有趣儿	毛驴儿	小曲儿	金鱼儿

(6)韵母是in、ün的,儿化时失落韵尾,韵母后附加er。

in[in]—iër[iə˞]	有劲儿	水印儿	送信儿	树荫儿
ün[yn]—üër[yə˞]	花裙儿	合群儿	喜讯儿	

(7)韵母为-i(前)、-i(后)的,儿化时韵母变为er。

-i[ɿ]—ër[ə˞]	瓜子儿	没词儿	挑刺儿	铁丝儿
-i[ʅ]—ër[ə˞]	记事儿	墨汁儿	锯齿儿	夜市儿

2. 儿化发音应注意的问题

(1)韵尾是ng的音节儿化如果不鼻音化会造成歧义

绳儿—神儿 棚儿—盆儿 杏儿—信儿 瓶儿—皮儿
缝儿—份儿 亮儿—链儿 腔儿—签儿 凉儿—帘儿
缸儿—肝儿 汤儿—摊儿 光儿—官儿 肠儿—茬儿

(2)儿化韵与非儿化韵的灵活运用

春 朱自清

　　桃树、杏树、梨树,你不让我,我不让你,都开满了花赶趟儿。红的像火,粉的像霞,白的像雪。花里带着甜味;闭了眼,树上仿佛已经满是桃儿、杏儿、梨儿。花下成千成百的蜜蜂嗡嗡地闹着,大小的蝴蝶飞来飞去。野花遍地是:杂样儿,有名字的,没名字的,散在草丛里,像眼睛,像星星,还眨呀眨的。

(节选自朱自清《春》)

3. 儿化发音综合训练

(1)绕口令

奶奶想说

圆桌儿、方桌儿没有腿儿,墨水瓶儿里没有水儿,花瓶里有花儿没有叶儿,练习本儿上写字儿没有准儿,甘蔗好吃净是节儿,西瓜挺大没有味儿,坛儿里的小米儿长了虫儿,鸡毛掸子成了棍儿,水缸沿儿上系围群儿,耗子打更猫打盹儿,新买的小褂儿没钉扣儿,奶奶想说没有劲儿。

乐得我合不上嘴儿

乐得我天天儿合不上嘴儿,忙得我早晚儿歇不了腿儿,东家请我描花样儿,西家让我挑桶水儿,老太太短不了我帮忙儿,小孩儿们缠着我讲故事儿,哪家婆媳拌了嘴儿,我还得去当个调停人儿。

练字音儿

进了门儿,倒杯水儿,喝了两口运运气儿。顺手拿起小唱本儿,唱了一曲儿又一曲儿。练完了嗓子练嘴皮儿。绕口令儿,练字音儿,还有单弦儿牌子曲儿;小快板儿、大鼓词儿,又说又唱我真带劲儿!

(2)篇章练习

茅檐下的雨水,一滴一滴地落到衣上来。土阶边的水泡儿,泛来泛去地乱转。门前的麦垄和葡萄架子,都灌得新黄嫩绿的,非常鲜丽。一会儿好容易雨晴了,连忙走下坡儿去。迎头看见月儿从海面上来了,猛然记得有件东西忘下了,站住了,回过头来。这茅屋的老妇人——她倚着门儿,抱着花儿,向着我微微地笑。

(节选自冰心《笑》)

最妙的是下点儿小雪呀。看吧,山上的矮松越发的青黑,树尖儿上顶着一髻儿白花,好像日本看护妇。山尖儿全白了,给蓝天镶上一道银边。山坡上,有的地方雪厚点儿,有的地方草色还露着;这样,一道儿白,一道儿暗黄,给山们穿上一件带水纹儿的花衣;看着看着,这件花衣好像被风儿吹动,叫你希望看见一点儿更美的山的肌肤。等到快回落的时候,微黄的阳光斜射在山腰上,那点儿薄雪好像忽然害了羞,微微露出点儿粉色。就是下小雪吧,济南是受不住大雪的,那些小山太秀气!

(节选自老舍《济南的冬天》)

第三节 变 调

音节在连读时,相邻音节声调发生变化的现象叫**变调**。普通话中的变调主要包括上声变调、去声变调、"一"和"不"的变调以及重叠形容词的变调。

一、上声变调

1.规律

一是,上声音节单念或在句尾时不变仍读本调。如:"本""书本"。

二是,上声音节在非上,即阴平、阳平、去声和轻声音节前,其调值214变为21,也记作211(即所谓"半上")。

上+阴: 北京 火车 许多 广播 领先 启发 百般 省心 海关 典章
上+阳: 祖国 改革 法庭 导航 草原 品格 朗读 扫描 满足 感觉
上+去: 品位 广大 胆量 晚会 美丽 坦率 感谢 保护 彩色 土地
上+轻: 好吧 打听 我的 讲究 喇叭 比方 耳朵 稿子 脊梁 嘴巴

三是,上声音节与上声音节相连,前面一个音节的调值由214变为接近35(即所谓阳上)。

矮小 北纬 比拟 龋齿 襁褓 本领 匕首 处理 梗阻 拱手
骨髓 果脯 海藻 济济 给予 尽管 矩尺 可鄙 懒散 勉强
矢口 数九 萎靡 侮辱 窈窕 咫尺 准予 总得 铁轨 请柬

四是,三个上声相连,变调规律如下:

①单双格调值变为211,35,214

党小组 李厂长 小拇指 老保守 很友好
纸老虎 冷处理 老古董 纸雨伞 水产品

②双单格调值变为35,35,214

选举法 古典美 勇敢者 管理组 洗脸水
演讲稿 保守党 领导组 展览馆 处理品

2.练习

(1)多个上声字相连练习

①我买把小雨伞给你。
②请赶紧找点草稿纸给我打草稿。

(2)句段练习

中共中央总书记、国家主席胡锦涛今天下午在人民大会堂与老挝人民革命党中央委员会总书记、国家主席朱马利·赛雅颂举行会谈。双方高度评价中老两党两国关系,一致同意,继往开来、携手努力,多做实事、深化合作,推动两党两国全面友好合作关系迈上新的台阶。

二、去声变调

去声音节在非去声音节前一律不变。在去声音节前则由全降变成半降,即调值由 51 变成 53。例如:记录、摄像、电话、报告。

1. 双音节词练习

备注　泡沫　庙会　复位　载客　翠绿　色素　大陆　特护　怒放　烙印
账户　倡议　少将　热线　降落　劝告　现状　顾问　看透　贺岁

2. 多音节词语练习

重要的是切莫忘记过去的教训。
建立技术干部档案的重要性。

三、"一"的变调

1. 规律

一是,非去声音节前变去声。

一心　一身　一杯　一边　一根　一般　一同　一旁　一直
一时　一齐　一盒　一本　一口　一手　一统　一准　一体

二是,去声音节前变阳平。

一气　一律　一共　一旦　一样　一再
一定　一路　一道　一切　一半　一概

三是,夹在重叠词中间念轻声。

唱一唱　跳一跳　说一说　笑一笑　来一碗

四是,"一"单念或在序数词中仍读本调阴平,例如"一""第一"。

2. 练习

(1)绕口令

一心一意

干什么工作都要一心一意,表里如一,言行一致,一丝不苟。情绪不能一高一低,一好一坏,一落千丈,一蹶不振。做事必须一是一,二是二,一清二楚,说一不二,以一当十。即便一无所有,也要一分为二。要一不做,二不休;一不怕苦,二不怕累,不屈不挠,一切从零开始;决不能一而再、再而三地叫人摇头说不字。

(2)古诗

"一"字诗　陈沆

一帆一桨一渔舟,一个渔翁一钓钩。
一俯一仰一场笑,一江明月一江秋。

四、"不"的变调

1. 规律

一是,"不"字单用或在词句末尾,以及在阴平、阳平、上声前念本调——去声。例如:"不""我不""不说""不能"。

二是,在去声音节前变阳平。
不便　不过　不幸　不够　不屑　不当　不适　不备
不必　不测　不快　不愧　不力　不料　不妙　不配

三是,夹在词语中间念轻声。
去不去　行不行　走不走　看不见　吃不完

2. 四音节词练习

不负众望　不尴不尬　不管不顾　不哼不哈　不卑不亢
不偏不倚　不破不立　不屈不挠　不三不四　不声不响
不痛不痒　不闻不问　不折不扣

3.绕口令

不怕学不会

不怕不会,就怕不学。一回不会,再来一回,不信不会。

五、重叠形容词、动词的变调

一是,单音节形容词重叠,重叠部分可变成阴平,也可不变。如果带儿化有时变为阴平。

高高的　空空的　甜甜的　凉凉的　美美地　暖暖的　淡淡的

硬硬的 远远儿的 慢慢儿地 好好儿的 满满儿的 饱饱儿的

二是,ABB 式形容词,后面的重叠部分可变为阴平,也可不变。

亮堂堂 软绵绵 香喷喷 热腾腾 红彤彤 蓝莹莹 绿油油
黑洞洞 懒洋洋 毛茸茸 沉甸甸 火辣辣 笑吟吟 明晃晃
慢腾腾 孤零零 笑咧咧 水淋淋 雾茫茫 灰蒙蒙 黑黝黝

三是,双音节形容词或动词重叠 AABB 式,第一个音节重叠部分轻读,后一个音节及其重叠部分变成阴平,也可以不变。

鼓鼓囊囊 老老实实 亮亮堂堂 大大咧咧 严严实实
马马虎虎 客客气气 高高兴兴 热热闹闹 嘻嘻哈哈
打打闹闹 蹦蹦跳跳 说说笑笑 密密麻麻 大大小小

六、变调综合练习

大雪整整下了一夜。今天早晨,天放晴了,太阳出来了。推开门一看,嗬!好大的雪啊!山川、河流、树木、房屋,全都罩上了一层厚厚的雪,万里江山,变成了粉妆玉砌的世界。落光了叶子的柳树上挂满了毛茸茸亮晶晶的银条儿;而那些冬夏常青的松树和柏树上,则挂满了蓬松松沉甸甸的雪球儿。一阵风吹来,树枝轻轻地摇晃,美丽的银条儿和雪球儿簌簌地落下来,玉屑似的雪末儿随风飘扬,映着清晨的阳光,显出一道道五光十色的彩虹。

(节选自峻青《第一场雪》)

第四节 语气词"啊"的音变

语气词"啊"的音变是指"啊"用作语气助词,附着在句尾或句中,由于受到前一个音节收尾音素的影响而发生的音变现象。

语气词"啊"的不同读音,书面上有相应的汉字来表示的,应按照书面字形读。书面材料是"啊"的,根据前一个字收尾音素顺势而发或变"呀"。

一、规律

一是,前一音节收尾音素是 a、o(ao、iao 除外)、e、ê、i、ü 时,"啊"读作 ya。

喝茶啊 快划啊 回家啊 种花啊 上坡啊 菠萝啊 广播啊 大伙啊
合格啊 祝贺啊 唱歌啊 黄河啊 早起啊 可爱啊 快来啊 喝水啊
逛街啊 快写啊 白雪啊 节约啊 你去啊 金鱼啊 有余啊 扫雪啊

二是,前一音节收尾音素是 u 时(包括 ao、iao),"啊"读成 wa。

别哭啊 好笑啊 跳舞啊 快走啊

三是,前一音节收尾音素是 n 时,读成"na"。

咱们啊　真准啊　好人啊　弹琴啊

四是,前一音节收尾音素是 ng 时,"啊"读成 nga。

小熊啊　好清啊　动听啊　是冷啊

五是,前一音节收尾音是-i(舌尖前特殊元音)时,"啊"读成 za。

写字啊　几次啊　自私啊　工资啊

六是,前一音节收尾音素是-i(舌尖后特殊元音)、r 和 er(包括儿化韵)时,"啊"读成 ra。

节日啊　老师啊　小曲儿啊　女儿啊

二、练习

1. 绕口令

鸡鸭猫狗

鸡啊、鸭啊、猫啊、狗啊,一块儿在水里游啊!牛啊、羊啊、马啊、骡啊,一块进鸡窝啊!狼啊、虎啊、熊啊、豹啊,一块儿在街上跑啊!兔儿啊、鼠儿啊、虫儿啊、鸟儿啊,一块儿上窗台儿啊!

张果老

啪!啪!啪!谁啊?张果老啊!怎么不进来啊?怕狗咬啊!衣兜里装的是什么啊?大酸枣啊!怎么不吃啊?怕牙倒啊!胳肢窝里夹的什么啊?破棉袄啊!怎么不穿上啊?怕虱子咬啊!怎么不叫你老伴儿拿拿啊?老伴儿早死了!你怎么不哭啊?盆儿啊!罐儿啊!我的老伴儿啊!

2. 篇章练习

这些孩子啊,真是可爱啊!你看啊,他们多高兴啊!他们写字啊、作诗啊、画画儿啊,还有各种运动啊,老师教得多好啊!下了课啊,他们唱啊、跳啊,多幸福啊!简直像一群小鸟儿啊!

第五节　轻重格式

在汉语普通话及各方言中,由于词义或情感表达的需要,一个词中的各个音节有着约定俗成的轻重强弱的差别,被称为**词的轻重格式**。我们将短而弱的音节称为轻,长而强的音节称为重,介于二者之间的称为中。

我们要把每个词都说得清楚而自然,就必须掌握词的轻重格式。词的轻重格式虽然是约定俗成,但它不是绝对不变的。词的轻重格式要受语句目的制约,所以在语流中我们往往会遇到原来的轻重格式被打破、被改变的现象,这也是正常的。

一、双音节词的轻重格式

在普通话中,双音节词轻重格式有三种:中重格式、重中格式和重轻格式。其中中重格式最多。

1. 中重格式

波浪　跑道　马帮　附录　再会　草原　赛跑
冬眠　停泊　农耕　隆冬　专稿　畅游　视频
日报　剪彩　契税　雪莲　轨道　空白　汉字

2. 重中格式

变化　僻静　脉络　风气　自然　错误　素材
动力　特色　难点　浪漫　主人　颤动　设备
人口　节目　气味　消化　干部　宽容　涵养

3. 重轻格式

扁担　盘算　名堂　废物　作坊　凑合　思量
打量　头发　暖和　篱笆　帐篷　称呼　石榴
认识　街坊　清楚　秀才　甘蔗　快活　活泼

二、三音节词的轻重格式

普通话三音节词轻重格式一般有三种:中中重、中重轻和中轻重。

1. 中中重

白兰地　抛物线　马后炮　风景线　赞美诗　踩高跷　三字经
短平快　檀香扇　年夜饭　立交桥　中华鲟　垂杨柳　石拱桥
润滑油　甲骨文　潜台词　向日葵　高蛋白　口头禅　红绿灯

2. 中重轻

把兄弟　票贩子　没商量　犯嘀咕　做买卖　凑热闹　腮帮子
电烙铁　糖葫芦　扭秧歌　癞蛤蟆　找麻烦　车轱辘　说笑话

软骨头　卷铺盖　秋庄稼　小便宜　鬼主意　扣帽子　胡萝卜

3. 中轻重
拔浪鼓　泡泡糖　蘑菇云　犯不着　走着瞧　裁缝铺　扫帚星
豆腐渣　筒子楼　娘娘腔　喇叭花　芝麻官　差不多　势利眼
认识论　机灵鬼　俏皮话　乡巴佬　工夫茶　窟窿眼(儿)　狐狸精

三、四音节词的轻重格式

四音节词的轻重格式较为复杂,一般认为与其结构关系有关。普通话四音节词轻重格式一般可分为三种:中重中重、重中中重和中轻中重。

1. 中重中重
标新立异　旁征博引　美轮美奂　纷至沓来　载歌载舞　粗茶淡饭
四通八达　刀耕火种　天涯海角　南腔北调　厉兵秣马　张灯结彩
唇亡齿寒　善始善终　人杰地灵　价廉物美　弃暗投明　心驰神往
国泰民安　开源节流　鹤发童颜

2. 重中中重
不约而同　疲于奔命　木已成舟　付之东流　在所不辞　词不达意
死得其所　多此一举　天伦之乐　耐人寻味　了如指掌　朝不保夕
赤子之心　身不由己　如虎添翼　寄人篱下　前所未有　喜出望外
过犹不及　刻不容缓　狐假虎威

3. 中轻中重
迫不及待　说不过去　老实巴交　稀里糊涂
嘀里嘟噜　慌里慌张　大大方方　说说笑笑

第五单元　语音问题矫治

第一节　语音问题矫治要则

一、什么是语音问题

语音问题包括读音问题和发音问题两个方面。读音问题指不知道一个字应该读什么音,如一些方言区的人学习普通话不知道哪些字是前鼻音、哪些字是后鼻音,或者哪些是平舌音、哪些是翘舌音,须查字典确认,这些都属于读音问题。发音问题是指发音人在知道读音的情况下仍然不会发音或发错音,包括发音部位、发音方法不正确等产生的语音问题。

二、判断语音的两个标准

对于普通话语音,我们提出两个层面的判断标准。

第一个标准是"准不准",指发音的正确与否,发音部位、发音方法、唇形、舌位等是否准确到位。

第二也是判断艺术语言工作者发音的标准,即"美不美",在正确、准确的前提下强调发音的品质,包括更高的清晰度、更高的自如程度等,要求能够满足艺术语言发声和表情达意的需要。

三、语音矫治应注意的问题

1. 不提倡机械发音

正确的发音部位是一个"区域",而不是一个僵死不动的"点",每个人口腔的构造不同,要求每个人在任何情况下都在某一个位置发音是不科学的。我们应该以"音准"为前提,在一个可允许的范围内,找到自己最准的发音位置,并且能够根据语境和表情达意的要求,在这个可允许的范围内进行变化。"准不准"是可以在一个范围内调节的,不是一成不变的。我们不提倡机械发音,在这个问题上应有一定的宽容度。

2. 解决不同层面问题的原则

解决"准不准"的问题，我们提出要拉大距离；解决"美不美"的问题，要缩小距离。意思是，对于发音不准的矫治，应该加大准确读音和不准确读音的对比度，适度夸张做发音比较，以便更快找到正确读音的发音状态；对于发音不美的矫治，应该在准确的基础上，随着发音熟练程度的增加，使发音向更和谐、更自然的层面迈进，不能生硬。

3. 增强听辨能力、一步到位解决语音问题

语音问题的矫治有赖于发音人的听辨能力。如果发音人听不出语音是否"准"、是否"美"，就很难实现语音问题的矫治。语音的矫治必须遵循一步到位的原则，如果不到位，即便很接近正确状态，还等于是错误的，这样的练习无异于重复和巩固错误。语音问题的解决要打歼灭战，应短平快，但效果要长期巩固。

第二节　声母问题矫治

一、尖音问题的矫治

1. 什么是尖音问题

尖团音是尖音和团音的合称。尖音指声母 z、c、s 同 i、ü 或 i、ü 开头的韵母相拼；团音指声母 j、q、x 同 i、ü 或 i、ü 开头的韵母相拼。在某些方言中，在京剧的念唱中，仍然有尖、团音之别。

普通话中声母 z、c、s 和 i、ü 或 i、ü 起头的韵母没有拼合关系，而 j、q、x 则有拼合关系。发音时，声母 j、q、x 同 i、ü 或 i、ü 开头的韵母相拼，发成 z、c、s 同 i、ü 或 i、ü 开头的韵母相拼，就会产生尖音问题。尖音问题更多的是带有尖音表现的吐字偏前的现象。

尖音问题的产生既有历史原因，也有明显的地域特征。有些女性想表现得温柔、优雅，说话时尽量使口腔开度小一些，致使发音部位偏前产生尖音。从语音学角度看尖音的产生与发音部位有关。舌面阻声母 j、q、x 是由舌面前部与硬腭前部形成阻碍成声的，而有些人惯性地用舌尖去和硬腭前部成阻，产生了尖音色彩。

2. 矫治尖音问题的方法

（1）加强听辨能力

先分辨出正确的团音的发音和尖音的区别，并认识到尖音影响普通话语音的纯度，致使发音不干净、不柔和。

(2) 掌握正确的舌面阻声母 j、q、x 的发音部位

j、q、x 的发音部位是舌面前部和硬腭前部成阻，而非舌尖和硬腭前部成阻。为了找到正确的位置，可以做以下三种比较：

第一，团音与夸张的尖音相比较。

团音的发音部位是舌面前部和硬腭前部，此时，舌尖是下垂的，发音时舌尖不形成阻碍，而尖音的发音是由舌尖与硬腭前部形成阻碍。

第二，舌面音与舌尖阻声母的比较。

舌面音 j、q、x 和舌尖前阻声母 z、c、s，舌尖中阻声母 d、t、n、l，舌尖后阻声母 zh、ch、sh、r 相比较。通过舌尖阻声母的发音，体会普通话中舌尖成阻的声母是哪些，体会舌尖音和舌面音的不同发音部位。

第三，发音部位重新排队。

我们学习普通话声母一般按照《汉语拼音方案》确定的顺序来发音，即 b、p、m、f、d、t、n、l、g、k、h、j、q、x、zh、ch、sh、r、z、c、s。这个排序中，发音部位忽前忽后，不利于帮助学生建立起发音部位的概念。因此，我们按照发音部位逐步后移的顺序将普通话声母重新排列，可以体会舌尖、舌面的不同位置形成阻碍，更准确地找到舌面音的发音部位，更有效地矫治尖音问题。事实上，我们在本书练习材料的选编过程中，一直是按照以下的顺序排列（图5-1）的。

双唇阻→唇齿阻→舌尖前阻→舌尖中阻→舌尖后阻→舌面阻→舌根阻

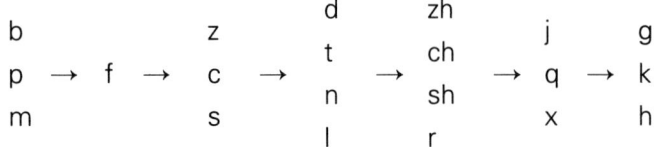

图 5-1 声母按发音部位由前至后顺序排列

2. 尖音问题矫治训练

(1) 舌面阻声母强化练习

① 双音节词连用练习

j—q	剑鞘	技巧	加强	激情	奖券	截取	景区	娇气	锦旗	捐躯
j—x	家乡	觉醒	尽兴	极限	景象	叫嚣	见习	揭晓	江西	即兴
q—j	奇迹	栖居	勤俭	契机	请教	强劲	前景	切忌	请柬	群居
q—x	趋向	逡巡	情绪	确信	窃喜	气息	迁徙	侨乡	洽询	琴弦
x—j	湘江	邪教	席卷	夏季	选举	宵禁	刑警	新疆	衔接	雪茄
x—q	寻求	小巧	心情	绣球	序曲	星球	象棋	雪橇	蟹青	喜鹊

② 绕口令

漆匠和锡匠(j、q、x)

七巷一个漆匠,西巷一个锡匠,
七巷漆匠偷了西巷锡匠的锡,
西巷锡匠拿了七巷漆匠的漆,
七巷漆匠气西巷锡匠偷了漆,
西巷锡匠讥七巷漆匠拿了锡。
请问锡匠和漆匠,谁拿谁的锡?谁偷谁的漆?

③ 新闻
济南空军坠毁战机型号为歼教7战斗教练机

新浪网消息:5月6日,济南航空兵一架歼教7型教练机坠毁,飞行员冯思广为避免飞机坠毁在人口稠密地区,错过了弹射跳伞的最佳时机而牺牲。这次事故同时也让中国的教练机队伍备受关注。实际上,由于受发动机影响,中国空军至今未有一款理想的高级教练机。

(选自新浪网)

(2)舌面阻与舌尖前阻声母对比练习
① 双音节词连用练习

j—z 抉择 基座 酱紫 家族 建造 讲座 饺子 节奏 竞走 浸渍
q—c 青草 凄惨 芹菜 取材 切磋 憔悴 潜藏 枪刺 穹苍 群策
x—s 徇私 潇洒 相似 习俗 相思 线索 虚岁 辛酸 消散 选送

② 绕口令

织丝狮子

试把四十三支极细极细的紫丝线,
试织三十四只极细极细的紫狮子。
细紫线试织细紫狮子,细紫丝线却织成了死紫狮子。
细紫狮子织不成,扯断了细紫丝线四十三支。

(3)舌面阻与舌尖后阻声母对比练习
① zh—j j—zh
双音节词连用练习

拯救 卓绝 知己 阵脚 湛江 逐渐 终究 折价 召见 章节
角逐 居住 脊椎 静止 介质 吉兆 家宅 简装 奖章 狡诈

双音节词对比练习

密集—密植　杂志—杂技　就业—昼夜　标志—标记　边际—编制

绕口令

鸡道鸭道

鸡道、鸭道,不知道,七道、八道,不迟到。
细席、粗席,四时席,舌面、翘舌,分仔细。
金心不是真心,秋千不能抽签,新鲜才入深山。

②ch—q　q—ch

双音节词连用练习

春秋　产权　重庆　出勤　抽签　持枪　差遣　炒青　长拳　传奇
驱除　前程　清澈　切齿　启程　秦川　翘楚　秋蝉　全程　雀巢

双音节词对比练习

浅明—阐明　砖墙—专长　长生—强生　池子—旗子　船身—全身

绕口令

砌池子

砌池子,砌方池子,砌长池子,砌长方池子。

③ sh—x　x—sh

双音节词连用练习

刷新　盛夏　赏析　属性　首相　实效　纱线　筛选　绍兴　扇形
修饰　斜射　姓氏　娴熟　学识　信使　巡视　系数　下属　宣誓

双音节词对比练习

逍遥—烧窑　姓名—盛名　修饰—收拾　希望—失望　香液—商业

绕口令

莫把电视说"电戏"

开电视,看电视,莫把电视说"电戏"。
若把电视说"电戏",是你不分"视"和"戏"。

二、平翘不分的矫治

平翘不分指舌尖前阻声母与舌尖后阻声母发音混淆。平翘舌的区别在于发音成阻部位不同,发平舌音舌尖抵住或接近上门齿背成阻,而发翘舌音时舌尖抵住或接近硬腭前部成阻。以下对比训练有助于矫治平翘不分的问题。

1. z—zh zh—z

(1)双音节词连用练习

作者　杂志　组织　宗旨　资质　尊重　赞助　栽种　增值　紫竹
转载　制作　知足　沼泽　种族　振作　装载　准则　正宗　主宰

(2)双音节词对比练习

宗旨—终止　阻力—主力　资源—支援　栽花—摘花　皂片—照片

(3)绕口令

撕字纸

刚往窗上糊字纸,你就隔着窗子撕字纸。

一次撕下横字纸,一次撕下竖字纸。

横竖两次撕了四十四张湿字纸。

是字纸你就撕字纸,

不是字纸你就不要胡乱撕一地纸。

2. c—ch ch—c

(1)双音节词连用练习

采茶　磁场　仓储　促成　操场　辞呈　草创　刺穿　财产　餐车
差错　纯粹　虫草　春蚕　储存　筹措　揣测　车次　船舱　楚辞

(2)双音节词对比练习

木材—木柴　鱼刺—鱼翅　推辞—推迟　新村—新春　促动—触动

(3)绕口令

晒柴菜

大柴和小柴,帮蔡爷爷晒柴菜。大柴晒柴小柴晒菜,大柴晒柴比小柴晒菜快,小柴晒菜紧紧追大柴。大柴晒柴不怕烈日晒,小柴晒菜烈日下不怕晒。晒干了蔡爷爷的柴和菜,大伙都夸大柴和小柴。

3. s—sh sh—s

(1)双音节词连用练习

赛事　随时　私塾　松鼠　诉说　桑葚　损伤　素食　飒爽　算术
深思　上诉　疏散　绳索　时速　伸缩　输送　守岁　上司　深邃

(2)双音节词对比练习

搜集—收集　散光—闪光　四季—世纪　诉说—述说　三角—山脚

(3)绕口令

四是四,十是十

四是四,十是十;
十四是十四,四十是四十;
别把四十说戏席,别把十四说席戏。
要想说好四和十,全靠舌头和牙齿。
要想说对四,舌头碰牙齿;
要想说对十,舌头别伸直。
认真学,常练习,十四、四十、四十四。

4. 舌尖前阻声母强化练习

(1)双音节词连用练习

z、c	造次	资财	再次	遵从	座次	杂草	则从	在此	赞辞	足彩
z、s	赠送	赞颂	曾孙	走私	阻塞	杂色	再三	赞颂	棕色	作祟
c、z	错综	操纵	草籽	擦澡	词组	测字	才子	参赞	催租	存在
c、s	才思	词素	测算	蚕桑	沧桑	村俗	草酸	猝死	挫损	从速
s、z	桑梓	色泽	塑造	嗓子	所在	私自	随葬	三资	塞族	松子
s、c	酸菜	宋词	色彩	桑蚕	素材	三寸	艘次	酥脆	随从	宋磁

(2)绕口令

做早操

早晨早早起,早起做早操。
人人做早操,做操身体好。

三哥三嫂子

三哥三嫂子,借我三斗三升酸枣子。
秋天收了酸枣子,就还三哥三嫂子,三斗三升酸枣子。

三、n—l 不分的矫治

n—l 不分指舌尖中阻浊鼻音和舌尖中阻浊边音发音混淆。n 和 l 都是舌尖中阻声母,成阻部位相同,但是两个音发音方法不同。发鼻音 n 时,软腭下垂,鼻腔通路打开;声带颤动;气流同时到达口腔和鼻腔,在口腔受到阻碍,转从鼻腔透出成声。发边音 l 时,软腭抬起,关闭鼻腔通路;声带颤动;气流到达口腔后从舌头与两颊内侧形成的空隙通过后由口部透出而成声。从发音的感觉上,发边音 l,舌的力度较为松弛;发鼻音 n,舌头相对力度大。

1. 双音节词连用练习

年龄　尼龙　纳凉　浓烈　牛郎　奶酪　内陆　闹铃　难料　能力
冷暖　辽宁　理念　老农　落难　连年　两难　烂泥　留念　龙年

2. 双音节词对比练习

留念—留恋　难色—蓝色　女徒—旅途　牛年—流年　凝脂—灵芝

3. 绕口令

牛郎恋刘娘

牛郎年年恋刘娘，刘娘连连念牛郎，
牛郎恋刘娘，刘娘念牛郎，郎恋娘来娘念郎。

碾牛料

牛拉碾子碾牛料，碾完了牛料留牛料。

四、f—h 不分的矫治

在一些方言中，声母 f 与 h 发音有混淆现象，不是都发成某个音，就是混淆使用。另外，两个音单发虽并不难，但是 f 与 h 快速连读时非常拗口，容易出错，因此有必要加强两个音的辨读训练。

1. 双音节词连用练习

奉还　富含　防护　繁华　反悔　风寒　腐化　分红　防火　负荷
焕发　花费　恢复　荒废　划分　豪放　洪福　汇费　鹤发　混纺

2. 双音节词对比练习

开发—开花　幅度—弧度　公费—工会　防空—航空　飞机—灰鸡
发展—花展　复员—互援　分配—婚配　肩负—监护　伏案—湖岸

3. 绕口令

黄幌子和方幌子

老方扛着个黄幌子，老黄扛着个方幌子。老方要拿老黄的方幌子，老黄要拿老方的黄幌子，老黄老方不相让，方幌子碰破了黄幌子，黄幌子碰破了方幌子。

五、r—l 不分的矫治

r—l 不分的现象出现在一些方言中。这组音也是外国留学生掌握标准普通话的难点音。

两个音的区别首先是发音部位不同:发声母r,舌尖向前上方接近硬腭前端,形成适度的间隙;而发声母l时,舌尖必须抵住上齿龈的后部,阻塞气流从口腔中路通过的通道,软腭上升。其次两个音发音方法不同:r是擦音,气流从成阻部位间隙轻微摩擦成声;l是边音,气流到达口腔后从舌头与两颊内侧形成的空隙通过而成声。

1. 双音节词连用练习

日历　扰乱　人伦　热烈　容量　踩蹦　染料　入流　锐利　软肋
蜡染　落日　缭绕　腊肉　利润　了然　鹿茸　老弱　凛然　乱扔

2. 双音节词对比练习

入股—露骨　柔道—楼道　饶恕—老鼠　热土—乐土　日志—立志

3. 绕口令

晒得心里好难受

真叫热,晒人肉,晒得心里好难受。
晒人肉,好难受,晒得头皮直发皱。

六、r—y 不分的矫治

r—y 不分指 r 和 i 以及以 i 开头的零声母音节混淆,这种现象出现在一些方言中。这组音也是外国留学生掌握标准普通话的难点音。

虽然一个是辅音,一个是元音,但是两个音发音时舌用力的点不对就会造成混淆。辅音 r 是舌尖用力前伸接近硬腭前端,元音 i 则是舌面前部隆起,练习时应注意区分舌不同的用力位置。

1. 双音节词连用练习

儒雅　容颜　人员　如愿　日夜　热饮　肉眼　燃油　锐意　软硬
依然　阴柔　宜人　翌日　洋人　鸭绒　椰肉　妖娆　岩溶　引入

2. 双音节词对比练习

任课—印刻　柔光—油光　日工—义工　热风—夜风　人丁—银钉

3. 绕口令

买油又买肉

老舅进城看老六,老六高兴买油又买肉。买完了油和肉,老六就要走,老板说:

"你给了油钱没给肉钱。"老板娘说:"你给了肉钱没给油钱。"老六说:"我给了油钱也给了肉钱。"

第三节　韵母问题矫治

一、齐撮不分的矫治

齐撮不分是指齐齿呼韵母和撮口呼韵母的混淆。i 为展唇元音,ü 为圆唇元音,嘴唇要撮起。这组音分辨的难点在于撮唇,尤其在语流中,撮口呼韵母发得快速、准确、清晰是不太容易的。练习时需要注意,不是嘴唇的外缘拢起,而是嘴唇的内缘拢起。

1. i—ü

(1)双音节词连用练习

抑郁　碧玉　批语　谜语　地狱　体育　礼遇　继续　奇遇　崎岖
雨衣　绿地　律己　履历　举例　拘役　据悉　躯体　曲艺　续集

(2)双音节词对比练习

意见—遇见　移民—渔民　办理—伴侣　分期—分区　季节—拒绝
气象—去向

2. ie—üe

(1)双音节词连用练习

灭绝　铁血　列缺　节约　解决　借阅　节略　孑孓　协约　诀别
越野　月夜　决裂　确切　血液　学业　雪野　雪夜

(2)双音节词对比练习

夜色—月色　切实—确实　茄子—瘸子　大写—大雪　蝎子—靴子
协会—学会

(3)句段

节约注重细节,如今这家企业每个月能回收 200 吨铁屑,节电 3 万度,节水 15000 吨。今年前两个月,该企业通过节能降耗实现效益近百万元。

(节选自央视网)

3. in—ün

(1) 双音节词连用练习

音韵　因循　音讯　嶙峋　阴云　进军　禁运　新军　云鬟　云锦
军心　军民　寻衅　寻亲　熏心

(2) 双音节词对比练习

印书—运输　今人—军人　通信—通讯　心机—熏鸡　信誉—训谕

4. ian—üan

(1) 双音节词连用练习

烟卷　演员　眼圈　厌倦　边缘　天渊　田园　联选　健全　前缘
原盐　元年　原件　原先　捐献　卷烟　卷帘　权限　悬念　选编

(2) 双音节词对比练习

颜色—原色　大雁—大院　潜力—权利　前部—全部　有钱—有权
闲心—悬心

5. ing—iong

(1) 双音节词连用练习

英勇　应用　平庸　顶用　停用　挺胸　零用　用刑　雄鹰　雄兵

(2) 双音节词对比练习

英才—庸才　情人—穷人　大型—打熊

6. 齐撮辨读综合训练

(1) 多音节词语练习

天气预报　继续努力　国家大剧院　强降雪天气
战略机遇期　电视连续剧　7000 吨级渔船起火

(2) 绕口令

女小吕

这天天下雨，
体育运动委员会穿绿雨衣的女小吕，去找穿绿运动衣的女老李。
穿绿雨衣的女小吕，没找到穿绿运动衣的女老李；
穿绿运动衣的女老李，也没见着穿绿雨衣的女小吕。

二、前后鼻音（n—ng）不分的矫治

前后鼻韵母分辨不清是比较常见的语音问题。从发音的原理上讲，前鼻音是

舌前部翘起,接触硬腭前部,堵塞口腔,软腭下降,气流全部从鼻腔流出,口腔的状态前腔小后腔大;后鼻音,舌体后缩,口腔打开,软腭下降,气流一半从口腔流出,一半从鼻腔流出,因此后鼻音又称为"半鼻音",口腔的状态前腔大后腔小(图5-2)。练习中,从主观感觉上讲,前鼻音的"响点"在面门,后鼻音的"响点"在后脑。前后鼻音不分一般表现为前鼻音不到位。

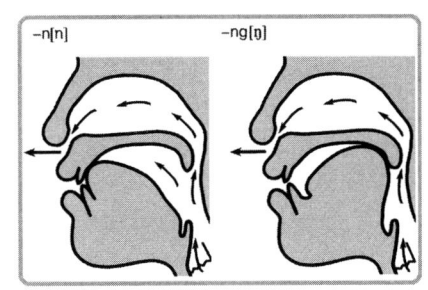

图5-2　前后鼻韵母区别示意图

解决前鼻音不到位有两个方法:

第一,以开带闭。先发开口度较大的前鼻音 an、en,体会舌的走向,然后用这种感觉带发 in,强迫舌的动作到位。

第二,发 i 的延长音,强制舌尖向前上方抵住上齿龈,控制舌体不向后缩,否则前鼻音不纯正。

1. an—ang

(1)双音节词连用练习

鞍钢　班长　漫长　繁忙　返航　单杠　探访　肝脏　酣畅　擅长
昂然　傍晚　茫然　房产　方案　档案　浪漫　账单　伤寒　藏蓝

(2)双音节词对比练习

安然—昂然　反问—访问　担心—当心　弹词—搪瓷　烂漫—浪漫
赞颂—葬送

2. en—eng

(1)双音节词连用练习

奔腾　本能　门生　纷争　真诚　真正　阵风　尘封　深耕　神圣
烹饪　蒙尘　风尘　缝纫　能人　横亘　正门　成分　胜任　省份

(2)双音节词对比练习

真理—争理　申明—声明　陈旧—成就　审视—省市　清真—清蒸
人参—人生

3. in—ing

(1)双音节词连用练习

隐形　拼命　品性　聘请　民兵　金陵　尽兴　心情　新颖　新星
并进　平民　平信　铭心　定亲　听信　灵敏　精心　清贫　省亲

(2)双音节词对比练习

音译—英译　频繁—平凡　林立—伶俐　金质—精致　亲近—清静
信服—幸福

4. ian—iang

(1)双音节词连用练习

咽腔　岩浆　炎凉　变相　绵羊　天亮　联想　见谅　钱粮　贤良
扬言　秧田　样片　量变　江面　抢险　枪眼　项链　相间　镶嵌

(2)双音节词对比练习

简历—奖励　坚硬—僵硬　险象—想象　浅显—抢险　仙姑—香菇
廉价—粮价

5. uan—uang

(1)双音节词连用练习

晚装　端庄　观望　观光　关窗　罐装　宽广　船王　钻床　蒜黄
王冠　光环　慌乱　皇冠　狂欢　装船　装蒜　壮观　双关　双环

(2)双音节词对比练习

晚年—往年　关节—光洁　专车—装车　专员—庄园　机关—激光
手腕—守望

6. uen—ueng(ong)

(1)双音节词连用练习

稳重　轮空　滚筒　滚动　混同　混充　春种　顺从　尊重　遵从
冬笋　通顺　农村　红润　公文　恭顺　红唇　中文　仲春　重孙

(2)双音节词对比练习

炖肉—冻肉　吞并—通病　轮子—笼子　昆腔—空枪　存钱—从前
依存—依从

7. ün—iong

(1)双音节词连用练习

运用　驯熊　云涌　群雄　拥军　用韵

(2)双音节词对比练习

运费—用费　晕车—用车　韵脚—用脚
群像—穷相　勋章—胸章　因循—英雄

8. 前后鼻音韵母综合练习

冰凌

春风送暖化冰层,黄河上游漂冰凌,
水中冰凌碰冰凌,积成冰坝出险情。
人民空军为人民,飞来银鹰炸冰凌,
银鹰轰鸣黄河唱,人民空军留美名。

陈庄城和程庄城

陈庄程庄都有城,陈庄城通程庄城。陈庄城和程庄城,两庄城墙都有门。陈庄城进程庄人,陈庄人进程庄城。请问陈程两庄城,两庄城门都进人,哪个城进陈庄人,程庄人进哪个城?

三、o—e 不分的矫治

东北一些方言中,将韵母 o 音发成韵母 e 音,影响普通话整体语音面貌。韵母 o 是后半高圆唇元音,而韵母 e 是后半高不圆唇元音韵母。两个单元音的发音只有圆唇和展唇的区别。因此,发韵母 o 时,注意唇形自然拢圆。

1. 双音节词

播读　博鳌　帛书　拨款　伯乐　薄暮　破败　叵测　迫降　婆娑
魄力　破绽　佛教　佛门　佛陀　默哀　膜拜　莫测　墨绿　默认

2. 绕口令

抹了墨的破玻璃

别摸抹了墨的破玻璃。

老何捕鱼

罗家门前有条河,河里游着一群鹅。
来了捕鱼的老何,挑来一对竹箩。
老何只顾撒网落河,碰翻了一只箩。
竹箩滚下河,套住了一只鹅,
老何忙下河,捞箩来救鹅。
急坏了老何,吓散了群鹅。

四、宽窄复合音韵母发音训练

根据复韵母发音时口腔的开度,将开度相对较大的归入宽韵母,较小的归入窄韵母。发宽韵母时,如果口腔打不开,没有形成一定的开度,就容易与窄韵母混淆。个人发音习惯和方音发音习惯也会造成宽窄复合音韵母发音的混淆。

1. 宽窄复合元音韵母发音训练

(1) ao—ou
①双音节词连用练习
保守 包头 毛豆 稿酬 遭受 逗号 头脑 构造 口号 周报
②双音节词对比练习
稻花—豆花 考试—口试 高洁—勾结 口哨—口授

(2) ai—ei
①双音节词连用练习
暧昧 白费 排雷 代培 栽培 悲哀 胚胎 佩戴 擂台 黑白
②双音节词对比练习
安排—安培 埋头—眉头 分派—分配 来电—雷电

(3) ia—ie
①双音节词连用练习
押解 家业 嫁接 佳节 夏夜 野鸭 叠加 铁甲 接驾 接洽
②双音节词对比练习
对家—对接 红霞—红鞋 大家—大街 出价—出界

(4) ua—uo
①双音节词连用练习
瓜果 跨国 花朵 话说 华佗 多寡 国花 国画 火花 说话
②双音节词对比练习
挂着—过着 国画—国货 滑动—活动 抓住—捉住

(5) iao—iou
①双音节词连用练习
要求 料酒 票友 郊游 娇羞 邮票 丢掉 柳条 求教 袖标
②双音节词对比练习
窑洞—游动 谣传—游船 药片—诱骗 消息—休息

(6) uai—uei
①双音节词连用练习
外围　外汇　怪罪　快慰　衰退　对外　鬼怪　毁坏　腿踹
②双音节词对比练习
外来—未来　歪风—威风　怀乡—回乡　甩手—水手

2. 宽窄鼻韵母发音训练

(1) an—en
①双音节词连用练习
安分　版本　烦闷　难分　山珍　分散　侦探　衬衫　深山　人犯
②双音节词对比练习
板子—本子　盘子—盆子　翻身—分身　展室—诊室

(2) ian—in
①双音节词连用练习
便民　偏信　怜悯　现金　前进　阴天　阴险　民间　金边　今年
②双音节词对比练习
颜色—银色　联姻—林荫　钱行—进行　先行—新型

(3) uan—uen
①双音节词连用练习
晚婚　万吨　传闻　缓存　断魂　文官　紊乱　论断　轮船　寸断
②双音节词对比练习
万端—万吨　乱断—论断　宛若—稳若　传情—纯情

(4) ang—eng
①双音节词连用练习
旁证　放风　仿生　航程　长城　膨胀　登场　风尚　冷烫　增长
②双音节词对比练习
东方—东风　躺椅—藤椅　长度—程度　商人—生人

(5) iang—ing
①双音节词连用练习
阳平　凉亭　将领　相应　象形　营养　影响　羚羊　清凉　形象
②双音节词对比练习
明亮—明令　降价—竞价　枪弹—清淡　相向—星相

（6）uang—ueng(ong)

①双音节词连用练习

广东　矿工　皇宫　荒冢　蝗虫　冬装　冻疮　童装　筒状　供状

②双音节词对比练习

黄光—皇宫

（7）üan—ün

①双音节词连用练习

援军　全军　眩晕　君权　军犬　寻源

②双音节词对比练习

元宵—云霄　原油—云游　全体—群体

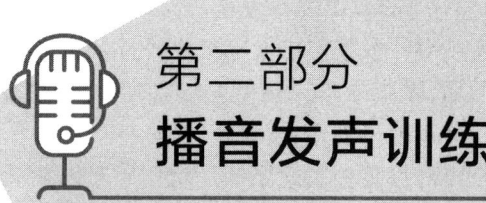

第二部分
播音发声训练

 **播音发声训练概说**

　　有声语言是播音员主持人依据稿件、提纲或腹稿传情达意进行再创作并确立自身形象的主要手段。以科学的理论为指导,在用声实践中客观认识、评价自己的声音,学会驾驭自己的声音,使之成为得心应口的创作手段并服务于表达,是播音员主持人所应具备的重要基本功之一。

　　我们学习播音发声,可以从呼吸控制、口腔控制(吐字归音)、喉部控制、共鸣控制、声音弹性等方面来掌握基本理论,并进行系统科学的训练。

　　播音发声对呼吸控制的要求主要有:以胸腹联合式呼吸为基本呼吸方式;吸气时要打开两肋,吸到肺底,"腹壁"站定;呼气要稳劲、持久、变化自如;换气要句首换气,换气到位,换了就用,留有余地。

　　播音发声对口腔控制的要求是:打开口腔,唇舌力量集中,明确声音发出的路线和字音着力位置。

　　播音发声对共鸣控制的要求是:以口腔共鸣为主、胸腔共鸣为基础,辅之以少量鼻腔共鸣的混合式共鸣。

　　播音发声对喉部控制的要求是:喉头相对放松、相对稳定,注意结合呼吸控制、口腔控制等,克服不良发音习惯及动作。

　　播音发声的最终目的是获得声音弹性,即播音时声音形式对于人们变化着的思想感情的适应能力。我们在有了以上基本理论指导和实际技能之后,在播音用声中要增强自己对声音的控制能力,表现出恰如其分的弹性和色彩变化,最终达到"情""声""气"的结合。

　　以上几个方面共同组成了播音发声学的主要理论构架。其中,呼吸控制和口腔控制是最重要的训练内容。

 ## 第六单元　呼吸控制

气息是发声的动力,在大脑的支配下"气动则声发"。日常谈话和艺术语言发声,都需要呼吸的支持,但不能认为只要会说话就可以胜任艺术语言发声的需要。艺术语言发声的呼吸控制必须服从吐字发声和表情达意的需要,建立起情感—气息—声音三者的有机联系。另外,呼吸控制可以缓解喉部压力、保护嗓子。呼吸控制对艺术语言发声的重要性在一千多年前唐代的《乐府杂录》中已得到证实:"善歌者,必先调其气,——既得其术,即可致遏云响谷之妙也。"先来了解一下呼吸器官(图6-1)。

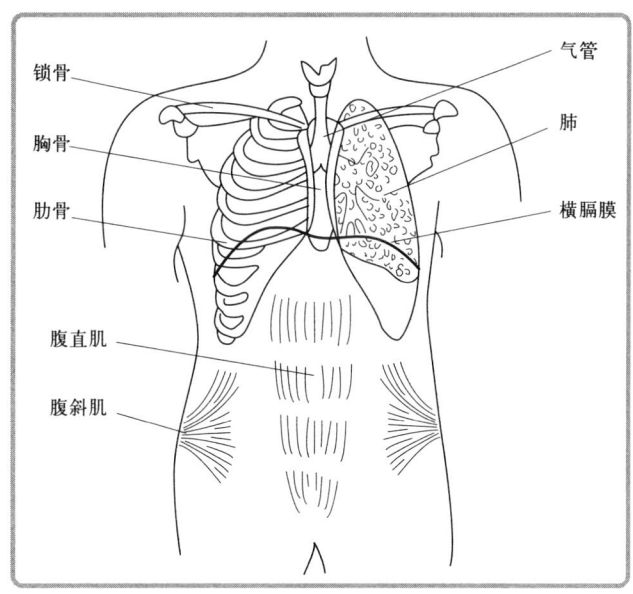

图6-1　呼吸器官示意图

第一节　呼吸控制的要领

一、吸气的要领

胸腹联合式呼吸的建立,首先从吸气练习开始。在吸气过程中,要调动胸廓、膈肌和腹肌积极运动,使之参与控制,并有效地扩大胸腔容积,增加吸气量。口鼻同时吸气,两肋向两侧扩张,感觉腰带位置渐紧,后腰有撑开感,小腹微收。吸气的要领如下。

1. 吸到肺底

以吸到肺底的感觉,引导气息通达体内深部,使膈肌明显收缩下降,有效地增加进气量。可以用"闻花香"的动作来体会。

2. 两肋打开

吸气时,应在肩胸放松的情况下使下肋得到较充分的扩展,此时,膈肌与胸廓的运动产生联系。一般感觉两肋的打开,以左右的平衡运动为主,尤其后腰部感觉较为明显。

3. 腹壁"站定"

吸气时,在胸部扩张的同时,应使腹部肌肉向小腹"丹田"位置收缩,上腹壁保持不凸不凹的状态。

以上提到的三条要领是胸腹联合式呼吸一次吸气动作的分解,实际上它们在吸气过程中是"同步"进行的。所以在体会分解动作的基础上,我们还应获取综合感觉,建立胸、膈、腹在吸气过程中的相互联系。

二、呼气的要领

语言是在呼气的过程中发出声音的,因此对呼气的控制是呼吸控制训练的重点。呼气的要领:一是产生稳劲状态;二是锻炼持久力;三是掌握调节方法,使呼吸运动自如。

1. 稳劲

稳劲的状态是通过呼气肌肉群、吸气肌肉群的拮抗产生的。为了弄清这个问题,我们把胸腔比作气球,喉口为气球的进出气口,充好气后有三种放气状态。

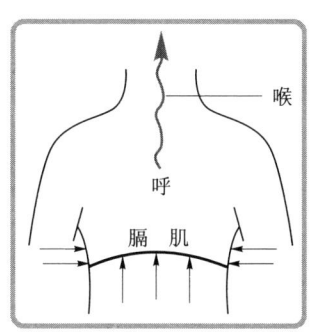

图 6-2 进出气口没有控制的出气

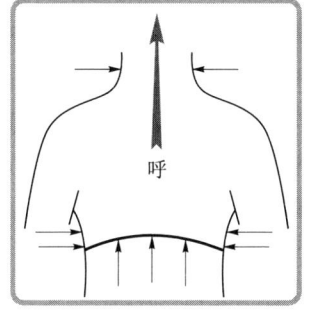

图 6-3 束小出气口的出气

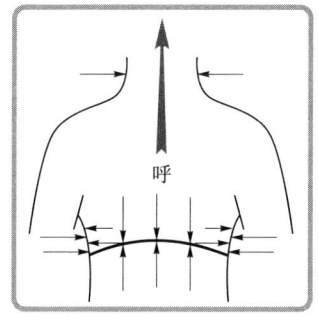

图 6-4 肌肉群"拮抗"下的出气

一是,如果突然放手,由于球皮向内的弹力,球内的空气会不规则地一下子放光。这如同生活中的呼气,吸气肌肉群的力量一放松,胸廓马上回缩,体内的气一下子排出了(图6-2)。

二是,如果用手指将气球的出气口束小,出气便会受到明显的限制,变得规则而均匀。但就人体来说,束小出气口等于束紧喉头,而人为地加强喉头在发声过程中的挡气作用,会造成发声器官的严重"损耗",并使声音紧张僵持,所以这种动作虽然有效,却不可取。发声时脖颈变粗,颈静脉怒突,就与这种错误的呼气控制有关(图6-3)。

三是,如果有一种力量使充气后的气球在不束缚出气口的情况下规则放气,似乎是不可能的,因为气球只存在着一致向内的弹力。而人体却存在着这种可能性,这就是在呼气时仍适当保持吸气感觉,用吸气肌肉群的力量抵抗呼吸肌肉群的力量,形成一种"拮抗",使呼气变得规则、均匀,达到稳劲控制呼气的目的(图6-4)。

2. 持久

一口气能维持较久,发出较多音节,以及长时间保持良好的呼吸状态,是所谓气息持久的两层含义,它们对于语言表达都具有实际的意义。

要达到持久,从呼气这一环节考虑,节省是关键。节省的具体办法如下:

第一,尽可能使用偏实的中音。根据科学的分析和测试,人在使用低音,尤其是虚弱的低音时,由于声带松弛并留有间隙,耗气量最大。使用高音,尤其是高强音时,由于声带紧张,闭合严密,耗气量只相当于前者的一半。使用偏实的中音时,声带张力和气息压力都处于适中状态,其耗气量只相当于使用高强音的一半。它们的用气量比例大约为4(低弱):2(高强):1(中实)。

第二,"吞""吐"结合。"吞""吐"是控制呼气发声的两种意识,以内收感为主导的控制方式叫"吞",以外送感为主导的控制方式叫"吐"。

"吞"并不是倒吸气,而是在呼气过程中,吸气肌肉群最大限度地发挥作用,和呼气的力量形成明显的抗衡,所以呼出的气量较少;"吐"时,呼的力量明显大于吸的力量,所以呼出的气量较多。单从节省气息的角度考虑,当然以运用"吞"的方式为宜,但是从人体的自然运动规律和习惯考虑,需要有张有弛;从声音色彩的变化和感情运动的需要考虑,也要有收有纵。因此,我们提倡"吞""吐"结合,这样既有利于表达,也可以节省气息。

人们一般习惯运用自然地"吐"的方式,而不习惯控制力较强的"吞"的方式,这就需要一个有意识的练习过程。

第三,加强唇舌力度。在咬字过程中,唇的一启一闭,舌的一抬一落,都不同程度地形成对呼出气流的节制。因此,加强唇舌力度,也可以起到节省气息的作用。

3. 变化

语言的表现力是靠声音色彩的变化来实现的,而声音色彩的变化在很大程度上依赖富有活力的气息运动。

"气乃情所致",气息"自动化"控制的枢纽是感情的运动,所以播讲者必须熟悉自己要说的内容,认真理解,具体感受,使内心的感情运动起来。如果感情不动,势必导致呼吸的僵滞,影响声音色彩的变化。利用感情调节呼吸运动的方式是呼吸控制的高级阶段,只有通过较为长期的、有意识的训练,熟练地掌握胸腹联合式呼吸的要领,方可获得自由的、科学的呼吸运动感觉。

很多人追求亲切、自然的声音,这就要正确把握呼吸的弱控制状态。应当明确,强控制是弱控制的基础,弱控制是具有一定难度的、精细的控制,纯自然的低能与弱控制有本质的区别。

三、换气的要领

在使用气息的过程中,需要及时换气。换气要注意以下几点。

1. 句首换气

除了句中的补气外,全句结束后需换气,此时不要马上进气,在下句开始前进气,否则会破坏句子间的感情转换,给人急促感。

2. 换气到位

换气时,"丹田"及下肋的感觉可以时大时小,但不能时有时无,不能因换气而改变呼吸方式。

3. 换了就用

吸气后要马上使用,非感情需要不要做较长停顿,否则体内感觉消失,力量也就松懈了。

4. 留有余地

吸气应适度,并非越多越好,一般吸到七八分满就可以了。吸气过满会导致气息状态僵硬。使用气息时,不要把气用完了再换气,换气时,体内应留有余气。如果把气用完了再吸,就会使人感到声嘶力竭。

5. 无声吸气

口鼻同时进气可以有效减少吸气声。如果不是为了表现特定情绪,一般来讲艺术语言发声要求吸气无声。用声时,小腹保持控制状态,胸腔形成一个有弹性的橡皮球,这样气息一有欠缺,便会在语言的顿挫中,得以"自动"、及时、无声地补充。

播音主持用声多为快吸慢呼,因此保持上述状态并学会偷气、抢气是十分重要的。补得及时才会用得从容。在播讲中,气息的补换是利用语言的停顿进行的。补换的方法可以归纳为以下三种,其中偷气是最常用的方式。

一是,偷气,即短时无声地吸气;

二是,抢气,可以不顾及有无声音地吸气;

三是,就气,虽有停顿,并不进气,而是调动体内的余气进行贴补。

第二节 呼吸控制应注意的问题

播音、朗诵、演讲等艺术语言发声对呼吸的要求不尽相同,但它们都属于"说的艺术",因此,存在许多共同之处。它们对呼吸的基本要求可以概括为稳劲、持久、自如。

一、呼吸控制的目的

对呼吸的控制,不是片面地体现在气息充足、稳劲、持久,而是在此基础上使气息压力和声带闭合产生一个最佳的配比关系。这种最佳的配比关系,表现为声音色彩能够呈现丰富的变化,声音的变化能够得到气息的支持。声音的高低、强弱、明暗、虚实等变化,都是由声带不同开闭状态和不同的气息压力产生的,一定的声音状态应有相应的气息压力来支持。

比如，强控制发声时，声带紧张度增加，气息压力随之加大。弱控制发声，声带紧张度减小，气息压力随之减小，处于"细水长流"的状态。然而在实际用声当中，往往会出现声音已经变化了，而气息状态却僵死不变的情况。如用较低的气息压力支持高强音，势必会产生困难；或者在弱控制发声时，气息状态仍然求满、求强，导致声音得不到气息应有的支持。因此，呼吸控制的目的就是掌握气息和声带闭合的最佳配比关系。

二、呼吸控制的内动力

我们常说一句话"气动则声发"，而气息为什么动？这是呼吸控制不应忽略的问题。人们对不同的人讲话、在不同场合讲话、怀着不同心情讲话，气息状态和声音状态也时刻在发生变化，这种变化来自内心情感的变化。对内心情感的刺激因素，既有个人的内心体验，也有外部环境的制约。气息随情感的变化而变化，情感没有运动变化，气息势必僵死，声音势必呆板。因此，情感是呼吸控制的内动力，不注意这一点，就会陷入"唯技巧论"，忽略情感的参与和引发。没有内动力，再漂亮的声音也是抽象的、缺乏依据的，不能够产生鲜活、灵动的有声语言。

内动力与个人的综合素质和审美品位直接相关，须下一些"诗外"的功夫来加以强化。

三、呼吸控制的落实

情感运动引发气息的变化，这种变化体现在声音当中，也具体落实在呼、吸两大肌肉群的动作与控制上。气息变化时，肌肉也有运动的感觉，是具体可感的肌体的动作。因此，用气发声是一个全身心的运动过程。不注意这一点，就会陷入"唯情感论"，认为只要有情感的变化就能自如控制呼吸，这种认识也是片面的。没有对呼、吸两大肌肉群的控制力，没有娴熟的呼吸控制技巧，再深刻的体验和感受也无法外化出来。

呼吸控制的技巧与呼吸潜能的挖掘，须在科学指导的基础上，经过刻苦的练习和用心的体会才能掌握。

第三节　呼吸控制训练

一、呼吸肌基础练习

锻炼膈肌、腹肌和咽壁的目的是使它们有力而灵活,让它们能够在发声当中提供稳定充足的动力,保证声道的畅通。

1. 膈肌、咽壁的锻炼

可以通过发 hei 音将膈肌和咽壁的锻炼合并进行。具体做法是:

第一步,深吸气以后,用这一口气发出两三个扎实的 hei 音,"hei、hei、hei",不断重复,坚持数日。

第二步,在做好第一步的基础上增加弹发次数,一直到一口气能够弹发七八次。这里需要注意,弹发的力度应该均匀,声音保持一定的音高和音量,音色也要始终一致。

第三步,第二步练习坚持数日以后就可以获得自动进气的感觉,然后由慢到快,稳健轻巧地连续弹发 hei 音,最后达到要慢就慢、要快就快的自如程度。

第四步,在做好第三步的基础上,做改变音高、音量和音色的练习。

在做这个练习的初始阶段,你可能会感到下肋膈肌和腹部的动作不够协调,也会感到动作和声音不同步,练习的时间长了,还会感到腰酸腹痛,这些都是正常现象。如果能够按照上述步骤坚持练习,就能够获得动作与声音的和谐与统一,膈肌、咽壁力量和灵活程度会在练习中得到明显的提高。这个练习还有协调气息和声带状态的作用。中老年人可以用这个方法解决塌中声衰的问题。

2. 腹肌的锻炼

做仰卧起坐对于腹肌的锻炼非常有效,具体动作是这样的:平卧在床上,双手放在头的枕部,慢慢地坐起,反复练习来锻炼腹肌的力量。达到连续做 25 次到 30 次这样的水平,才能获得声音训练的基础,腹肌的力量才够用。

二、吸气和呼气训练

在呼吸训练之前,我们应保持积极而松弛的精神状态和肌体状态。身体姿态保证呼吸道的通畅,头要正,眼睛平视,胸部微含,肩部自然放松。避免用声时那些错误的体态,如仰头、偏头、伸脖、耸肩、小腹前凸等。

坐姿,坐在椅子前部,不要窝在椅子里,后腰挺直,身体略向前倾,"含胸拔背",身体重心在腰以下。站着练声可以采用"丁字步"的站姿,两脚自然站好,重心放在稍向前方的脚,靠后的一只脚自然跟上。站姿的总体感觉是"舒胸拔背,提臀收腹"。

1. 吸气练习

在做吸气练习时,保持良好的精神状态,肩胸放松是很重要的,以便"兴奋从容两肋开,不觉吸气气自来"。可以通过以下几种方法来体会吸气:

(1)闻花香

双肩放松,不要耸肩,尽量把体内余气吐光。然后带着"闻花香"的意念从容吸气,感觉气息沿后背脊柱而下进入肺底,后腰部有向两侧打开撑住的感觉,小腹微收,吸到七八成满。保持几秒钟,轻轻呼出气流。

(2)抬重物

在抬起重物时,总要深吸一口气,保持住力量,此时腰部、腹部的感觉和胸腹联合式呼吸时吸气最后一刻的感觉相近。

(3)"半打"哈欠

不张大嘴打哈欠,进气最后一刻的感觉和胸腹联合式呼吸吸气最后一刻的感觉相近。

2. 呼气练习

(1)发"si"声

先按照吸气练习的方法吸好气,然后缓慢持续地发出"si"的声音。

(2)吹灰

在上一个练习的基础上,感觉吸好了气,然后撮口做吹灰状,轻轻吹去桌面上的尘土,来体会气息均匀、舒缓地呼出。要求气流均匀、缓慢、量小而集中。

(3)发单元音的延长音

按以上要求吸好气后,发出 a——o——e——i——u——ü——几个单元音的延长音,要求呼出气流均匀、缓慢、集中,声音圆润、响亮、前后力度一致。尽量打开口腔,声音逐渐由小到大、由弱到强,下巴、舌根、喉部放松,让气流集中打到硬腭前部。

(4)数数

按要求吸好气后,用一口气数数,1、2、3、4、5、6……

我们可以用数数来体会气息有力度、有节奏地呼出。不要憋着忍着多数几个数,要保证声音质量和音色前后一致。

不断重复以上几个练习,延长呼气时间,力求达到呼出一口气可以持续30秒的标准。

3. 快吸慢呼

（1）快吸

设想收到一份意外的惊喜，一刹那间迅速吸气，口鼻同时进气，吸入肺底，一步到位，并在短时间内保持这种吸气的状态。

（2）绕口令

蹲蹲葫芦，压压葫芦，好汉数不了二十四个葫芦。一个葫芦，两个葫芦，三个葫芦，四个葫芦……

持之以恒的练习意在延长呼气时间，但不要为了数量忽视声音的质量和吐字的清晰度。

4. 弹发练习

一是，吸好气，弹发"1、2、3、4"，再吸气，弹发"2、2、3、4"。

二是，吸好气，弹发"hei、ha、hei、ha"。

利用这个练习，锻炼膈肌和"丹田"的控制能力。

5. 调节能力练习

以发音响亮的音节组成人名，如"小兰""阿毛"等，做喊人的练习。利用这种练习锻炼呼吸肌肉群的调节能力，并使气、声较为自然地结合起来。

一是，设想距离较近，将对方叫住。

二是，设想距离较远，将对方叫住。

三是，不知对方在何处，用大小不同的声音向远近、高低不同方位呼喊。

三、换气训练

播音主持等艺术语言发声中，换气要兼顾生理和表情达意的需要，寻找"气口"。这往往需要打破书面语言标点符号的限制，按照表达的逻辑重新组织语言。有些人看到标点符号就换气，没有标点符号就一直读下去，这是不符合有声语言表达规律的。

1. 绕口令、贯口词换气训练

报菜名

蒸羊羔、蒸熊掌、蒸鹿尾儿、烧花鸭、烧雏鸡、烧子鹅、炉猪、炉鸭、酱鸡、腊肉、松花、小肚儿、晾肉、香肠儿、什锦苏盘儿、熏鸡白肚儿、清蒸八宝猪、江米酿鸭子、罐儿野鸡、罐儿鹌鹑、卤什件儿、卤子鹅、山鸡、兔脯、菜蟒、银鱼、清蒸哈什蚂、烩鸭丝、烩鸭腰、烩鸭条、清拌鸭丝儿、黄心管儿、焖白鳝、焖黄鳝、豆豉鲇鱼、锅烧鲤鱼、锅烧鲶鱼、清蒸甲鱼、抓炒鲤鱼、抓炒对虾、软炸里脊、软炸鸡、什锦套肠儿、麻酥油卷儿、卤煮寒鸦儿、熘鲜蘑、熘鱼脯、熘鱼肚、熘鱼骨、熘鱼片儿、醋熘肉片儿、烩三鲜儿、烩白蘑、烩鸽子蛋、炒银丝、烩鳗鱼、炒白虾、炝青蛤、炒面鱼、炝竹笋、芙蓉燕菜、炒虾仁儿、烩虾仁儿、烩腰花儿、烩海参、锅烧海参、锅烧白菜、炸开耳、炒田鸡，还有桂花翅子、清蒸翅子、炒飞禽、炸什件儿、炒排骨、清蒸江瑶柱、糖熘芡仁米、拌鸡丝、拌肚丝、什锦豆腐、什锦丁儿、糟鸭、糟蟹、糟鱼、糟熘鱼片、熘蟹肉、炒蟹肉、清拌蟹肉、蒸南瓜、酿倭瓜、炒丝瓜、酿冬瓜、焖鸡掌儿、焖鸭掌儿、焖笋、烩茭白、茄干晒炉肉、鸭羹、蟹肉羹、三鲜木樨汤，还有红丸子、白丸子、熘丸子、炸丸子、南煎丸子、四喜丸子、鲜虾丸子、鱼脯丸子、饹炸丸子、豆腐丸子、氽(cuān)丸子、一品肉、樱桃肉、马牙肉、红焖肉、黄焖肉、坛子肉、烀肉、扣肉、松肉、罐儿肉、烧肉、烤肉、大肉、白肉、酱豆腐肉、红肘子、白肘子、水晶肘子、蜜蜡肘子、酱豆腐肘子、扒肘子、炖羊肉、酱羊肉、烧羊肉、烤羊肉、五香羊肉、炮(bāo)羊肉、氽三样儿、爆三样儿、烩银丝儿、烩散丹、熘白杂碎、三鲜鱼翅、栗子鸡、煎氽活鲤鱼、板鸭、筒子鸡……

2. 句段换气训练

(1)临港新片区:开放新步伐 创新加速度

《中国(上海)自由贸易试验区临港新片区总体方案》8月6日正式对外公布。设立中国(上海)自由贸易试验区临港新片区,是以习近平同志为核心的党中央总揽全局、科学决策做出的进一步扩大开放重大战略部署。按照总书记要求,新片区聚焦建设以投资贸易自由化为核心的制度体系,将在更深层次、更宽领域、以更大力度推进全方位高水平对外开放。

(选自央视《新闻联播》)

(2)国务院办公厅印发《关于进一步激发文化和旅游消费潜力的意见》

国务院办公厅日前印发《关于进一步激发文化和旅游消费潜力的意见》。

《意见》提出了9项激发文化和旅游消费潜力的政策举措。一是推出消费惠民措施。二是提高消费便捷程度。三是提升入境旅游环境。四是推进消费试点示范。五是着力丰富产品供给。六是推动景区提质扩容。七是发展假日和夜间经济。八是促进产业融合发展。九是加强市场监管执法。《意见》还从强化政策保障、加强组织领导等方面提出了若干保障措施。

(选自央视《新闻联播》)

(3) 我国青蒿素抗药性研究取得新进展

针对青蒿素在全球部分地区出现的"抗药性"难题,屠呦呦及其团队进行了多年攻坚,近日,团队在"抗疟机理研究""抗药性成因"等方面取得研究进展,所提出的适当延长用药时间、更换青蒿素联合疗法中产生抗药性的辅助药物等方法取得了良好效果。

(选自央视《新闻联播》)

(4) 世界海拔最高的输变电工程今天开工

今天,世界海拔最高的输变电工程——阿里与藏中电网联网工程开工。工程线路全长1689公里,平均海拔4572米,将翻越海拔5300米以上的孔唐拉姆山,3次跨越雅鲁藏布江,穿越永久性冻土区和无人少人区,是继青藏、川藏、藏中3条"电力天路"后,又一项超高海拔、超大难度的输变电工程。工程建成后,西藏38万人将用上安全可靠的大电网的电。

(选自央视《新闻联播》)

(5)《〈中华人民共和国监察法〉释义》出版发行

今天,由中国方正出版社出版的《〈中华人民共和国监察法〉释义》正式公开发行,该书对帮助广大党员干部、公职人员,特别是纪检监察干部学习贯彻监察法,有很强的针对性和指导意义。

(央视《新闻联播》)

6.《〈中华人民共和国监察法〉释义》出版发行 李泽鹏

(6) 川航一客机驾驶舱风挡破裂备降成都

今晨,川航从重庆飞往拉萨的一架客机,飞行途中驾驶舱右座前风挡玻璃突然破裂脱落,在万米高空中,飞机驾驶舱内瞬间失压,一度将副驾驶的半个身体吸出窗外,所幸他系了安全带。气温瞬间降至零下40多度,仪器多数失灵,机长刘传健凭着过硬的飞行技术和良好的心理素质,用了20多分钟让飞机平安着落,所有乘客平安落地。紧急情况发生后,西南空管局积极协调航路及双流机场其他起降航班,让出跑道,指引备降飞机平稳降落。备降期间,右座副驾驶员面部划伤、腰部扭伤,一名乘务员受轻伤。

(选自央视《新闻联播》)

四、气息状态变化能力的训练

当说话人的情感、态度、所处的特定时空以及讲话对象改变的时候,声音会有相应的变化,声音改变的重要前提是气息状态的改变,所谓"要变声音先变状态"

就是这个意思。在做以下练习时应注意,在声音变化之前,呼吸状态是如何变化的。

1. 设计不同情感、态度调整气息状态

- "好"

分别设计为:①充分肯定;②强烈质疑;③反义语气。

- "下雨了"

分别设计为:①盼望已久的及时雨;②提醒众人;③兴致全无。

- "难道是他"

分别设计为:①惊喜;②惊恐;③竟然是那个不起眼儿的人。

2. 设计不同语境调整气息状态

- "听众朋友,您好!"

分别设计为:①晚十一点电台夜话栏目;②电台早新闻开始语。

- "观众朋友,晚上好!"

分别设计为:①《新闻联播》栏目开始语;②演播室晚会直播现场。

- "农历五月初五,俗称'端午节'。端午节是我国汉族人民的传统节日。这一天必不可少的活动逐渐演变为:吃粽子、赛龙舟、挂艾叶、喝雄黄酒。"

分别设计为:①对小学生讲解;②对成年人讲解。

3. 气息状态变化综合训练

我的狗慢慢向它靠近。忽然,从附近一棵树上飞下一只黑胸脯的老麻雀,像一颗石子似的落到狗的跟前。老麻雀全身倒竖着羽毛,惊恐万状,发出绝望、凄惨的叫声,接着向露出牙齿、大张着的狗嘴扑去。

(节选自屠格涅夫《麻雀》)

真的,怎么很少见纽约人堆雪人呢?若是在北京,早已有无数的雪娃娃睁着黑煤球的眼睛,竖着胡萝卜鼻子,神气活现地站在大雪中了。年轻人一见下雪便兴奋起来,急着找伙伴,急着出门,急着打雪仗,急着享受踩上松松的雪地的感觉和声音,急着躲在树后,等同伴路过时拼命摇晃树枝……而那些闹了别扭的,也在纷飞的雪球中大笑着忘了隔阂。只有被塞了一脖子雪,双手由冷变烫,由白变红,头发眉毛全白了,全湿了,那才过瘾,那才骄傲,才是个下雪天的样子。

雪,你何不到中国去?那里有为你欢呼的人们。

(节选自杨澜《一个大雪的早晨》)

五、呼吸控制综合训练

1. 结合声调的练习

(1) 夸张上声练习

百　跑　抹　匪　左　此　叟　底　坦　女　脸　准　尺
赏　冗　甲　抢　晓　谷　卡　晃　矮　咬　瓦　雨　俺

(2) 双音节词声调组合练习①

①阴阴

冰雕　拼音　摸黑　飞天　租金　磋商　蓑衣　丁香　添加　拈阄
拉丁　珍珠　穿梭　商标　扔出　鞠躬　区分　勋章　公关　刊登

②阴阳

波澜　摸排　喷泉　纷繁　增援　猜谜　搜寻　多元　通达　捏合
拉闸　庄园　抄袭　珊瑚　君王　丘陵　轩昂　耕耘　昆虫　欢迎

③阴上

标点　摸索　飘舞　风采　宗旨　仓储　松柏　雕版　推理　捞取
知己　出版　书本　拘捕　曲解　虚拟　乖巧　夸口　花朵　邀请

④阴去

波浪　篇目　蒙骗　方寸　资讯　参拜　缩略　冬至　梯队　捏造
拉力　专利　抽样　生态　居住　倾诉　香皂　规范　康复　欢聚

⑤阳阴

别针　盘剥　眉梢　焚香　责编　蚕桑　随机　敌区　投标　农耕
流星　直观　纯真　时区　人参　菊花　秦腔　旋梯　国标　葵花

⑥阳阳

白杨　平原　描眉　扶持　足球　辞呈　随行　嫡传　驼铃　牛黄
螺旋　卓绝　偿还　石油　容颜　角逐　潜伏　循环　国防　梧桐

⑦阳上

博览　频谱　毛毯　拂晓　族谱　磁铁　随感　毒品　投保　泥土
伦理　竹笋　垂柳　什锦　荣辱　夹袄　群岛　学养　国宝　魁伟

⑧阳去

白桦　频道　眉目　伐木　足迹　层次　随意　独奏　团聚　浓淡

---

① 每组双音节词按照声母发音部位由前至后顺序排列,在结合声调进行气息训练的同时,也可以巩固语音训练的成效。

炉灶　植被　崇拜　时尚　容貌　决策　渠道　玄奥　国粹　狂乱
⑨上阴
捕捉　普通　满仓　俯冲　组装　草编　损伤　典章　统一　暖冬
理工　嘱托　闯关　审批　乳胶　卷曲　取消　选修　感恩　凯歌
⑩上阳
匾额　品牌　满足　否决　总裁　草鞋　索赔　赌博　椭圆　袅娜
柳条　转达　揣摩　守恒　冗长　解读　巧合　雪莲　鼓楼　恐龙
⑪上上
北斗　普选　母语　反响　走访　草本　索引　典礼　铁轨　扭转
脸谱　整点　尺码　水彩　荏苒　久远　曲谱　小品　鼓点　傀儡
⑫上去
笔墨　朴素　买办　反串　子夜　草案　扫荡　抵抗　挑战　纽带
旅伴　缜密　储备　省略　忍耐　窘迫　抢救　响彻　谷穗　孔雀
⑬去阴
变通　配音　面纱　奋发　座钟　簇拥　散播　旦夕　炭疽　闹钟
立春　驻扎　创收　社区　日出　嫁接　窃听　袖珍　故都　快餐
⑭去阳
布局　票房　脉搏　奉还　灶台　措辞　素描　洞穴　跳棋　嫩芽
论坛　仲裁　串联　视图　润滑　救援　趣闻　血缘　雇员　矿泉
⑮去上
并轨　迫使　木马　附属　字典　凑巧　色彩　盗版　退伍　逆耳
料理　撰写　臭氧　试管　入党　剧本　确保　宪法　挂彩　控股
⑯去去
必备　瀑布　墨绿　复制　奏效　促进　隧道　待业　退化　内讧
路况　注册　赤道　释放　日历　校对　切中　谢幕　挂号　客栈

(3) 夸张四声连读练习

安常处顺　山明水秀　风调雨顺　发凡起例　花团锦簇　经年累月
深谋远虑　高朋满座　金迷纸醉　思前想后　地广人稀　木已成舟
背井离乡　梦想成真　信以为真　痛改前非　覆水难收　刻骨铭心

2. 运用诗词做呼吸控制训练

(1) 强控制练习

江城子·密州出猎　苏轼

老夫聊发少年狂,左牵黄,右擎苍,锦帽貂裘,千骑卷平冈。为报倾城随太守,亲射虎,看孙郎。

酒酣胸胆尚开张,鬓微霜,又何妨？持节云中,何日遣冯唐？会挽雕弓如满月,西北望,射天狼。

满江红　岳飞

怒发冲冠,凭栏处、潇潇雨歇。抬望眼、仰天长啸,壮怀激烈。三十功名尘与土,八千里路云和月。莫等闲、白了少年头,空悲切。

靖康耻,犹未雪。臣子恨,何时灭。驾长车踏破、贺兰山缺。壮志饥餐胡虏肉,笑谈渴饮匈奴血。待从头、收拾旧山河,朝天阙。

七律·人民解放军占领南京　毛泽东

钟山风雨起苍黄,百万雄师过大江。虎踞龙盘今胜昔,天翻地覆慨而慷。宜将剩勇追穷寇,不可沽名学霸王。天若有情天亦老,人间正道是沧桑。

(2)弱控制练习

虞美人·听雨　蒋捷

少年听雨歌楼上,红烛昏罗帐。壮年听雨客舟中,江阔云低、断雁叫西风。而今听雨僧庐下,鬓已星星也。悲欢离合总无情,一任阶前、点滴到天明。

青玉案　贺铸

凌波不过横塘路,但目送、芳尘去。锦瑟华年谁与度？月桥花院,琐窗朱户,只有春知处。

飞云冉冉蘅皋暮,彩笔新题断肠句。试问闲愁都几许？一川烟草,满城风絮,梅子黄时雨。

声声慢　李清照

寻寻觅觅,冷冷清清,凄凄惨惨戚戚。乍暖还寒时候,最难将息。三杯两盏淡酒,怎敌他、晚来风急。雁过也,最伤心,却是旧时相识。

满地黄花堆积。憔悴损、如今有谁堪摘？守着窗儿,独自怎生得黑？梧桐更兼细雨,到黄昏、点点滴滴。这次第,怎一个愁字了得！

3. 篇章

下面是不同类型的稿件,涉及新闻播报、现场报道、专题配音、主持人谈话和晚会主持,在练习时注意气息支持力度应有相应的变化。

(1)新闻播报:2050年世界人口将达92亿

本台消息:昨天,联合国人口司公布了一份有关世界人口增长趋势的最新统计报告。报告中预测,到2050年,世界人口数量将比目前增长25亿,达到将近92亿,而且到那个时候,中国将不再是世界第一人口大国,取而代之的将是目前位居第二的印度。

(选自央视《新闻联播》)

(2)现场报道:人大附中高考现场

各位观众,今天是6月7日,全国900多万人参加高考。我现在在北京人大附中,把第一手消息分享给大家。今年与以往不同,安保大大提升,有持枪警察守候,威严的警察队伍充分保证每一位考生的安全。同时,人大附中特别设立了红地毯通道,而非像往常一样全部挤在校园门口,更加便捷地保证考生的安全与顺利进出。在校门口的城管队伍提供免费水、医疗急救。看到此,家长们是不是更安心了?人大附中的老师们都会穿着红色衣衫,守候在校园门口,送给孩子们最温暖的拥抱。

现在,语文学科考试已经开始,在此衷心祝福每一位考生:发挥出自己的正常水平,考出理想的成绩!

(选自央视《新闻联播》)

(3)专题解说:山西《酒楼市井图》

山西展出的200平方米古代壁画中,有一幅壁画备受专家推崇,那就是山西繁峙岩山寺的金代壁画《酒楼市井图》,众多专家称其为墙壁上的《清明上河图》。

这个近100平方米的壁画——《酒楼市井图》就是岩山寺金代壁画中特别具有生活气息的代表作之一:在画面的池塘上建酒楼一座,楼内备有桌凳,楼外挂有招幡,上书"野花钻地出,村酒透瓶香",用于招揽过路游客;在楼内品酒喝茶、说唱卖艺、凭栏赏景者甚多,酒楼门外为商贩云集的市场,热闹非凡;正在叫卖的小贩布满街头,或推车、或挑担、或手提;而在形形色色的人群中,有的在为顾客伏案切肉,有的提着两条大鱼回家,有的为主人撑伞,有的手捧鸟笼等,这些人既有盲人、达官贵人,又有婴孩、僧侣等,这种世俗场景真实地反映了当时的社会风貌。

(选自央视网)

(4)主持人谈话:巧洗葡萄

观众朋友,现在是葡萄大量上市的时候,我们可以仔细看这个葡萄,它表面有一层白霜,白霜上面还黏附着一些泥土,你洗的时候很难,手重了洗烂,手轻了洗不掉怎么办?

我教给您一个简单的办法，但是非常有效。把这个葡萄放在水里面，然后拿面粉也行，淀粉也行，一般用两勺就可以了，放进水里。然后你不要使劲地去揉他，你要这样子来回倒腾，然后到水里来回地涮洗，面粉和淀粉都是有黏性的，它会把你看到的那些脏东西包括残留的农药都给带下来。好，现在大家看一下，基本上这个葡萄就现出它亮晶晶的本色了。

（选自央视《为您服务》）

第七单元　口腔控制

口腔是人体发声的最后一部分通道,作为语音的制造场,在大脑的支配下,口腔加工出载有一定意义和感情的词语。作为发声器的"喇叭",口腔使喉部发出的声音得到扩大和调制。口腔控制对于吐字和共鸣来说,都具有直接意义。

实践证明,在发声训练中要"抓好两头,解放中间"。这两头,一头指的是"下头",即利用丹田控制呼吸;另一头指的是"上头",即利用口腔形成清晰动听的字音。抓好这两头,就可以最大限度地解除喉部即"中间"的负担,使之经久耐用,充分发挥作用。口腔控制在整个发声控制中的地位和作用是不容忽视的,它是发声训练的重要一环。

口腔的作用表现在字、声两个方面,控制得当,两者能相得益彰。以字带声是处理字、声关系的总原则,脱离了吐字要求,声音再美也没有意义。从这一角度看,对口腔控制的要求实际上就是对吐字的要求:准确规范、清晰集中、圆润饱满、流畅自如。

第一节　咬字器官的配合要领

发音的过程是口腔诸咬字器官的动作对喉部发出的声束和肺呼出气流的节制加工的过程,不同的节制加工方式形成不同的元音、辅音和音节。咬字器官包括双唇、上下齿、舌、硬腭和软腭等(图 7-1、图 7-2)。其中唇、舌和软腭在吐字过程中动作最积极、作用最大。

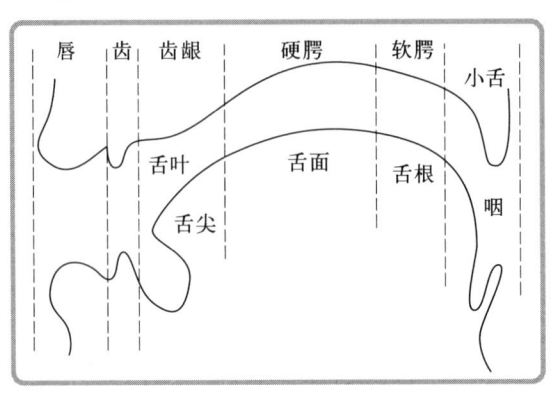

图 7-1　咬字器官示意图

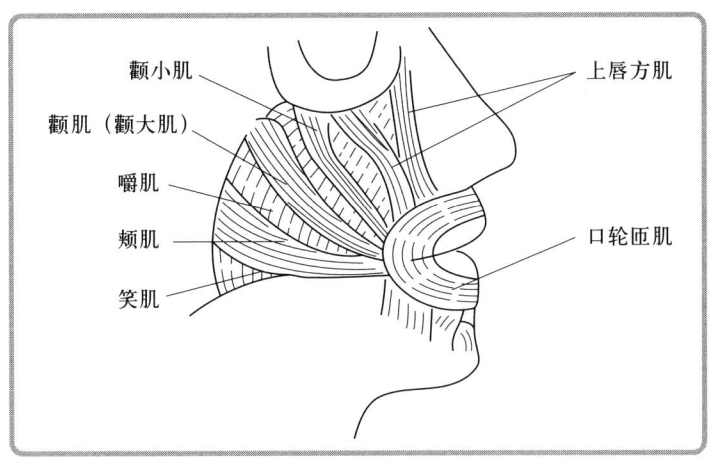

图 7-2　口部肌肉示意图①

一、唇舌灵活、力量集中

唇舌灵活是语音流畅、自如的前提,在这方面达不到一定标准,就会出现吃字(音节部分或全部含混不清)、滚字(音节间"粘连")、走音现象和语言的僵滞。

声音要集中,咬字器官的力量就要集中。唇齿相依,唇要有较强的收摄力,力量要集中到唇中央三分之一。唇的力量分散是造成字音散射的主要原因。通过练习唇的力量的绕口令,如《八百标兵》,就可以解决唇的力量分散的问题。

舌的力量的集中要注意两方面:一方面将力量集中在舌的前后中纵线上。另一方面舌在发音过程中要取"收势",收拢上挺。这样才能保证舌在咬字过程中弹动有力而灵活。舌的力量集中的练习应以字词为主,把上述要求体现到字词练习中。

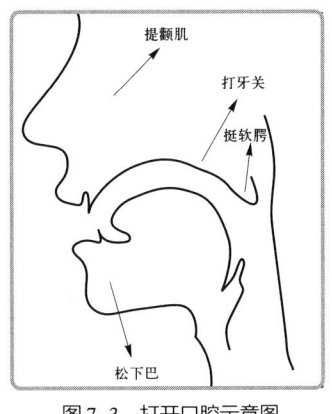

图 7-3　打开口腔示意图

二、打开口腔

艺术语言发声注重声音和吐字的品质,讲求口腔开度。打开口腔不等于张大嘴,张大嘴时口腔呈"前>后"型,实际上是前开后不开。发声时,口腔的前后部都应打开,上颚上抬,下颏放松,呈"前⊃后"型。这是通过"提颧肌、打牙关、挺软腭、松下巴"四个方面的配合来实现的(图 7-3)。

---

① 徐恒.播音发声学[M].中国传媒大学出版社,1985:117.

1. 提颧肌

提颧肌是抬起上颚前部的动作。颧肌用力向上提起时,口腔前上部有展宽感,鼻孔也随之有少许张大,同时使唇,尤其是上唇紧贴牙齿。唇齿相依使唇的运动有了依托,较之于松颧噘唇、唇齿分离更容易增强咬字的力度。提颧肌对提高声音的亮度和字音的清晰度都有明显作用。

颧肌提起时,面部略呈微笑状,可以用微笑的动作来体会。但应和高兴引起的微笑区别开来,不能造成不顾作品内容,"美滋滋"地发音的毛病。

另外,我们还可以用张开嘴同时展开鼻翼的办法来体会,这样快速做几十次后,就会明显感到颧肌发酸。就这样反复练习,颧肌力量加大了,该用时就会自然地提起了。

2. 打牙关

上下颌之间的关节俗称牙关,打开牙关是抬起上颚中部的动作。打牙关是使上下槽牙在咬字时有一定距离,尤其双侧上后槽牙应保持向上提起的感觉。张口时有槽牙上提的感觉,类似于半打哈欠;闭口时有上门齿下扣的感觉,类似于啃苹果。打开牙关不仅可以丰富口腔共鸣,还可以使咬字位置适中、吐字力量稳健。可以用以下方法练习:

一是,提起颧肌反复咀嚼,以加强两腮的力量。打牙关和两腮的咬劲配合起来,才能在咬字中发挥作用。

二是,感觉字像橄榄在上下槽牙间,上下槽牙每咀嚼一次发出一个字音。

三是,以发"a"的感觉为基础,带动各种音节的发音。

在所有音节中,开口度最大的音节是带有 a 的音节。以开带闭,以宽带窄,是体会和把握打开牙关的有效方法。如"兰 lán"这个音节就带有"a",加上声母"l"的发音较声母"b""p"等宽松,因此它最适合用来体会打开牙关。依照发这个音的体会,带动后面音节的发音,发较窄、较紧的音节时,牙关就可以打开了。可以试试下面的练习:

蓝蓝的天上白云飘,白云下面马儿跑。

我们只是通过上述方法来加大发声时的口腔开度,以取得更好的吐字效果。开与不开是比较而言的,并不存在绝对量,在实际发声时牙关开度也不能一成不变,对基本要领不能僵死地理解。

3. 挺软腭

软腭在上颚后部,舌尖抵着硬腭向后移动会找到它的具体位置。不说话时,软腭松软下垂。日常口语中,很少有人有意识将它挺起。挺软腭是抬起上颚后部的动作,它可以起到两方面的作用:第一,加大口腔后部空间,改善音色;第二,缩小鼻咽入口,避免声音大量灌入鼻腔而造成鼻音。

结合咬字,软腭挺起时,口腔后部应呈倒置的桃形,并非抬得越高越好。此外,如以小舌头(腭垂)为中点的话,软腭挺起时两侧力量应向小舌头集中。如果力量相反,软腭兜下来,就会造成字"扁"、鼻音等问题。所以要特别注意用力的方向。

挺软腭的感觉可以用夸张吸气和"半打哈欠"来体会,一般在这种时候软腭是挺起的状态,适度保持这种状态去发音,就可能会听到不同于平时的声音效果。此外,有些字音(如"好 hǎo")发音时可以明显感觉到口腔后部的开度较大,用它去带发其他音节也会收到较好的效果。

挺软腭是一个基本状态,但音节的结构成分各不相同,再加上表达的需要,播讲时不能一成不变,应有程度上的变化,否则又会带来"音包字"的问题。

4. 松下巴

从生理构造来看,松下巴在打开口腔方面比抬上颚更具有实质性效果。有的人平时说话就表现出下巴用力、主动"帮忙"的问题,播讲时更为明显,认为只有这样才能做到咬字有力,字音清晰。其实这是一种错误的想法,下巴用力会使舌根紧张,咽管变窄,口腔变扁,把字咬"横"、咬"死"。

咬的力量主要在口腔上半部,下巴则应处于放松、"从动"的状态。发音时,只有下巴自然内收才能放松。日常牙痛时说话,下巴一般是比较松弛的,不妨模仿一下。

5. 明确声音发出的路线和字音的着力位置——"声抵腭前"

在口腔打开的前提下,还应讲究声音发出的路线和字音的着力位置。声音沿软腭硬腭的中纵线推进到硬腭前部。硬腭前部是发音的主要内感区,以此为字音的着力位置,可以明显改善音色,提高声音质量,尤其在弱控制时,掌握这一要领可以使声音小而不塌。

发音是否合乎这个要求,可以从音色上鉴别:做得正确,我们会获得声音从口以上透出的感觉,音色集中而明朗;做得不对,发出的声音如同下巴"铲"出的一样,音色扁而散。

综上所述,咬字器官在发音过程中要互相配合,协调动作。口腔开闭的总体感觉是"开口如半打哈欠,闭口如啃苹果"。

三、调整口腔状态的训练

1. 口部操训练

口部操训练相当于咬字器官的热身运动,包括唇、舌、颊等部位的训练。做口部操的目的是排除语音负担,提高咬字器官的力度和灵活度。下面向大家介绍几节比较实用的口部操。

(1)唇的练习

第一节:"喷"。

双唇紧闭,堵住气流,突然放开发出 po 音。注意不要满唇用力,把力量集中在唇中央三分之一处。

第二节:"咧"。

先把双唇噘起来,然后嘴角用力,双唇向两边伸展,这样反复进行。

第三节:"撇"。

先把双唇噘起来,然后向左歪再向右歪交替进行。

第四节:"绕"。

双唇紧闭,噘起,然后顺时针转 360 度,再逆时针转 360 度,这样交替进行,注意顺时针和逆时针转的次数应相同。

(2)舌的练习

第一节:"伸"。

张大嘴,提颧肌,感觉鼻孔略微张开一些,然后努力把舌头往外伸,舌尖越尖越好,伸完了以后,再往回缩,缩到极限,这样反复来做。

第二节:"刮"。

舌尖抵下齿背,舌体用力,用上门齿的齿沿刮舌尖和舌面,这样反复进行。

第三节:"捣"。

把一个像枣核一样的物体,竖放在舌面上,比如说,一个枣核或者一小块糖,两头尖,两头正对着前舌,这是竖放,用舌面挺起的动作使它翻转起来,这样反复进行。

第四节:"弹"。

先把力量集中在舌尖,抵住上齿龈,堵住呼出的气流,然后突然打开爆发出 te 音,反复进行。这里应该注意,舌的中纵线要用力,爆发出的 te 音越有力越好。

第五节："顶"。

先闭唇,用舌尖来顶左右的内颊,交替进行。

第六节："转"。

闭唇,把舌尖伸到齿和唇的中间,先向顺时针方向环绕360度,然后再按逆时针方向环绕360度,这样交替进行。

第七节："立"。

先把舌头自然平放在下齿槽当中,然后向左向右来回翻立。这一节是为了锻炼舌头的力量左右平衡,所以很重要。

(3)颊的练习

颊部的锻炼也是很重要的,如果颊部的肌肉没有力量,咬字就会含混,字音的清晰度就会受影响。

只有一节："咬"。

嘴角咧开,缩舌,用力来做咀嚼动作,像嚼胶姆糖一样,每一次做口部操的时候应该多做几次。

2. 唇舌灵活、力量集中的训练

(1)唇舌灵活度的训练

①锻炼唇的灵活度

圆唇和不圆唇混编双音节词

补习	排序	马术	敷衍	杂乱	蚕农	桑榆
代数	塔钟	内幕	来往	占卜	传递	纱布
人工	句法	曲牌	稀疏	改换	康复	和煦

齐齿呼和撮口呼混编双音节词

冰雪	编剧	批阅	票据	秘诀	棉絮	叠韵
订阅	挑选	体恤	鸟雀	年均	利用	俚语
羁旅	鲸鱼	奇遇	抢掠	西域	信用	音韵

②锻炼舌的灵活度

演变	颜面	便笺	编年	片面	偏见	缅甸
棉线	碘盐	电线	田边	天堑	年检	捻线
连年	连线	简练	艰险	牵连	前线	现年

天连水

天连水,水连天,水天一色望无边。蓝蓝的天似绿水,绿绿的水如蓝天。到底是天连水还是水连天。

(2)唇舌力量集中的训练

①唇力集中训练

双唇阻声母混编双音节词练习

播报　褒贬　奔跑　鞭炮　帮忙　表明　排版　炮兵　铺排
偏僻　泡沫　篇目　膜拜　目标　门派　名片　明媚　密码

②舌力集中训练

舌力集中的训练应以字词为主，体会舌体收拢上挺，力量集中在舌中纵线上。可以反复发出"ga、ka、ha、jia、qia、xia、da、ta、na、la"，由后至前全面锻炼舌力。

3. 打开口腔的训练

下面这组四音节词都是开口度较大的音节在前，开口度较小的音节在后，以开音带闭音，可以帮助大家找到打开口腔的状态，达到闭口音稍开的要求。

班门弄斧　旁敲侧击　满园春色　反唇相讥　载歌载舞　藏龙卧虎
三顾茅庐　大动干戈　条分缕析　拿来主义　牢不可破　沾沾自喜
长年累月　山高水低　燃眉之急　假公济私　乔迁之喜　小家碧玉
管窥蠡测　开天辟地　花前月下

4. 声抵腭前的训练

下面这组四音节词最后一个音节都有字尾，可以帮助大家明确字音沿软硬腭中纵线向前推进的路线，找到声抵腭前的感觉。

百花齐放　漂洋过海　茅塞顿开　繁花似锦　在劫难逃　沧海桑田
三教九流　当之无愧　泰山北斗　南腔北调　老态龙钟　张灯结彩
窗明几净　山回路转　绕梁之音　价廉物美　巧舌如簧　逍遥法外
肝胆相照　慷慨解囊　汗马功劳

5. 绕口和贯口的训练

绕口练习是一项在声、韵、调发音准确的基础上进行的发音强化训练。读绕口令时，我们平时存在的语音问题会集中出现，甚至会被放大，因此绕口练习对于矫正语音很有帮助。另外，绕口练习可以让咬字器官更加和谐、灵活地配合，避免吃字、吐字不清、嘴皮子不听使唤等问题，使播音员主持人降低出错率。

贯口是曲艺表演中一口气快速连续说、唱出一节或一段词的技巧。这项训练的目的是使发音器官具有快速、准确、清晰的吐字能力。做这项练习应对贯口词进行分组，找好气口，把握好节奏，吐字清晰，表达准确。

第三部分推荐练声材料提供了绕口令和贯口词，您可以有选择地去练习。

在练习的时候注意以下几点：

第一要强己所难，也就是把握不好的段子要多练勤练。

第二要由慢到快，慢或者快都要吐字清晰。

第三要结合用气，做到开口前气息下沉，喉部放松，运行当中补气自如。

第四要快而不乱，把握节奏，内容清楚，注意语言的表现力和生动性。不能将绕口练习理解为耍嘴皮子，练习时应设定不同的语境和播讲对象，要有交流感。

第二节　吐字归音

"吐字归音"是我国传统声乐艺术提及咬字方法时所用的一个术语，它的具体内容既包括发音的基本要领，也包括发音的审美要求。这种咬字方法是从汉语语音特点出发的，它把一个音节的发音过程分为出字（又称"出声"）、立字（又称"行音"）、归音（又称"收声归韵"）三个阶段，通过对每个发音阶段不同的控制，使吐字清晰、饱满、弹发有力。

一、音节结构

根据吐字归音的发音实际和汉语语音的特点，我们把一个汉字音节的结构分为字头、字腹、字尾三个部分。字头包括声母和韵头（也叫介音或字颈），字腹指韵腹（主要元音），字尾就是韵尾部分。从吐字的角度，声调也被称为字神。因此，音节结构有头、腹、尾说，也会细分为头、颈、腹、尾、神几个部分。

普通话中不是每个音节都头、腹、尾俱全，"字腹"是一个音节必不可少的部分，其余部分都有可能缺失。

二、吐字归音的要领

这里以头尾俱全的音节"电 diàn"为例，来说明吐字归音对音节各部分的具体要求。

1. 出字

出字指字头和字颈的发音过程，包括声母和韵头（介音）部分，要求"部位准确，叼着有力"。

在实际发音中，这种要求主要落实在声母的发音过程中。例如"电 diàn"的声母"d"的发音过程是：先在准确位置（舌尖与上齿背）成阻，蓄积足够气力，然后迅速除去舌尖与上齿背的阻力，打开口腔。老艺人把出字过程形象地比作"噙"，说"噙字如噙虎"，意思是说，出字时就像大老虎叼着小老虎跳跃山涧一样不紧不松，叼得紧会死,叼得松会掉。又说咬字要用七寸三分劲儿。这都说明了出字要用巧力,必须集中而富于弹性。

字颈(韵头、介音)都是由窄元音 i、u、ü 充当的,虽然属于韵母的一部分,但在实际发音中却与声母的关系密切,它决定了出字时的口形。为了避免介音过度延长,我们可把头、颈看作一个单位。以"电"字为例,各成分间的关系可以这样表示:

$$d\text{-}i\text{—}a\text{—}n$$

只有出字有力,才能使整个音节的发音响亮、清晰。我们强调出字时有"叼"的感觉,而不能把吐字归音的"吐"简单地理解为"喷吐",从而过分使用外向力。只有"叼"才能和气息、共鸣很好地结合在一起。照搬说唱艺术中的"喷口""腮的开展鼓动力"等是不恰当的。过分强调外向力,会造成字散、声塌、气竭的问题。

2. 立字

立字是韵腹的发音过程,要求"拉开立起,字音饱满"。一个音节的发音是否能达到字润珠圆,与韵腹的发音有密切关系。

以"电 diàn"字为例,出字过后就应打开口腔至发 a 的状态,气息饱满,托住声音,有较丰富的泛音共鸣。与字头、字尾比较,韵腹的发音过程最长,应有口腔"竖起",声音"立体"展开的感觉。即使窄元音 i、u、ü 充当韵腹时,口腔也应适当开大些,这叫作"闭口音稍开"。

3. 归音

归音指音节发音的收尾过程,要求"干净利索,趋向鲜明"。归音的过程是力渐松、气渐弱、口渐闭、声渐止的过程,与出字、立字比较,掌握起来难度更大。

首先不能因韵腹发音响亮而任意延长,造成因声废字。归音时不能"拖泥带水留尾巴"。"趋向鲜明"指唇舌的动作要"到家"。如 i 作韵尾时,舌位要提到一定高度;u 做韵尾时,唇形应拢起,收圆;n 作韵尾时,舌尖要收到上齿龈,并阻住口腔通道,鼻音一出立即收声;ng 作韵尾时,舌根应收到软、硬腭交界处,并阻住口腔通道,鼻音一出立即收声;o 作韵尾时(即 iao、ao 中的 o),要在发到 u 时收音。

4. "枣核形"

做到出字、立字、归音的吐字过程构成一个完整、立体的形状——"枣核形",它不仅是吐字归音的规矩,也体现了声音清晰集中、圆润饱满的审美要求。"枣核形"以声母为一端,韵尾为一端,韵腹为核心(图 7-4)。

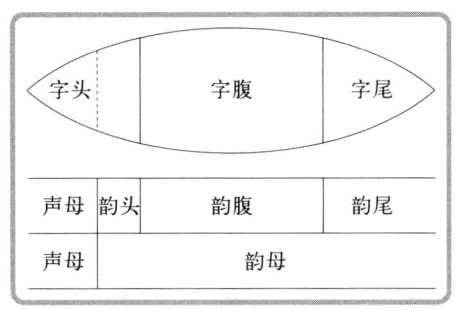

图 7-4 "枣核形"示意图

强调"枣核形"绝不等于将一个字音分解,依次读出它的各个音素。

"电 diàn"是头、腹、尾俱全的音节,是典型的"枣核形"(有人将这类字称为"枣核字")。此外,还有一些头尾不全的音节该如何呈现"枣核形"呢?现做些说明:

零声母音节:即没有声母的音节。为了呈现"枣核形",应将第一个元音半辅音化,遇到 a、o、e 稍加喉头阻塞,遇到 i、u、ü 稍加摩擦。这种使元音部分辅音化的发音方式主要为了字音清晰,连读时不易产生误解。如"皮袄 pi'ao"中的 a 就应稍加喉头阻塞,不然在连读中就可能被误听为"漂 piāo"。

开尾音节:即没有韵尾的音节。这种音节容易读散,不易形成"枣核形"。开尾音节也应有归音感觉,即韵腹发音终了时,口腔应随之收小,把音"拢住"。

掌握了这些规律,即使不是"枣核字",也可以被发成"枣核形"。

"枣核形"训练是使发音规格化的必要过程,这种训练最终是为表达思想感情服务的,所以,在投入使用时,"枣核形"不能一成不变。如果字字如同样大小的"枣核",板板眼眼,必然会削弱语言的感情色彩,破坏语言节奏,影响内容的表达。我们应根据表达的需要,使"枣核形"有所变化,或拉长,或缩短,还可以调节吐字力度。

第三节 吐字归音训练

一、叼字(字头)的训练

1. 音节练习

ba-bi-bu pa-pi-pu ma-mi-mu
fa-fu

```
za-zi-zu  ca-ci-cu  sa-si-su
da-di-du  ta-ti-tu  na-ni-nu-nü  la-li-lu-lü
zha-zhi-zhu  cha-chi-chu  sha-shi-shu  ra-ri-ru
ji-ju  qi-qu  xi-xu
ga-gu  ka-ku  ha-hu
```

2. 同声母双音节词练习

靶标	百倍	拍品	皮袍	脉门	冒昧	方法	反方	自足	总则
璀璨	从此	色素	四散	定夺	导电	天坛	体统	袅袅	男女
力量	流泪	周知	重镇	传承	穿插	水杉	属实	融融	人瑞
基建	境界	轻巧	亲戚	学习	信息	巩固	高贵	开口	旷课
回话	呼唤								

3. 叼字绕口练习

(1) 双唇阻声母绕口令

冰棒和瓶

半盆冰棒半盆瓶,冰棒碰盆盆碰瓶。
盆碰冰棒盆不怕,冰棒碰瓶瓶必崩。

(2) 唇齿阻声母绕口令

粉凤凰

费家有面粉红墙,粉红墙上画凤凰。
凤凰画在粉红墙,红凤凰、黄凤凰,
红凤凰看黄凤凰,黄凤凰看红凤凰。
粉凤凰、花凤凰、粉红凤凰、花凤凰,
全部仿佛活凤凰。

(3) 舌尖前阻声母绕口令

三山撑四水

三山撑四水,四水绕三山。
三山四水春常在,四水三山四时春。

(4) 舌尖中阻声母绕口令

短刀

断头台倒吊短单刀,歹徒登台偷短刀。
断头台塌盗跌倒,对对短刀叮当掉。

老农和老龙

老龙恼怒闹老农,老农恼怒闹老龙。
农怒龙恼农更怒,龙恼农怒龙怕农。

(5) 舌尖后阻声母绕口令

朱叔锄竹笋

朱家一株竹,竹笋初长出,朱叔处处锄,锄出笋来煮。
锄完不再出,朱叔没笋煮,竹林也干枯。

(6) 舌面阻声母绕口令

田建贤回家

田建贤前天从前线回到家乡田家店,只见家乡变化万千,繁荣景象呈现在眼前,连绵不断的青山,一望无边的棉田,新房连成一片,高压电线通向天边。

(7) 舌根阻声母绕口令

哥挎瓜筐过宽沟

哥挎瓜筐过宽沟,赶快过沟看怪狗。
光看怪狗瓜筐扣,瓜滚筐空哥怪狗。

二、立字(字腹)的训练

1. 音节练习

(1) 开口呼韵母音节练习
a、o、e、ai、ei、ao、ou、an、en、ang eng、er
(2) 齐齿呼韵母音节练习
i、ia、ie、iao、iou、ian、in、iang、ing

(3) 合口呼韵母音节练习

u、ua、uo、uai、uei、uan、uen uang、ueng、ong

(4) 撮口呼韵母音节练习

ü、üe、ün、üan、iong

2. 同韵母双音节词练习

(1) 开口呼同韵母双音节词

大麻　喇嘛　磨破　泼墨　苛刻　赭色　自此　丝丝　值日　实事
摆开　采买　贝贝　黑肥　讨饶　抛锚　偷偷　殴斗　鞍山　男单
真人　本身　当堂　沧桑　更生　萌生

(2) 齐齿呼同韵母双音节词

立即　米粒　下压　恰恰　姐姐　猎猎　叫嚣　秒表　秋游　悠久
盐碱　脸面　音信　频频　洋姜　良乡　应景　命令

(3) 合口呼同韵母双音节词

吐露　弧度　花袜　挂画　过活　罗锅　拽歪　外踝　巍巍　渭水
弯弯　还款　昏昏　温吞　孔融　动工　惶惶　双簧　嗡嗡

(4) 撮口呼同韵母双音节词

区域　寓于　缺略　跃跃　远远　全权　群群　汹涌

3. 协调和改善语音音色

在语音当中,一个音区别于另一个音的本质特征被称为语音音色。协调和改善语音音色就是在音位理论的基础上,也就是在不影响"达意"的前提下适当调整发音部位和方法,求得音素和音节发音的和谐悦耳。

具体的练习方法:

第一,以开带闭,使闭音稍开。

开音指开口度比较大的音节,闭音指开口度比较小的音节。以开带闭是选择第一个音节开口度比较大、第二个音节开口度比较小的两字词来进行练习。发音的时候以第一个开口度比较大的音节的发音感觉去带动第二个音节的发音,这样做就是以开带闭的意思。以开带闭可以使第二个音节的发音和共鸣得到调整,从而达到协调和改善音色的目的。比如"安宁""安"开口度比较大,"宁"开口度比较小,利用第一个字"开"的感觉带动下面一个音节的发音,使开口度相对小的音节开度加大。

安宁　保密　排挤　茅庐　房间　杂技　采集　扫除　当局
太极　纳米　来去　战俘　长笛　沙粒　刚毅　开闭　焊钳

第二,以闭带开,使开音稍闭。

比如"技法","技"是闭音,使"法"这个开口度比较大的音节稍微闭一些,这样来取得音色的和谐。

碧海　频道　棉毯　富含　地毯　涂蜡　女单　立法　助长
出台　顺达　入账　激打　荨麻　形态　谷仓　苦胆　旅伴

第三,以前带后,使后音稍前。

这里所说的前音指发音位置偏前的音节,后音指发音位置偏后的音节。显而易见,以前带后是选择第一个音节发音位置偏前而第二个音节发音位置偏后的两字词进行练习。比如说"提高","提"发音偏前,"高"发音偏后,以第一个音节的发音感觉去带动第二个音节的发音,就可以使第二个音节的共鸣得到改善。

壁布　皮肤　密度　自述　刺客　丝绒　提防　体侧　泥土
林木　植入　持股　时空　日落　寄托　起色　虚度　雨露

第四,以后带前,使前音稍后,道理和上面是相同的。

哺育　坡地　魔力　富裕　阻止　侧目　素食　德育　土地
努力　落实　古诗　歌迷　空隙　枯枝　红旗　厚礼　护林

第五,以优带劣。

用发声状态好的音节带动发声状态差的音节。比如有人读上声和去声的时候声音劈哑,可以用读阳平时发声的状态发上声和去声,这就是以优带劣。这项练习是针对个人的不同发音特点进行的。

三、归音(字尾)的训练

诗词的朗读强调押韵呈现出的声音的美感,有助于我们训练归音的到位。

望岳　　杜甫

岱宗夫如何? 齐鲁青未了。
造化钟神秀,阴阳割昏晓。
荡胸生层云,决眦入归鸟。
会当凌绝顶,一览众山小。

注:①夫:fú,语气助词。②了:liǎo,无穷无尽。③眦:zì,眼眶。

山行　　杜牧

远上寒山石径斜,白云生处有人家。
停车坐爱枫林晚,霜叶红于二月花。

别董大　高适

千里黄云白日曛,北风吹雁雪纷纷。
莫愁前路无知己,天下谁人不识君。

登鹳雀楼　王之涣

白日依山尽,黄河入海流。
欲穷千里目,更上一层楼。

满江红　岳飞

怒发冲冠,凭阑处、潇潇雨歇。抬望眼、仰天长啸,壮怀激烈。三十功名尘与土,八千里路云和月。莫等闲、白了少年头,空悲切。
靖康耻,犹未雪。臣子恨,何时灭。驾长车,踏破贺兰山缺。壮志饥餐胡虏肉,笑谈渴饮匈奴血。待从头、收拾旧山河,朝天阙。

芙蓉楼送辛渐　王昌龄

寒雨连江夜入吴,平明送客楚山孤。
洛阳亲友如相问,一片冰心在玉壶。

秋浦歌　李白

白发三千丈,缘愁似个长。
不知明镜里,何处得秋霜。

回乡偶书　贺知章

少小离家老大回,乡音无改鬓毛衰。
儿童相见不相识,笑问客从何处来。

赋得古原草送别　白居易

离离原上草,一岁一枯荣。野火烧不尽,春风吹又生。
远芳侵古道,晴翠接荒城。又送王孙去,萋萋满别情。

望月怀远　张九龄

海上生明月,天涯共此时。情人怨遥夜,竟夕起相思。
灭烛怜光满,披衣觉露滋。不堪盈手赠,还寝梦佳期。

饮酒　陶渊明

结庐在人境,而无车马喧。
问君何能尔？心远地自偏。
采菊东篱下,悠然见南山。
山气日夕佳,飞鸟相与还。
此中有真意,欲辨已忘言。

凉州词　王翰

葡萄美酒夜光杯,欲饮琵琶马上催。
醉卧沙场君莫笑,古来征战几人回。

钗头凤　陆游

红酥手,黄縢(téng)酒,满城春色宫墙柳。东风恶,欢情薄,一怀愁绪,几年离索。错、错、错。

春如旧,人空瘦,泪痕红浥(yì)鲛(jiāo)绡(xiāo)透。桃花落,闲池阁,山盟虽在,锦书难托。莫、莫、莫。

四、吐字归音"枣核形"训练

1. 儿歌示范朗读

朗读者给儿童做歌谣的示范朗读时,吐字要清晰饱满、响亮圆润,以便使孩子听清楚、喜欢听,还能让孩子进行模仿。下面的练习可以帮助大家找到吐字归音"枣核形"的感觉。

小柳树

小柳树,满地栽,金花谢,银花开。

蚕

桑叶嫩,桑叶香,蚕儿吃,白又胖,
吐银丝,细又长,织出绸缎做衣裳。

2. 记录速度新闻播报
中国共产党第十九次全国代表大会在京开幕

绘就伟大梦想新蓝图,开启伟大事业新时代。举世瞩目的中国共产党第十九次全国代表大会18日上午在人民大会堂开幕。

习近平代表第十八届中央委员会向大会作了题为《决胜全面建成小康社会 夺取新时代中国特色社会主义伟大胜利》的报告。习近平指出,中国共产党第十九次全国代表大会,是在全面建成小康社会决胜阶段、中国特色社会主义进入新时代的关键时期召开的一次十分重要的大会。大会的主题是:不忘初心,牢记使命,高举中国特色社会主义伟大旗帜,决胜全面建成小康社会,夺取新时代中国特色社会主义伟大胜利,为实现中华民族伟大复兴的中国梦不懈奋斗。

(选自央视《新闻联播》)

五、吐字综合训练

1. 广告语

0.01毫克,0.01赫兹,0.01分贝,0.01焦耳,0.01毫升,0.01牛顿,0.01度,0.01毫米,0.01秒。细微之处见颠覆实力,不妥协就会诞生奇迹。这就是我的可能。一切超乎想象。自我范,心中路。

(选自丰巢概念广告)

2. 篇章

(1)消息:习近平将对朝鲜民主主义人民共和国进行国事访问

应朝鲜劳动党委员长、朝鲜民主主义人民共和国国务委员会委员长金正恩邀请,中共中央总书记、中华人民共和国主席习近平将于6月20日至21日对朝鲜民主主义人民共和国进行国事访问。

(选自央视《新闻联播》)

(2)消息:拉林铁路布喀木隧道顺利贯通

拉萨至林芝铁路全线控制性工程——布喀木隧道2日顺利贯通。布喀木隧道位于林芝市米林县境内,平均海拔3100米,全长9240米,最大埋深1381米。施工过程中克服了高地应力、涌水突泥、有毒气体等诸多难题。

(选自央视《新闻联播》)

(3)现场报道:世界机器人大会现场报道

观众朋友,现在我在的位置就是"世界机器人大会"的现场,在这里,我们仿佛可以看到十几年之后世界形态的一个初步呈现。在这里到处都是各种形态、各种声音的机器人，他们也都承担着各种不同的功能。在我身后的这种机器人，现在随着音乐的声音摆出了整齐划一的舞蹈动作。但其实他们可不仅仅只是作为一个观赏性的机器人，据我们了解，这一批机器人现在已经用于法院以及海关的一些安检的过程。

现在在现场我们可以看到一场非常精彩的人机大战，给我们带来这场表演的，就是一名人类的羽毛球运动员和一名机器人羽毛球运动员。大家可以看到，这个机器人羽毛球运动员，虽然说个头不高，但是这个挥拍是非常有力度的，而且从各个角度各个方向过来的时候他都能接到。这次机器人大会向全世界展示出了最先进、最前沿、最高端的机器人代表，相信它们来到这里也会给大家带来不一样的体验。

（节选自北京电视台报道）

（4）散文

一脚踏进昆明，心都醉了。论季节，北方也许正是搅天风雪，水瘦山寒，云南的春天却脚步儿勤，来得快，到处早像催生婆似的正在催动花事。有红梅、白梅、绿梅，还有朱砂梅，一树一树的，每一树梅花都是一树诗。

其实这还不是最深的春色。且请看那一树，油光碧绿的树叶中间托出千百朵重瓣的大花，那样红艳，每朵花都像一团烧得正旺的火焰。这就是有名的茶花。不见茶花，你是不容易懂得"春深似海"这句诗的妙处的。

想看茶花，正是好时候。翠湖的茶花多，开得也好，红彤彤的一大片，简直就是那一段彩云落到湖岸上。华庭寺有棵松子鳞，是明朝的，五百多年了，一开花，能开一千多朵。大理地面还有一棵更老的呢，上千年了，开起花来，满树数不清数，都叫万朵茶。

我对着茶花沉吟起来。茶花是美啊。如果用最浓最艳的朱红，画一大朵含露乍开的童子面茶花，岂不正可以象征着祖国的面貌？

（节选自杨朔《茶花赋》）

（5）人物纪录片：钱币顶级设计师余敏

他是世界硬币大奖终身成就奖获得者，慧眼匠心，令钱币展现中华民族的万千神韵，钱币顶级设计——余敏。

画平面图稿，创作油土浮雕，石膏翻模，再反复修改至完美，这是余敏日常的工作状态。从眼到心再到指尖，整个过程沉默不语，只享受安静，纯粹的脑力激荡。

然而，2017年农历新年刚过，余敏这份远离尘嚣的宁静，就被打破了。2017年

2月4日,德国柏林,在这个风格简朴的颁奖仪式现场,颁奖嘉宾将第34届克劳斯世界硬币大奖,终身成就奖,颁发给了上海造币有限公司的高级工艺美术师余敏,这是世界硬币界对中国造币成就的最高褒奖。

刀与笔结合,平面与立体相映,思维与力量凝聚,钱币在方寸之间,将金属的坚硬、柔韧、光泽运用到极致,通过设计者的慧眼、雕刻者的匠心与制造者的妙手,深沉精美地展现着一个民族在文化、历史、哲学和艺术上的万千神韵。

(选自央视《人物》)

(6)主持人谈话:菲律宾的编织屋顶

观众朋友,咱们中国有句老话,说淘气的孩子三天不打,上房揭瓦。这句话在热带就没法用了,因为这里的房顶都是用树叶做成的。这个针线活可是相当大的手笔,尖细的叶子是针线,宽大的叶子就是布料了。就算是巧手的裁缝,要织出一片屋顶,遮住一片天,也不是那么容易的。这编房顶可不是小事儿,如果扎得不结实,最后还得返工,那可真叫添乱了。

(选自央视《正大综艺》)

(7)晚会主持:壬辰龙年春节联欢晚会主持词

男:亲爱的朋友们,大家……

合:过年好!

男:这里是中国中央电视台壬辰龙年春节联欢晚会的直播现场。感谢全国各族人民,感谢全世界的中华儿女跟我们一起喜迎壬辰龙年!

女:这里是高朋满座的团圆大联欢!感谢电视机前的千家万户又一次准时守候!感谢各位现场的来宾携家人与我们团聚一堂,共度除夕!

男:这里是全新打造的春晚舞台!在这里要感谢所有的观众朋友们在过去的整整三十年里和中央电视台的春节联欢晚会相携相守,相亲相知!

女:在这迎春纳福的喜庆之夜,感谢中华民族传承千载的伟大文明,让我们喜庆团圆的中国年恩泽万代,福佑东方!

男:这正是:看今朝,九州春色起龙年,八方欢歌庆团圆。

女:新人新岁新意满,拜亲拜友拜大年!

男:即将到来的一年是壬辰龙年,龙是中华民族的图腾,所以一到龙年啊,咱这心里是特别期盼,特别高兴。我想要是这属龙的朋友今晚登台表演也一定会特别投入,他呀要和自己的一位朋友带来一段充满激情的表演。让我们掌声欢迎王力宏、李云迪……

女:观众朋友,我们今年春晚的主题是回家过大年。这一到过年啊,对于咱们中国人来说，无论家有多远、路有多难、天有多冷，都挡不住游子回家的脚步。因为那里有爹妈期盼的眼睛，那里有我们的根，而春节的根延续的也是中华儿女世世代代的血脉情缘，它总能够在这个特殊的日子里，指引着我们回到最初的家园。

男：文化是民族的血脉，是人民的精神家园。千百年来，习俗在变，但是回家团聚的渴望不会改变；拜年的形式在变，但是晚辈尊敬长辈的心意是永远不会变的。无论岁月如何变迁，无论习俗如何改变，那血浓于水的亲情永远不变……

女：东海涌春潮莺歌燕舞，中天辉丽日虎跃龙腾。

男：西域起龙图呈祥献瑞，中原闻鹊喜祈福拜年。

女：南地响鞭炮迎新辞旧，中宵传贺语恭喜发财。

男：北国沐龙光人和政善，中花开盛世物阜民安。

女：亲爱的朋友们，龙是中华民族的图腾，龙年是属于每一位中华儿女的年份。每到这一年啊，我们的心里会格外地期盼，格外地高兴。在龙年钟声即将敲响的时候，我们也要再一次深情地祝愿，祝愿中华民族走向伟大复兴，祝愿我们的祖国繁荣富强，祝愿百姓生活幸福安康，祝愿我们每一位在新的一年都能够一路阳光！

男：今夜让我们举杯，用最朴素的语言祝福生活！

女：今夜让我们共舞，用最美丽的心情迎接春天！

男：感谢朋友们携家人来到现场，更要感谢电视机前的观众朋友，和我们一起迎来了壬辰龙年中央电视台春节联欢晚会。要和大家说再见了，让我们一起用微笑拥抱龙年！

# 第八单元 喉部控制

喉部构造决定了一个人声音的特征,但是发声方法不同,声音的质量会有很大的差异。用声方法是可以通过训练改善的。没有经过发声训练的人往往在喉部控制方面存在一些问题,比如喉部紧张用力、挤压嗓子,或者用声过实、过虚,超出了语言表达需要的范围和程度等等。喉部控制的掌握不仅能为语言表达增色,还能延长嗓子的使用寿命,防止由不科学发声引发的喉部疾病,让声音"得心应口"。

喉位于气管上端,是气息作用的直接目标,是呼吸通道的一部分,气流经过声带,使其振动,产生喉原音,它的基本功能是制声。喉原音未经声道的扩大和调制,声音很微弱。

声带是喉的一部分,它前端在最大的软骨的后端,大约2cm左右,附着在2块软骨上。声带呈瓷白色,无血管附着。男生比女生声带长,男生声带大于2cm,女生声带小于2cm。声带上有黏膜,像水的波纹一样对称振动的是黏膜液。声带上不能长任何东西,要有完好的闭合,声音才能干净。声带闭合不好,声音就会哑。声带上长东西,声音也会哑。

第一节 喉部控制的要领

一、喉头相对稳定

喉头要相对固定,提喉发音会使声音带有"挤"的色彩;压喉发出的声音听起来"空",影响吐字的清晰。因此,保持喉头的相对稳定是获得自然、通畅的声音的基础。发声时,我们要结合自身条件找到适合自己的用声位置。

二、喉部相对放松

发音时,两条声带不是紧密闭合的,而是轻松靠拢的状态,喉部在放松的状态下,肌肉活动才能灵活自如,产生泛音共鸣丰富的声音。声带紧密闭合的状态下,发出的声音硬而直,会造成声带疲劳。喉部着力越大,声音越暗淡。

喉部放松会造成的感觉可以概括为:用吸气的状态发音。吸气时,声带呈轻松张

开的状态,尽管发音时两声带不可能是打开的,但尽量保持这样的意念发音,两声带就能轻松靠拢。如此发出的声音,是虚实声结合的音色柔和的声音,听起来亲切自然。

三、喉部控制与呼吸控制、口腔控制的配合

在发声过程中,喉部控制不能脱离呼吸控制和口腔控制单独进行,三者必须紧密配合,协调动作,才能发出合乎质量要求的声音。

由于声带松紧、薄厚的变化,声门控制状态产生变化,使声音呈现高低、强弱、明暗、虚实等变化,这些变化离不开另一个重要的支持——气息。喉部控制的要领是使声带闭合力和气息压力产生一个最佳的配比关系。一定的声音状态应有相应的气息压力来支持。在实际用声当中,往往会出现声音已经变化了,而气息状态却僵死不变的情况。长期这样用声会导致声嘶力竭或声带病变。另外,气息和声带的闭合在时间上要配合好,做到气到声闭。

对喉部保护的核心就是放松。声音不好首先是气息不支持,气息不支持就拼嗓子,就是喉部着力了。声音的变化体现气息的状态。发声时应注意气息压力与声带闭合力的配比关系。

喉部放松的主要练习方法是气泡连音。发气泡连音时,喉部是放松的,声带也是放松的,但能发出声音来。气泡连音 eeeee……ei 送出一个正常的声音,保持声带放松的状态。从单发时获取放松的感觉,把这种感觉移植到正常的发音过程中。

不同音色的喉原音在口腔内受到咬字器官的节制,形成不同的语音。为了使喉部相对放松,除了注意气息的供给,还必须强调和口腔控制的配合。在发声时唇舌无力,不仅会造成吐字含混,还会加大喉的负担,导致喉部处于紧张状态,影响声音质量。

我们通常将喉部控制与呼吸控制、口腔控制的配合概括为:"抓两头,解放中间",两头分别指气息和口腔控制,中间指的是喉部。三者相配合的目的就是实现喉部的相对放松。

四、把握好基本音色

播音发声的基本音色是以实为主、虚实结合的声音,要有一定的亮度,但并非越亮越好。声音实、虚、亮、暗都是声带的不同状态产生的,任何一种状态如果过分使用就会对声带造成损害。很多人声音往往用得过亮,致使喉部过分紧张,发出的声音不柔和。

五、用声状态积极、有感情

在发声时,我们的用声状态要积极自然,对稿件有热情,有较强的播讲愿望,并且能够有目的、有变化地发声。被动的、冷漠的、机械的、无目的的发声必然加剧喉部的疲劳感。

六、克服不良用声习惯

用声时,我们应注意自己的体态、动作,不能仰头、低头或偏头,这些不良习惯会使喉部产生压迫感,影响声音质量。正确的用声姿态是头要正,眼睛平视,下颌微收,双肩自然下垂,胸部放松。

第二节 发声能力拓展训练

一、音高变化训练——扩展音域

音高变化的范围叫作音域。扩展音域是扩展音高的变化范围,在戏曲、曲艺艺术中,被称为"吊嗓"。音域的扩展训练是播音专业人员必要的基本功训练。通常,人们自然养成的音域只有半个八度,音域扩展训练的目标是接近或者达到两个八度。通过训练,我们的音域大于通常用声时音高的变化范围,声音的使用才能游刃有余。

扩展音域最常使用的训练方法有两种:一种是声音的上绕下绕练习;另一种是用同一首诗歌进行不同音高范围的朗读。

1. 螺旋式上绕、下绕练习

这个练习从自然音高开始,发 a 音或者 i 音,层层上绕,气息要拉住,小腹逐渐收紧,这是上绕。下绕练习从自然音高开始发 a 音或者 i 音,层层下绕,上绕时气息要拉住,下绕时气息要托起,小腹逐渐放松。周而复始,循序渐进。

2. 阶梯式升高、降低练习

这个练习先用单音节字从说话音域自然音高中某一个音开始,连续发音,依照音阶逐次升高或降低。练习时注意说与唱的区别,避免发出唱声。然后可以扩展到语句练习,在保持合理语势的情况下,整体提高或降低音调。训练时应注意与呼吸控制的配合。

3. 用不同的音高朗读同一首诗

这个练习用不同的音高朗读同一首诗,结合朗读诗歌的要求,注意内容和情感的表达,不是单纯地去做一种声音训练。

做上述练习要注意,首先量力而行,也就是说要从自然音色比较好的音高开始逐步地向高低两个方向扩展。然后借助工具进行判断,如用钢琴或者校音器来确定上绕音、下绕音的音域范围。从最低音发到最高音,再从最高音发到最低音,根据自己的能力范围,在保证音色质量的前提下做上绕和下绕练习,这个能力范围的中间部分就是声音的最佳使用范围。

4. 综合练习

提示:注意每个句子起音高度要有变化,特别是相同句式反复出现时。

(1)诗词

桃夭 《诗经·国风·周南》

桃之夭夭,灼灼其华。之子于归,宜其室家。
桃之夭夭,有蕡其实。之子于归,宜其家室。
桃之夭夭,其叶蓁蓁。之子于归,宜其家人。

(2)散文

物我两忘 刘墉

一位舞蹈家说,在我上场之前,我先尽量地放松,使舞蹈的情绪与冲动渐渐提升起来。然后我便觉得地板不再是冷硬的地板,而变成了我的朋友。她是那么的温柔而且有弹性,仿佛是我爱人的肌肤一般,她张开双臂,迎接我投入其间。于是我便轻盈地,仿佛出壳的魂魄,把自己对生命的爱,以一种浑然的姿态,融入其中。我已经不知道什么是舞台,什么是我,什么是音乐,什么是动作,因为我就是舞,舞就是灵魂。

一位钢琴家说,在我还没有弹出第一个音符的时候,我以极短的时间,调整自己的呼吸,仿佛是弓箭手,将箭搭在弦上的一刹那,他的心不在弓,也不在箭,而在靶上。同样的,我的心不在琴键,不在观众,甚至不在音符,而在那浑然一体的爱和赞颂。这时那原本冷硬的琴键也便不在冷硬,而仿佛是正在召唤我似的,叫我以十指、身体和全部的生命投向它。我还可能有什么惧怕吗?因为我已不再是我,琴已不再是琴,我就是琴,琴就是音乐,音乐就是生命啊!

所以当你觉得舞台是硬的,琴键是冷的,观众是可怕的,自己是怯懦的时候,绝不可能有最佳的表现。只有媒体不再是媒体,过程不再是过程,神理合一、物我两忘的时刻,才能达到艺术的最高境界。

二、音强变化训练——调节响度

在日常生活当中，人们说话的声音响度变化的幅度一般不大，而声音响度的变化在艺术语言创作当中是必须要有的。另外，在没有扩音设备和噪声比较大的环境当中，专业人员用声的声音响度要高于非专业人员。因此，对声音响度的调节要经过一定的训练才能满足有声语言艺术使用的要求。音强变化的训练也被称为调节响度，戏曲、曲艺艺术中被称为"喊嗓"。

声音响度的变化主要取决于气息压力的变化，二者是成正比的，另外还和共鸣以及声带的作用有关系。当音强产生变化时，应特别注意气息状态的支持，灵活变化气息状态，使其和喉部声门的闭合力处于一个较为和谐的配比关系，不能生拼嗓子。声音响度调节的训练方法和要领有以下几点：

第一，利用设想听众人数的方法来变化音量，从感觉上去调整。比如一对一，一对十，一对一百，一对几百等。在没有扩音设备的情况之下，练习者必须根据听众人数多少来调节声音的大小。在声音响度从小到大的练习过程中，练习者始终有目标感、对象感，不至于空喊。

第二，利用设想同听众之间不同距离的方法，做变化音量的练习。比如说面对面到相隔几排桌椅，到隔着一间屋子或隔着一条马路，到两个山头之间，在这种空间感觉的引导下调节音量。

第三，利用不同的语言方式或语体来变化音量。比如自言自语、谈心、朗读、演讲或者领诵，不同的方式、不同的语体，需要有音量的变化。

声音响度的调节需要注意的问题：

第一，音量和音高不一定成正比。

我们日常生活当中的发声习惯是音量一大声音就高，音量一小声音就低。在训练的时候，我们要特别注意进行一些与平日习惯不同的练习，比如小音量高音练习、大音量低音练习。

第二，音量和吐字力度不一定成正比。

从我们的生活习惯来看，音量大的时候往往咬字力度是加大的，致使声音变得僵直；而音量小的时候，咬字的力度也随之减小，字音含混不清，音色也不好听。但是在有声语言艺术创作当中，我们要注意把握音量和咬字力度的关系，音量减小时，咬字力度加大，使音色保持一致。

在进行上述练习的时候，我们还要注意量力而行，从中等音量开始逐步向大小两个方向发展，把握相对统一的音色，大音量不喊不挤，小音量不压不捏。

练习:朗诵《长江之歌》。

要求:①设置不同听众人数。②设置不同用声环境,如话筒前、小礼堂、人民大会堂等。

你从雪山走来,春潮是你的风采,
你向东海奔去,惊涛是你的气概。
你用甘甜的乳汁,哺育各族儿女,
你用健美的臂膀,挽起高山大海。
我们赞美长江,你是无穷的源泉,
我们依恋长江,你有母亲的情怀。
你从远古走来,巨浪荡涤着尘埃,
你向未来奔去,涛声回荡在天外。
你用纯洁的清流,灌溉花的国土,
你用磅礴的力量,推动新的时代。
我们赞美长江,你是无穷的源泉,
我们依恋长江,你有母亲的情怀。
啊!长江!

三、音色变化训练

1. 取得和稳定基本音色

具体练习的要求如下:

第一,要有相对较大的口腔开度,这个开度不是张大嘴,而是打开后声腔,口腔前部的动作不要过大。

第二,舌头要自然平,稍收拢,上下齿微露,唇齿相依,口腔前庭也就是唇齿之间不留空隙。

第三,各咬字器官要保持均衡的紧张状态,这种均衡的紧张状态不等于不用力。

第四,吸气吸到七八成满,呼气要均匀平稳。

第五,依据自己习惯的音量和音高以及对音色的评价标准发出标准的 a 音,基本音色是以实为主、虚实结合的音色。

按照以上要求发 a 的延长音,取得和稳定基本音色。a 音是普通话语音当中口腔开度最大的一个音素,也是在汉语当中出现频率比较高的一个音素。用 a 的发音作为声音训练的主要方法之一,有利于取得符合特定艺术形式要求和自身条件的最佳音色,并且可以使这种基本音色稳定下来。另外,通过发不断延长的具有稳定音色的 a 音还可以提高气息的控制能力。

2. 基本音色的虚实变化

在取得和稳定基本音色的基础上,还应求得声音色彩的变化。我们训练的是声音色彩,不是音色。音色不能改变,但声音色彩是可以改变的。声音色彩变化主要表现为声音的虚实变化,这种虚实变化是在以实为主、虚实结合的基本音色的基础上来进行的。实声是声门闭合紧、无缝隙、明亮坚实的声音;虚实声的声门状态较实声稍松,略有缝隙和气流的摩擦声;虚声的声门状态没有完全闭合,气流摩擦声较大;发气声时,声门状态大开,声带基本不颤动。

虚实声的变化要求喉头虚声不松懈,实声不捏紧;气息流量,虚声的时候不多,实声的时候不少;咬字力度,虚声的时候不松,实声的时候不紧。当然这都是相对的,不是一成不变的。

具体的练习步骤:

第一,做单元音虚实对比练习。以单元音 i 和 a 为主,先发实声的 a 音和 i 音,再发相对虚的 a 音和 i 音,最后做由虚向实或者由实向虚的过渡练习。

第二,是词语的起声状态练习。这种练习可以以两字词为主,两字词的第一个字硬起,也就是用实声来起声;再软起,用虚实结合的音色;最后,用气起声,也就是用虚的音色来起声。

第三,短句的虚实结合练习。可以用五言诗或七言诗的诗句练习,根据诗的思想感情和内容,在每一句当中安排不同的词语发虚或实或虚实结合的声音,使不同色彩的字词自然组合成一句。

(1)虚实对比练习

a(实)—a(虚)　i(实)—i(虚)　a(虚)—a(实)　i(虚)—i(实)

大海(实)—大海(虚)　伟大(实)—伟大(虚)

飞沙走石(实)—飞沙走石(虚)

大刀阔斧(实)—大刀阔斧(虚)

(2)虚实过渡练习

微波浩渺(虚实)的海面上,霎(虚)时间(虚实)洒(虚)遍了银光(虚实)。

(3)综合练习

声音色彩的虚实变化,要依据稿件情感的变化。每个人对稿件的理解不同,变化方式也会有所不同。声音色彩的变化层次是丰富的,我们运用时不能生搬硬套。

①诗词

黄鹤楼　　崔颢

昔人已乘黄鹤去,此地空余黄鹤楼。

黄鹤一去不复返,白云千载空悠悠。
晴川历历汉阳树,芳草萋萋鹦鹉洲。
日暮乡关何处是?烟波江上使人愁。

②新闻

传统经典进校园

央视网消息:为了更好地弘扬中华优秀传统文化,湖北通过推进"戏曲进校园""传统经典进校园"等活动,让学生体悟传统、接触经典。

在湖北省戏曲艺术剧院,每天都有一群11到15岁的孩子在这里苦练戏曲。这156名戏曲苗子,是从湖北20多万名中小学生中层层选拔出来的。

湖北是中国戏曲的重要发源地,汇集京剧、汉剧、楚剧、黄梅戏、花鼓戏等32个剧种。为了将戏曲这一传统文化传承好,湖北还把戏曲作为一门课程,在武汉市的所有大中小学进行普及。

近几年,湖北还在中小学校开展经典诵读活动,不仅要求学生每天利用早读时间阅读散文诗歌、唐诗宋词,每两周还会用一节课时间评析经典著作。从今年起,湖北每年将投入3000多万元用于戏曲和传统文化的传承发展。

(选自央视《新闻联播》)

广西野生金花茶怒放兆丰年

本台消息:在广西十万大山,我国特有的珍稀濒危植物40多万株野生金花茶正迎来灿烂盛放的季节,金花茶被称为"植物界的大熊猫",目前全世界九成的数量分布在十万大山兰山支脉一带。

(选自央视《新闻联播》)

③散文

曲曲折折的荷塘上面,弥望的是田田的叶子。叶子出水很高,像亭亭的舞女的裙。层层的叶子中间,零星地点缀着些白花,有袅娜地开着的,有羞涩地打着朵儿的;正如一粒粒的明珠,又如碧天里的星星,又如刚出浴的美人。微风过处,送来缕缕清香,仿佛远处高楼上渺茫的歌声似的。这时候叶子与花也有一丝的颤动,像闪电般,霎时传过荷塘的那边去了。叶子本是肩并肩密密地挨着,这便宛然有了一道凝碧的波痕。叶子底下是脉脉的流水,遮住了,不能见一些颜色;而叶子却更见风致了。

(节选自朱自清《荷塘月色》)

④文学欣赏节目稿

关雎 《诗经·国风·周南》

关关雎鸠,在河之洲;窈窕淑女,君子好逑。
参差荇菜,左右流之;窈窕淑女,寤寐求之。
求之不得,寤寐思服;悠哉悠哉,辗转反侧。
参差荇菜,左右采之;窈窕淑女,琴瑟友之。
参差荇菜,左右芼之;窈窕淑女,钟鼓乐之。

您刚刚听到的这首《关雎》在中国文学史上占据着特殊的位置,它是《诗经》的第一篇,而《诗经》是中国文学最古老的典籍。这首诗从一个看似与主题无关的事物——"雎鸠"入手兴起,引出心声,抒泄胸臆。雎鸠是一种水鸟,在每年的求偶季节里,已经结伴成定偶的雄鸟与雌鸟会如约聚首,双双出没于江河湖泊中的沙洲嬉戏觅食,并时常发出"关关"的和鸣。据说这种鸟用情专一,不离不弃,生死相伴。以"雎鸠"兴起全诗,表达了纯真、美好的男女之情。

《关雎》一诗中有许多千古传颂的佳句。如"窈窕淑女"一句,"美心"为"窈","美状"为"窕",赞扬女子是内外兼修的佳人。又如"辗转反侧"一句,极为传神地表达了恋人的相思之苦,后来白居易《长恨歌》"孤灯挑尽未成眠",就是从这里化出的名句。

《论语》中虽然多次提到《诗经》,但作出具体评价的作品,却只有《关雎》一篇,谓之"乐而不淫,哀而不伤"。在孔子看来,《关雎》是表现"中庸"之德的典范。

四、喉部控制综合训练

训练提示:以下训练应注意语境对用声的规定性,将对于音高、音强、音色的训练综合起来加以运用。

1. 晚会主持:华益慰——"值得托付生命的人"

(演播室现场主持)

亲爱的观众朋友们,晚上好!让我们一起走进《感动中国》颁奖盛典。和往常一样,我们聚集在这里,一起收获上一个年度留给我们的感动,它可以让我们感到温暖,它让我们的心灵向善,更重要的是,让我们感觉到了一种继续向前走的力量。

我们先来了解这个名字,他与中国历史上的名医华佗同姓,他用优秀的职业技术使所有来到他身边的病人受益,他让我们所有人对这个职业的期待得以安慰。这可能就是华益慰这三个字,连在一起带给我们的感动。

（专题片配音）

华益慰是著名医学专家，一生兢兢业业，被患者誉为"值得托付生命的人"。华益慰医术高明，行家称华益慰的手术特点是精巧细腻，好似绣花，十分精湛。别人用一号线，他甚至用零号线，尽可能减少病人的损伤。不仅如此，他更像亲人一样为患者着想，这正是华益慰一生所秉承的"医乃仁术"。为了给病人省下上万元的手术费用，华益慰经常采用传统的方法，忍受着腰部的剧痛，伏在手术台上四五个小时精心缝合，这样患者只需花费400元钱。从医56年，华益慰只做着一件事，那就是对得起病人。

（演播室现场主持）

推选委员给予华益慰高度评价，推选委员会的感动印象是：不拿一分钱，不出一个错，这种极限境界，非有神圣信仰不能达到。他是医术高超与人格高尚的完美结合。他用尽心血，不负生命的嘱托。获奖者——华益慰。

（改编自央视《感动中国》）

2. 纪录片解说：《舌尖上的中国》第四集《家常》

家，生命开始的地方，人的一生走在回家的路上。在同一屋檐下，他们生火、做饭，用食物凝聚家庭，慰藉家人。平淡无奇的锅碗瓢盆里，盛满了中国式的人生，更折射出中国式伦理。人们成长、相爱、别离、团聚。家常美味，也是人生百味。

桌椅出现之前，中国人吃饭是分食制。经过了1400多年，才开始围桌合餐。四代同堂为丰收团聚起来，尽管是最普通的家常饭菜，也要讲究落座的顺序和朝向。祖爷爷90岁，一辈子做农事，正对院门的座位要留给他，这是传统中国长幼尊卑的秩序。吃着自己种的粮食，一家人因为勤劳而感到踏实。无论天南海北，只要属于家庭的重要时刻，中国人都会团聚在餐桌周围，感受着血缘亲情的凝聚和抱团生存的力量。这，也是一个家族在严酷环境下生生不息的奥秘。

第九单元　共鸣控制

气流经过声带，使其振动，产生了一种非常微弱的声音叫喉原音。喉原音只有经过声道共鸣腔才能被扩大和调制。在这一调制过程中形成了字音。调制科学合理，还会对声音起到美化的作用，使声音清晰圆润、泛音丰富。几个共鸣腔的共同作用，使声音浑厚不失明亮，扎实不失柔和。因此，共鸣控制是改善声音质量的重要环节。

第一节　播音共鸣的特点和控制要领

一、共鸣器官及播音共鸣的特点

共鸣器官由喉以上的喉腔、咽腔（喉咽、口咽、鼻咽）、口腔和鼻腔（鼻窦、蝶窦、额窦），以及喉以下的气管和胸腔构成。

喉腔产生喉原音，声音很小，形成可以调节的声音的第一次共鸣。播音发声要求喉头放松，避免刺激迷走神经；喉头应相对稳定，避免喉部肌肉疲劳，保证喉原音的质量。

咽腔容积较大，管子较长，形状改变幅度较大，是重要的调节声音的共鸣腔。播音发声要求播音员主持人在发声过程中身体坐正，后咽壁积极、正直并保持一定的坚韧度，同时强调软腭抬起的积极状态。

播音发声以口腔共鸣也就是中部共鸣为主。在发声过程中，口腔最为灵活，是非常重要的可以调节声音的共鸣腔。我们要用以下要领打开后声腔：提颧肌、打牙关、挺软腭、松下巴。同时，唇舌力量要集中，注意声音的着力位置，也就是响点：硬腭前部的腭前区。字音是在口腔内形成的，我们必须结合吐字运用口腔共鸣，以保证字音清晰、字正腔圆。

鼻腔产生的共鸣修饰色彩强，鼻腔共鸣的适量使用可以使声音集中、明亮。发声时，我们可以依靠软腭的挺与垂来改变鼻腔共鸣的大小。如果鼻音过重，就要挺软腭，使软腭积极运动，并与口腔共鸣相结合，将声音的着力点放在硬腭前部。

胸腔容积大，低频共鸣明显，胸腔共鸣可以使声音浑厚、结实。发声时，两肋打开撑住，保持积极状态，在腹壁站定时能自由开合。对胸腔有积极的控制意识就好。如果气息全集中在胸部就会导致两肋僵死。另外,胸部的响点不是固定不变的,也不是所有节目都需要丰富的胸腔共鸣,需结合具体情况灵活调节。如果共鸣量过强,会产生"音包字"的现象,影响字音的清晰度。

根据播音主持工作的新闻属性,声音要朴实、自然、大方,因此播音发声共鸣的特点是以吐字清晰为前提,以口腔共鸣为主,以胸腔共鸣为基础,泛音共鸣适量的声道共鸣方式。播音发声中,我们要做到灵活变化各种共鸣的比例,保证共鸣控制与呼吸控制、口腔控制、喉部控制的协调配合。

二、共鸣控制的要领

发音的整体感觉:气息下沉,两肋扩张,喉部、胸部放松,声音像一根弹性声音柱,有胸部的支持垂直向上,经口咽处流动向前,沿上颚中线前行,"挂"于硬腭前部,透出口外。声音通畅,运行自如。具体应注意以下几点:

第一,脊背直而舒展,颈不要前探或后坐,颈前部肌肉放松,保持咽管的通畅,利于发挥咽腔的共鸣作用。

第二,胸部放松。不要故意挺胸,吸气不应过满,否则容易造成胸廓僵硬,不利于灵活调节胸部共鸣。发音时放松胸部,主观感觉声音像从胸部响点透出,有利于增加胸部共鸣色彩。

第三,适当打开后槽牙,使槽牙之间有一定距离,下颌活动灵活,不要"咬牙"发音,取得丰富的口腔共鸣。

第四,感觉经口咽出来的声束,沿上颚中线前行,向硬腭前部流动冲击,透出口外,声音明朗集中,增强发声效率。

第五,共鸣与呼吸控制密切相关。共鸣调节只有通过气息调节才能实现。较强的共鸣需要足够的气息量;高泛音共鸣需要空气柱有较高的密度与压力,小腹控制较紧;低音共鸣的运用需要一定气息量,小腹控制较松;中音共鸣比较节省气力,但空气柱也需要一定的密度与流量,才能把声音送到口腔前部,充分发挥口腔的共鸣作用。气流过强或过弱都不利于共鸣的灵活调节。

第二节 共鸣控制的训练

一、共鸣状态练习

一是,以自己感觉最舒服的音高发六个单元音 a、o、e、i、u、ü,体会上下贯通的共鸣状态。发音时,如果我们用手轻按前胸上部和两颊,就会感到振动。

二是,降低声音高度发六个单元音,体会胸腔共鸣的加强;提高声音高度发音,体会胸腔共鸣的减弱、共鸣位置的上移。

二、胸腔共鸣训练

1. 体会练习

(1)发 ha、hei

将手放在胸前,发 ha 或者 hei,随着声音高低变化,胸部的振动感会减少或增加。胸腔振动明显时,声音是低沉、浑厚的,仔细体会这时胸廓的开度和两肋积极的状态,并把这种感觉贯穿或者移植到其他的发声训练当中。

(2)用夸张上声体会

好 hǎo　　美 měi　　海 hǎi　　吼 hǒu　　访 fǎng　　板 bǎn

2. 多音节词训练

这组词开口度较大,发这组词便于我们体会胸腔共鸣。注意先找到积极的两肋撑开的状态。

淡雅　畅游　傍晚　朝阳　宝藏　贝雕　苍茫　灿烂　婵娟　长征
刀山火海　　眉飞色舞　　豪言壮语　　鹏程万里　　拔苗助长

3. 诗词

渔家傲·秋思　　范仲淹

塞下秋来风景异,衡阳雁去无留意。四面边声连角起。千嶂里,长烟落日孤城闭。

浊酒一杯家万里,燕然未勒归无计。羌管悠悠霜满地。人不寐,将军白发征夫泪。

4. 歌词

大海啊,故乡　　王立平

小时候妈妈对我讲,大海就是我故乡,海边出生,海里成长。大海啊大海,是我生活的地方,海风吹,海浪涌,随我漂流四方。大海啊大海,就像妈妈一样,无论天涯海角,总在我的身旁。大海啊故乡,大海啊故乡。

三、口腔共鸣训练

口腔是人体可调节的最重要的共鸣腔,口腔也是字音的制造场,因此口腔共鸣的调整应结合字音进行训练。本书口腔控制部分的训练同时适用于口腔共鸣训练。

1. 声抵硬腭前的体会

(1) 音节训练

打开牙关,发出以下复韵母,体会声束沿上颚前行,"挂"于硬腭前部的感觉。

ai　ei　ao　ou　iao　iu　ian　ui

发出以下较短促的音节,体会声束冲击硬腭前部的感觉。

ba　bi　bu　pa　pi　pu　ma　mi　mu

(2) 象声词训练

当啷啷　吧嗒嗒　滴溜溜　咣当当　呼啦啦　咕噜噜　扑通通

2. 诗词

题菊花　黄巢

飒飒西风满院栽,蕊寒香冷蝶难来。
他年我若为青帝,报与桃花一处开。

春晓　孟浩然

春眠不觉晓,处处闻啼鸟。
夜来风雨声,花落知多少。

四、鼻腔共鸣训练

1. 体会练习

增加和减少鼻音共鸣是由软腭的下垂和挺起来进行调节的,软腭抬起,鼻腔共鸣减少。可以用 a、i 两个元音来体会软腭不同状态下,交替发出两个元音的口音和鼻化元音,体会软腭的不同状态及产生的不同声音色彩。

2. 鼻音词汇训练

面容　面孔　年龄　牛郎　泥泞　版面
昏黄　洋装　温暖　瓮中　晚班　横眉

3. 诗词

月夜忆舍弟　　杜甫

戍鼓断人行,边秋一雁声。
露从今夜白,月是故乡明。
有弟皆分散,无家问死生。
寄书长不达,况乃未休兵。

4.岔曲

夏景

【曲头】夏日天长,绿柳成行。池塘内荷花点点,映红妆。卧竹床,手倦抛书午梦长。

【曲尾】闲游避暑消永昼,窗儿外绿茵茵,芭蕉弄影摇纱帐,向晚来精神爽,风透罗衣阵阵生凉。

五、音高变化的共鸣训练

1.拔音练习

即由最低拔向最高发 a、i、u,体会共鸣状态的变化。

2.绕音练习

一种是上绕音,由低至高螺旋向上发 a、i、u;一种是下绕音,由高至低螺旋向下发 a、i、u。

六、共鸣综合训练

1. 寓言

冬天与春天

冬天讥笑春天,专挑他的毛病,并责备他说,只要春天一到,人们就不再安静了,有的走进原野山林观赏风景,高兴地把采集来的鲜花插在头上;有的扬帆远航,漂洋过海到别的国家游玩,毫不担心什么狂风暴雨。他又说:"我却如同一个威严的帝王,我对天发令,使人们害怕狂风暴雨和大雪;我对地发令,使人们害怕天寒地冻;我强迫人们老老实实地只待在家里度日。"春天说道:"正因如此,人们希望尽早地告别冬天。人们认为我的名字就是美丽。宙斯也说,春天是所有名字中最美的。因此,人们总是盼望春天来到。"

这是说,威逼强迫只能使人产生反感,和煦温馨却使人向往。

(选自《伊索寓言》)

2. 寓言

狗、公鸡和狐狸

狗与公鸡结交为朋友,他们一同赶路。到了晚上,公鸡一跃跳到树上,在树枝上栖息,狗就在下面树洞里过夜。黎明到来时,公鸡像往常一样啼叫起来。有只狐狸听见鸡叫,想要吃鸡肉,便跑来站在树下,恭敬地请鸡下来,并说:"多么美的嗓音啊!太悦耳动听了,我真想拥抱你。快下来,让我们一起唱支小夜曲吧。"鸡回答说:"请你去叫醒树洞里的那个看门守夜的,他一开门,我就可以下来。"狐狸立刻去叫门,狗突然跳了起来,把他咬住撕碎了。

这故事说明,聪明的人临危不乱,巧妙而轻易地击败敌人。

(选自《伊索寓言》)

3. 小故事

骆驼跳舞　阿诺德·洛贝尔

骆驼决心成为一名芭蕾舞演员。她说:"要使每个动作高雅完美,这是我唯一的欲望。"

她一次又一次练习足尖旋转,反复用足尖支立身体,单腿站立,伸前臂,抬后脚,每天上百次地重复这五个基本姿势。在沙漠炎热的骄阳下,她一直练了好几个月,脚起了泡,浑身酸疼不已,但是她从未想过停下不练。

终于,骆驼说:"现在我是一名舞蹈演员了。"她举行了一个表演会,在邀请来的朋友和评论家面前翩翩起舞。跳完后,她深深地鞠了一躬向大家致谢。

观众没有一个鼓掌。其中有一位发言说:"作为一名评论家和这群伙伴的代言人,我必须坦率地对您说,你的动作笨拙难看,你的背部弯弓,圆滚滚的凹凸不平。你跟我们一样,生来是骆驼,成不了芭蕾舞演员,将来也成不了!"

观众中有的悄悄地讪笑着,有的大声嘲讽着。就这样,他们穿过沙漠离去了。

"他们这样认为可就错了。我刻苦地进行训练,毫无疑问,我已经成为一名出色的芭蕾舞演员了。我跳舞只图自己快活,所以我要坚持不懈地跳下去。"

她真的这样做了,这使她愉快了好些年。

——知足者常乐。

第十单元　声音弹性

第一节　声音弹性及其获得

学习普通话语音发声,我们认识了如何使自己语音纯正,声音悦耳,但不能仅仅满足于此。因为纯正悦耳的语音也许并不能恰当地表情示意,我们获知的许多概念和情绪是由声音的色彩决定的,比如一个"好"字,我们可以说出好的程度,也可以表示出反义的色彩。声音的色彩及其对比变化,直接服务于表达,是艺术语言层面对发声的要求。播音发声要求声音色彩丰富,具备可变性,通常称作"声音弹性"。

一、声音弹性

声音弹性是指声音对人们变化着的思想感情的适应能力,简单地说就是声音随感情变化的伸缩性、可变性。弹性这个词是一个物理学名词,在这里我们用在播音发声当中。人的思想感情总在不停地运动变化,这种思想感情的运动状态是播音创作的内在动力,在思想感情的支配下,气息、声音随之而运动变化,以体现出人们所感受到的一切,这就是播音表达的过程。播音表达需要富有弹性的声音,这种声音弹性需要通过训练来获得。

二、声音弹性的特点

第一,声音的可变性。离开了声音各方面的变化,那就谈不上声音的弹性,这里面最主要的是气息状态和声音色彩的变化。

第二,声音的变化呈现出对比性。也就是说,声音的弹性是在对比当中表现出来的,是相对的,比如气息的深浅以及急缓,声音的高低、强弱、虚实、明暗、刚柔以及薄厚等的对比。

第三,对比具有层次性。在每一组对比中都有不同的层次,而层次之间有细微的差别。人们对声音的控制水平越高,每一组对比中的层次越丰富。

第四,声音的弹性不是以单项对比的形式出现的,而是以多组对比复合的形式出现的,这就产生了变化多端的声音色彩。

三、声音弹性的获得

人的思想感情是运动的,声音是可变的,这两点是取得声音弹性的必要条件。运动着的思想感情是声音弹性的内在依托,是取得声音弹性的先决条件。

要使声音富有弹性一定要注意气息随感情的运动,因为气息是发声的动力,是由情及声的桥梁。

此外,发声能力的拓展是有利于声音弹性的加强的,我们在发声的各个环节上的控制都需要留有余地,这样才有利于声音弹性的产生。在任何一个环节上表现出运动的极限都是形成声音弹性的障碍。

第二节　声音弹性训练

训练提示:一是,注意声音色彩各要素与内在情感的配合;二是,注意声音色彩各要素的对比呈现;三是,注意声音色彩各要素的分寸把握;四是,声音色彩各要素与感情色彩没有绑定关系,应丰富表达手段。

一、声音要素对比训练:高与低

喜悦　　王蒙

高兴,这是一种具体的被看得到摸得着的事物所唤起的情绪。它是心理的,更是生理的。它容易来也容易去,谁也不应该对它视而不见失之交臂,谁也不应该总是做那些使自己不高兴也使旁人不高兴的事。让我们说一件最容易做也最令人高兴的事吧,尊重你自己,也尊重别人,这是每一个人的权利,我还要说这是每一个人的义务。

快乐,它是一种富有概括性的生存状态、工作状态。它几乎是先验的,它来自生命本身的活力,来自宇宙、地球和人间的吸引,它是世界的丰富、绚丽、阔大、悠久的体现。快乐还是一种力量,是埋在地下的根脉。消灭一个人的快乐比挖掘掉一棵大树的根要难得多。

欢欣,这是一种青春的、诗意的情感。它来自面向着未来伸开双臂奔跑的冲力,它来自一种轻松而又神秘、朦胧而又隐秘的激动,它是激情即将到来的预兆,它又是大雨过后的比下雨还要美妙得多也久远得多的回味……

喜悦,它是一种带有形而上色彩的修养和境界。与其说它是一种情绪,不如说它是一种智慧、一种超拔、一种悲天悯人的宽容和理解,一种饱经沧桑的充实和自信,一种光明的理性,一种坚定的成熟,一种战胜了烦恼和庸俗的清明澄澈。它是一潭清水,它是一抹朝霞,它是无边的平原,它是沉默的地平线。多一点儿、再多一点儿喜悦吧,它是翅膀,也是归巢。它是一杯美酒,也是一朵永远开不败的莲花。

二、声音要素对比训练:强与弱

海燕　高尔基

在苍茫的大海上,狂风卷集着乌云。在乌云和大海之间,海燕像黑色的闪电,在高傲地飞翔。

一会儿翅膀碰着波浪,一会儿箭一般地直冲向乌云,它叫喊着,就在这鸟儿勇敢的叫喊声里,乌云听出了欢乐。在这叫喊声里充满着对暴风雨的渴望!在这叫喊声里,乌云听出了愤怒的力量、热情的火焰和胜利的信心。

海鸥在暴风雨来临之前呻吟着,呻吟着,它们在大海上飞窜,想把自己对暴风雨的恐惧,掩藏到大海深处。海鸭也在呻吟着,它们这些海鸭啊,享受不了生活的战斗的欢乐:轰隆隆的雷声就把它们吓坏了。蠢笨的企鹅,胆怯地把肥胖的身体躲藏到悬崖底下……

只有那高傲的海燕,勇敢地,自由自在地,在泛起白沫的大海上飞翔!

乌云越来越暗,越来越低,向海面直压下来,而波浪一边歌唱,一边冲向高空,去迎接那雷声。

雷声轰响。波浪在愤怒的飞沫中呼啸,跟狂风争鸣。看吧,狂风紧紧抱起一层层巨浪,恶狠狠地把它们甩到悬崖上,把这些大块的翡翠摔成尘雾和飞沫。

海燕叫喊着,飞翔着,像黑色的闪电,箭一般地穿过乌云,翅膀掠起波浪的飞沫。看吧,它飞舞着,像个精灵,高傲的、黑色的暴风雨的精灵,它在大笑,它又在高叫!它笑那些乌云,它因为欢乐而高叫!这个敏感的精灵,它从雷声的震怒里,早就听出了困乏,它深信,乌云遮不住太阳,是的,遮不住的!

狂风怒吼……

雷声轰响……

一堆堆乌云,像青色的火焰,在无底的大海上燃烧。大海抓住闪电的剑光,把它们熄灭在自己的深渊里。这些闪电的影子,活像一条条火蛇,在大海里蜿蜒游动,一晃就消失了。

暴风雨!暴风雨就要来啦!

这是勇敢的海燕,在怒吼的大海上,在闪电之间,高傲地飞翔,这是胜利的预言

家在叫喊:

让暴风雨来得更猛烈些吧!

三、声音要素对比训练:虚与实

乌鸦兄弟

乌鸦兄弟俩同住在一个窠(kē)里。

有一天,窠破了一个洞。

大乌鸦想:"老二会去修的。"

小乌鸦想:"老大会去修的。"

结果谁也没有去修。后来洞越来越大。

大乌鸦想:"这一下老二一定会去修了,难道窠这样破了,它还能住吗?"

小乌鸦想:"这一下老大一定会去修了,难道窠这样破了,它还能住吗?"

结果又是谁也没有去修。

一直到了严寒的冬天,西北风呼呼地刮着,大雪纷纷地飘落。乌鸦兄弟俩都蜷缩在破窠里,哆嗦地叫着:"冷啊!冷啊!"

大乌鸦想:"这样冷的天气,老二一定耐不住,它会去修了。"

小乌鸦想:"这样冷的天气,老大还耐得住吗?它一定会去修了。"

可是谁也没有动手,只是把身子蜷缩得更紧些。

风越刮越凶,雪越下越大。

结果,窠被风吹到地上,两只乌鸦都冻僵了。

四、声音要素对比训练:快与慢

麻雀　屠格涅夫

我打猎归来,沿着花园的林荫路走着。猎狗跑在我前面。

突然,狗放慢脚步,蹑足潜行,好像嗅到前边有什么野物。

我顺着林荫路望去,看见一只嘴边还带黄色、头上生着绒毛的小麻雀。风猛烈地吹打着林荫路上的白桦树,麻雀从巢里跌落下来,呆呆地伏在地上,孤立无援地张开两只羽毛还未丰满的小翅膀。

我的狗慢慢向它靠近。忽然,从附近一棵树上飞下一只黑胸脯的老麻雀,像一颗石子似的落到狗的跟前。老麻雀全身倒竖着羽毛,惊恐万状,发出绝望、凄惨的叫声,接着向露出牙齿、大张着的狗嘴扑去。

老麻雀是猛扑下来救护幼雀的。它用身体掩护着自己的幼儿……但它整个小小的身体因恐怖而战栗着,它小小的声音也变得粗暴嘶哑,它在牺牲自己!

在它看来,狗该是多么庞大的怪物啊!然而,它还是不能站在高高的、安全的树枝上……一种比它的理智更强烈的力量,使它从那儿扑下身来。

我的狗站住了,向后退了退……看来,它也感到了这种力量。

我赶紧唤住惊慌失措的狗,然后我怀着崇敬的心情,走开了。

是啊,请不要见笑。我崇敬那只小小的、英勇的鸟儿,我崇敬它那种爱的冲动和力量。

爱,我想,比死和死的恐惧更强大。只有依靠它,依靠这种爱,生命才能维持下去,发展下去。

五、声音要素对比训练:松与紧

农夫买药　　陈斌

有个农夫的老婆生了病,乡里医生开了药方子,农夫便进城抓药,可他不知道怎样称呼药剂师。在药店门口,他看到一个小孩,便请教他。

"叫庸医!"孩子欺负他老实,就眨巴着眼说。

农夫进了药店,客气地对药剂师说:"你好,庸医!"

药剂师听了很生气,甩手打了他一巴掌。

"我想抓点退烧药,庸医。"

"啪!"药剂师又给了他一耳光。

"就这些吗?"

"对!"药剂师气鼓鼓地说。

回到家,农夫叫妻子赶快下床,说已经把药抓回来了。妻子起身,看他空着双手,忍不住问他:"药在哪儿呢?"

"药在这儿。"他说着,冷不防打了妻子一耳光。

妻子看着他气势汹汹的样子,早已吓得出了一身汗——烧居然退掉了。

农夫又进城找药剂师。他走进药店对药剂师说:"上次抓的药还有一个,没吃完,今天来退给你,庸医。"说完,狠命地打了药剂师一耳光。

六、声音要素对比训练：刚与柔

白杨礼赞　茅盾

　　那是力争上游的一种树，笔直的干，笔直的枝。它的干呢，通常是丈把高，像是加以人工似的，一丈以内，绝无旁枝；它所有的丫枝呢，一律向上，而且紧紧靠拢，也像是加以人工似的，成为一束，绝无横斜逸出；它的宽大的叶子也是片片向上，几乎没有斜生的，更不用说倒垂了；它的皮，光滑而有银色的晕圈，微微泛出淡青色。这是虽在北方的风雪的压迫下却保持着倔强挺立的一种树！哪怕只有碗来粗细罢，它却努力向上发展，高到丈许，两丈，参天耸立，不折不挠，对抗着西北风。

　　这就是白杨树，西北极普通的一种树，然而决不是平凡的树！

　　它没有婆娑的姿态，没有屈曲盘旋的虬枝，也许你要说它不美丽，——如果美是专指"婆娑"或"横斜逸出"之类而言，那么，白杨树算不得树中的好女子；但是它却是伟岸，正直，朴质，严肃，也不缺乏温和，更不用提它的坚强不屈与挺拔，它是树中的伟丈夫！当你在积雪初融的高原上走过，看见平坦的大地上傲然挺立这么一株或一排白杨树，难道你就只觉得树只是树，难道你就不想到它的朴质，严肃，坚强不屈，至少也象征了北方的农民；难道你竟一点儿也不联想到，在敌后的广大土地上，到处有坚强不屈，就像这白杨树一样傲然挺立的守卫他们家乡的哨兵！难道你又不更远一点想到这样枝枝叶叶靠紧团结，力求上进的白杨树，宛然象征了今天在华北平原纵横决荡用血写出新中国历史的那种精神和意志。

七、声音要素对比训练：明与暗

秋天的怀念　史铁生

　　双腿瘫痪后，我的脾气变得暴怒无常。望着望着天上北归的雁阵，我会突然把面前的玻璃砸碎；听着听着李谷一甜美的歌声，我会猛地把手边的东西摔向四周的墙壁。母亲就悄悄地躲出去，在我看不见的地方偷偷地听着我的动静。当一切恢复沉寂，她又悄悄地进来，眼边红红的，看着我。"听说北海的花儿都开了，我推着你去走走。"她总是这么说。母亲喜欢花，可自从我的腿瘫痪后，她侍弄的那些花都死了。"不，我不去！"我狠命地捶打这两条可恨的腿，喊着："我活着有什么劲！"母亲扑过来抓住我的手，忍住哭声说："咱娘儿俩在一块儿，好好儿活，好好儿活……"可我却一直都不知道，她的病已经到了那步田地。后来妹妹告诉我，她常常肝疼得整宿整宿翻来覆去地睡不了觉。

那天我又独自坐在屋里,看着窗外的树叶唰唰啦啦地飘落。母亲进来了,挡在窗前:"北海的菊花开了,我推着你去看看吧。"她憔悴的脸上现出央求般的神色。"什么时候?""你要是愿意,就明天。"她说。我的回答已经让她喜出望外了。"好吧,就明天。"我说。她高兴得一会坐下,一会站起:"那就赶紧准备准备。""哎呀,烦不烦?几步路,有什么好准备的!"她也笑了,坐在我身边,絮絮叨叨地说着:"看完菊花,咱们就去'仿膳',你小时候最爱吃那儿的豌豆黄儿。还记得那回我带你去北海吗?你偏说那杨树花是毛毛虫,跑着,一脚踩扁一个……"她忽然不说了。对于"跑"和"踩"一类的字眼儿,她比我还敏感。她又悄悄地出去了。

她出去了。就再也没回来。

邻居们把她抬上车时,她还在大口大口地吐着鲜血。我没想到她已经病成那样。看着三轮车远去,也绝没有想到那竟是永远的诀别。

邻居的小伙子背着我去看她的时候,她正艰难地呼吸着,像她那一生艰难的生活。别人告诉我,她昏迷前的最后一句话是:"我那个有病的儿子和我那个还未成年的女儿……"

又是秋天,妹妹推我去北海看了菊花。黄色的花淡雅、白色的花高洁、紫红色的花热烈而深沉,泼泼洒洒,秋风中正开得烂漫。我懂得母亲没有说完的话。妹妹也懂。我俩在一块儿,要好好儿活……

八、声音要素对比训练:纵与收

草原上升起不落的太阳　　美丽其格

蓝蓝的天上白云飘,白云下面马儿跑,挥动鞭儿响四方,百鸟齐飞翔。要是有人来问我,这是什么地方?我就骄傲地告诉他,这是我们的家乡。

这里的人们爱和平,也热爱家乡,歌唱自己的新生活,歌唱共产党。毛主席共产党,抚育我们成长,草原上升起不落的太阳。

九、声音要素对比训练:厚与薄

猴吃西瓜

猴王找到了一个大西瓜,可是,怎么吃呢?这个猴啊,是从来也没有吃过西瓜。忽然,他想出了一条妙计,于是,把所有的猴都召集来了。

他清了清嗓子:"今天,我找到了一个大西瓜。至于这西瓜的吃法嘛,我当然……当然是知道的。不过,我要考验一下大伙的智慧,看看谁能说出这西瓜的吃法。如果说对了,我可以多赏他一块。如果说错了,我可要惩罚他!"

大伙你看看我,我看看你,可是谁也没有吃过西瓜。小毛猴眨巴眨巴眼睛,挠了挠腮说:"我知道,吃西瓜是吃瓤!""不对!小毛猴说得不对!"秃尾巴猴跳了起来:"我小的时候跟我妈去姥姥家,吃过甜瓜,吃甜瓜就是吃皮。我想,这甜瓜也是瓜,西瓜也是瓜,吃西瓜嘛,当然也是吃皮。"

这时候,大伙争执起来,有的说:"吃西瓜吃皮!"有的说:"吃西瓜吃瓤!"可争了半天,也没争出个结果,于是都不由得把目光集中到一只老猴的身上。

这老猴认为出头露面的机会来了,他捋了捋胡子,打扫了一下嗓子说:"这吃西瓜嘛,当然……当然是吃皮了。我从小就爱吃西瓜,而且……而且一直都是吃皮的。我想,我之所以老而不死,就是因为吃了这西瓜皮的缘故……"

大伙都欢呼起来:"对!吃西瓜吃皮!""吃西瓜吃皮!"猴王认为找到了正确答案,他站起身来,上前一步,开言道:"对!大伙说得对!吃西瓜是吃皮。哼!就小毛猴崽子一个人吃西瓜吃瓤,那就让他一个人吃吧!咱们大伙,都吃西瓜皮!"

西瓜一剖两半,小毛猴吃瓤,大伙,是共分西瓜皮。有个猴吃了两口,就捅了捅旁边的说:"哎,我说这可不是滋味啊!""咳,老弟,我常吃西瓜,西瓜嘛,就是这味!"

第十一单元 发声问题矫治

第一节 发声问题矫治要则

一、什么是发声问题

发声问题不单指嗓音问题,还包括由字音造成的吐字、共鸣等问题。声音和语音是紧密结合的,声音是意义的载体,本身也有表情作用,字音离不开声音的依托。

声音和语音的关系还表现在,声音总会受语音的影响。比较各地方的发音我们发现,语音不同,用声状态也相应有所改变,语音的位置影响共鸣的位置、口腔的状态、气息的深浅等。影响声音的诸要素中,语音是非常重要的一个。

二、嗓音和语音综合问题矫治的类型

1. 声母调整对声音的影响

(1)声母的发音力度对声音的影响

如果声母的发音力度小,就会造成吐字松散、含混;如果声母的发音力度过强,则会产生许多噪音,听上去非常笨拙。这都是常见的发声问题。因此,针对声音松散或笨拙,我们可以考虑对声母的发音进行调整,加强字头的力量,特别是塞音和擦音要有力度;零声母音节要添加字头。值得注意的是,声母的发音力度要适可而止,否则声音会显得笨拙;成阻时接触面积不要过大,点到为止。零声母音节若起头过于用力会产生喉杂音,这属于语音型喉杂音,要通过语音的调整来解决。

(2)声母的发音部位对声音的影响

最典型的例子便是尖音问题。它的产生多数是由于僵死地理解发音部位,使得声音偏前、比较尖锐,所以我们可以通过调整辅音的发音部位使尖音的问题得到纠正。

另外，还应注意英语发音对汉语发音的影响。现在播音员主持人重视英语的学习，这本无可厚非，但把英语的发音习惯有意无意地用到汉语中，这是不可取的。比如，汉语中的 zh、ch、sh 是舌尖音，口形自然，没有大的动作，但很多人用英语的习惯发汉语这几个音，口形夸张，噘唇明显，就会产生不必要的杂音，使声音不干净、不清晰。去掉这种杂音必须通过调整声母的发音部位来解决。

2. 韵母调整对声音的影响

韵母的主要组成部分是元音，而元音的形成主要是由共鸣产生的。元音的发音涉及口腔的开度、舌高点的前后和唇形的圆展三方面。韵母的发音如果在这三方面处理不好，声音会受很大影响。

（1）口腔开度对声音的影响

在元音当中开口度最大的音是 a，最小的是 i，但是，a 音如果开口过大，声音就会"咧"；i 这样开口度小的音，如果开口度过小，声音就会含混不清。我们的做法是"开音稍闭，闭音稍开"。

（2）舌高点的前后对声音的影响

比如 u 和 ü，一个是后高圆唇元音，一个是前高圆唇元音。声音偏前、单薄或靠后、沉闷，就可以通过调整舌高点的前后来解决，这就是所谓的"前音稍后，后音稍前"。

（3）唇形的圆展对声音的影响

i 和 ü 都是前高元音，不同在于一个是扁唇，一个是圆唇。解决声音发扁可适当调整唇的状态。

（4）复合元音舌位动程对声音的影响

声音的圆润动听，部分由嗓音决定，部分由吐字决定。刚才我们谈到的是单元音在本音位之内的调整和滑动，复合元音也是如此，若滑动过程不足，声音就会不圆润。大量的共鸣问题都是同字音结合在一起的，特别是由舌产生的共鸣问题。

3. 声调调整对声音的影响

（1）声调的幅度对声音的影响

大量存在的问题是声调幅度太小，声音平板，字立不起来，缺少立体感。这样声音听起来清晰度不够，也缺少韵律感。特别是在诗词朗诵当中，声调更能体现出声音韵律和回环的美。因此，播音时声调幅度应适当加大，使声音抑扬顿挫、跌宕起伏。

（2）声调的相对高度对声音的影响

声调和音强、音长都有关系，但它的性质主要取决于音高。声调的高度具有相对性，不要求音高频率的绝对值。由于人的嗓音高低各不相同，声调高低并不是要求人人发得同样高。用声偏高或偏低会影响声音的共鸣。用声过高会使声音单薄发飘，去声字容易"劈"或"冒"；用声过低则会使上声字"哑"。因此，要注意字和句段的起音高度。不注意声调相对高度的调整，也会使播读听起来缺乏变化和生气。

第二节　发声问题矫治

一、鼻音问题的矫治

鼻音是按共鸣状况（也属发音方法）划分的辅音类别之一。软腭下降堵住口腔通路，气流主要从鼻腔通过，以鼻腔做共鸣腔而发音，与气流主要从口腔通过的口腔音相对。

普通话有三个鼻辅音：m、n、ng。其中 m 只能做声母；n 既可以做声母，也可以做韵尾；ng 只能做韵尾。因此，普通话发音中声母和韵母都有可能涉及鼻音。另外，在普通话语流音变中，有一种现象叫"儿化"。其中后鼻韵母音节儿化的发音规则是，丢掉韵尾 ng，主要元音鼻化，发音时口腔、鼻腔同时共鸣，称作鼻音化，并卷舌，如"瓶儿""绳儿"。除此之外，普通话没有鼻化元音。

发音中正常的鼻音是发声共鸣的重要组成部分，这里所谓的鼻音问题，指的是通过听觉感觉到的发音过程中鼻音成分过多或鼻音缺失的问题，如非儿化音节中的元音鼻化现象，或鼻韵母归音不到位的鼻音缺失现象。因此，鼻音问题既包括语音问题，也包括嗓音问题，应有针对性地进行矫治。

看待鼻音问题应有一定的宽容度，鼻音的多少是通过听觉主观判断的结果，因此，应当更加注重有声语言的整体和谐和传播效果，把鼻音问题矫治到可容忍的范围之内。

1. 问题表现

鼻音问题有两种表现：一种在不该有鼻音色彩时，听起来鼻腔共鸣过度丰富，俗称"瓮鼻儿"；另一种听起来声音发堵，鼻韵母很难归音到位，俗称"囊鼻儿"。

2. 问题后果

不恰当的元音鼻化或鼻音缺失，不仅使得普通话的标准程度受到影响，也造成字音不清晰，影响信息的传达，影响受众接收信息。另外，鼻音过重使得播音员、主持人的气质显得小气,也容易给人虚情假意的感觉。

3. 问题实质

鼻音问题分为开放性鼻音问题和阻塞性鼻音问题两种。

开放性鼻音问题有可能是器质性问题,如唇腭裂,必须靠手术进行弥补才能矫治;更多的情况是由于发声方法不当造成的,比如口腔开度小,软腭无力、下垂,打开了鼻腔的通路,部分气流从鼻腔流出;也有人刻意追求"小亮音儿"或所谓的"亲切感"把字音送到鼻腔里。

阻塞性鼻音问题大多由于疾病,如感冒、鼻中隔偏曲、鼻甲肥厚造成,对其矫治必须倚赖对疾病的治疗;某些方言的发音习惯也容易带有阻塞性鼻音问题,对其矫治必须从普通话语音的矫治入手,强调吐字归音的到位程度。

4. 问题矫治

(1) 开放性鼻音问题的矫治

一是,体会软腭动作。

比较软腭抬起与下垂状态下,发出的声音分别为口腔音和鼻腔音,体会软腭动作与声音的关系,锻炼软腭使其动作灵活。

通过比较会发现,用"半打哈欠"的感觉带动软腭抬起,放松舌根、牙关,加大后声腔开度,就可以关闭鼻腔通路,发出正确的口腔音。

二是,阻塞鼻腔通路发单元音的延长音。

用手指轻轻地捏住鼻翼,阻塞鼻腔通道,强迫软腭上升,发 a—o—e—i—u—ü,使声音进入口腔。这六个单元音都是口腔音,如果发音过程中,鼻子有堵塞感,说明软腭动作不到位,使得声音又分流到了鼻腔,应进行调整,直到阻塞鼻腔能发出以上正常的单元音,才说明软腭的动作是到位的。找到正确的感觉以后,可以松开手,将正确的状态移植到说话和其他稿件朗读中。

三是,音节练习。

① 单纯的口腔音音节练习

开口呼　a o e er ai ei ao ou

齐齿呼　i ia iao ie iou

合口呼　u ua uai uei uan

撮口呼　ü üe

② 鼻韵母音节练习

在单纯口腔音练习准确和熟练的基础上,可以练习鼻韵母音节。练习时,先发好主要元音,再发鼻韵尾,然后连起来发。

前鼻韵母　an ian uan üan in en uen ün

后鼻韵母　ang iang uang ing eng ueng ong iong
（2）阻塞性鼻音问题的矫治

阻塞性鼻音问题，是鼻音的缺失。鼻韵母归音必须到位，不能半途而废，否则听起来会有一种鼻腔不通的堵塞感，带有方音色彩。

一是，可以用上面的鼻韵母音节练习进行矫治。

二是，音节对比练习。

ai—an　　ie—ian　　ua—uan　　üe—üan　　i—in　　e—en
uo—uen　　ü—ün　　a—ang　　ia—iang　　ua—uang
i—ing　　e—eng　　uo—ueng　　o—ong　　ü—iong

二、声音不集中的矫治

1. 问题表现

音色显得单薄，暗淡，声音欠力度、亮度。

2. 问题后果

发声效率低下，不能很好地作用于话筒和人耳。用声时间长，嗓子容易累，费力不讨好。

3. 问题实质

前声腔开得过大，后声腔塌，口腔整体处于松散状态，失去了一部分口腔共鸣；唇舌无力，不能配合字音沿上颚中纵线打到硬腭前；实声用得少；鼻腔共鸣少。

4. 问题矫治

（1）唇齿相依

前声腔开口不能咧，注意唇齿相依，使唇的动作有依托，便于控制；加大后声腔开度。

（2）声音集中的喷弹练习

发 ba、da、ga、pa、ta、ka，给声音找一个落点，用意念控制声音从嘴里喷弹出去，从硬腭前送出，打中这个落点。做这一练习不能忽略呼吸控制的配合。

（3）词语练习

①象声词练习

吧哒哒　　滴溜溜　　哗啦啦　　乒乓乓　　刷啦啦　　当啷啷

②爆破音双音节词

爆破　奔腾　乒乓　烹调　登顶　对台　搭配　通报　谈判　通透

③合口、撮口音双音节词

文物　慰问　万物　外文　忘我　玉宇　粤语　勇于　源于　孕育

三、吐字不清的矫治

1. 问题表现

字音之间界限不清，含混一片，字音粘连，字音扁，颗粒感差，不饱满。严重时甚至产生吃字现象。

2. 问题后果

吐字不清、字音粘连使得声音通过话筒容易造成衰减，影响收听效果；不能很好地体现出普通话字音清亮饱满的美感。

3. 问题实质

字头叼不住，字腹拉不开，归音不到位。

4. 问题矫治

（1）出字——叼住弹出

加强字头的力量，塞音、擦音要有力，接触面要小而准，零声母音节要添加字头。

（2）立字——拉开立起

加大复韵母的舌位动程，单元音也应有本音位之内的滑动，加大声调的幅度。

（3）归音——弱收到位

归音做到趋向鲜明、干净利落，弱收到位。

可以结合吐字归音单元的练习进行矫治。练习时先把节奏放慢，做到位、调整好，再逐渐加快。在加快过程中，吐字不能走形。

四、声音闷暗的矫治

1. 问题表现

听起来u音色彩重，音色沉闷、含混不清，欠明亮，有"音包字"的感觉。

2. 问题后果

声音闷暗使得声音缺乏穿透力，不容易听清楚，会造成信息的衰减；另外也缺乏表现力，不容易吸引受众注意。

3. 问题实质

口腔各咬字器官松散无力、牙关不开，不能很好地将声音反射到硬腭前端，口腔共鸣差；吐字位置靠后，舌位靠后，同时字音也不清楚；发音时双唇前突，不能唇齿相依，加大了沉闷的音色；或者由于发音时双唇过于用力，撮口过圆，加大了前声腔的容积；发音时面无表情甚至拉着脸，整体状态懈怠，也会造成声音不积极、不明朗。

4. 问题矫治

(1) 咬字器官的配合

提颧肌、打牙关、挺软腭、松下巴，口腔肌肉积极而自然，加强反射声波的能力。

(2) 唇齿相依

上唇贴上齿，不能噘唇。撮口呼发音时注意发力位置在上唇，而不是如吹哨状双唇撮起，过于用力。

(3) 声抵前腭

将声音沿硬腭的中纵线送抵硬腭前部，使声音听起来明亮、有穿透力。

(4) 整体状态积极自然

增强讲话前的播讲愿望，不能懈怠；发音时应涉及具体语境，明确讲话目的，有恰当的表情配合，全身心地投入播讲。

(5) 加强"出字"的训练

吐字归音对于字头的处理叫出字，出字应做到叼住弹出，唇舌喷弹有力并且轻巧。对照书后所附的"普通话声韵配合表"，做21个声母与开、齐、合、撮四呼拼合音节的练习。

(6) 加强唇舌力度和口腔开合度

可以选择双唇阻声母与开口呼韵母相拼的音节进行练习。练习时放慢发音速度，注意出字有力，字腹充分拉开立起，归音到位。

如：b—an—ban　p—ao—pao　m—ang—mang

(7) "后音稍前"

在不影响音准的前提下，发音位置靠后的声母、韵母，如舌根阻声母和合口呼韵母，在实际发音时应有意识地向前送，不能太靠后，这也被称为"后音稍前"。

(8) "窄音稍宽"

窄音开口度相对较小，如声母与齐齿呼相拼的音节，在实际发音时应注意，在不影响音准的前提下，有意稍稍加大开口度，使声音更饱满、圆润、响亮。这也叫作"窄音稍宽"。

五、喉音重、压喉的矫治

1. 问题表现

喉音重的声音听起来像是闷在喉咙里,声音颗粒粗糙,音色不柔美,显得生硬、滞涩,声带振动不自如。喉音会使得 a 的发音当中,掺有 e 的音色,声音在喉部产生了回响。

2. 问题后果

嗓子累、干、疼,导致用声不能持久,时间长了,声带容易产生病变。

3. 问题实质

第一,气息浅,聚集到上胸部,不能有效地把声束送抵硬腭前部。

第二,口腔各咬字器官不能积极运作,字音在口腔得不到应有的调制和美化,口腔共鸣不丰富。

第三,舌根部过度用力,后声腔开得过大,造成力量压迫于喉部,加大了声带的负担。由于气息、口腔不能很好地配合,声音打不出来,闷在喉咙里。

第四,语音本身造成的喉音重。固定出现在某些读音中,和语音有明显的对应关系。比如,零声母音节的喉音,特别是开头添加喉塞音时;开尾音节的喉音;声调和语调引起的喉音。

4. 问题矫治

(1) 调整呼吸

头位保持正、直,不要习惯性地压低、偏向一方,不要耸肩。吸气吸入肺底、两肋打开、小腹微收;呼气均匀、通畅、持久、自如,托送声束沿口腔软腭、硬腭达到硬腭前部。为了减轻嗓子的负担,我们提出"抓两头解放中间",一头就是气息。

(2) 获得正确的口腔状态

在发声过程中注意正确的口腔状态的保持,提颧肌、打牙关、挺软腭、松下巴,这些具体的肌肉动作参与发声,可以获得良好的口腔共鸣,减少喉的负担。特别是可以用张口吸气或"半打哈欠"体会喉咙、舌根、下颚放松的感觉。

(3) 加强唇舌的力量

"抓两头解放中间"的另一头是口腔,在有了正确的口腔状态的前提下,应把注意力由喉部转向口腔的唇舌的运动,适当加大唇舌的动程,让唇舌力量集中,使咬字器官主动参与发声,目的也是减轻喉部负担。

特别是加强舌前部的力量,使舌力取得一种平衡。舌的中前部的力量加强后,与紧张的舌根造成一种力的抗衡,可以取得使舌根部力量减小的效果。

(4)用元音 i 的延长音调制音色

先体会以上提到的气息和口腔的状态,发音时,声音往前打,i——,打到硬腭前。体会并保持住这种状态做以下练习。

(5)叹气法

利用叹气来放松舌根和喉部,这种状态下喉音就会减少或者消除。舌根和喉部的紧张都解除了以后,再逐渐转化为实声。

(6)词语练习

①加强双唇的力量

斑驳　鞭炮　饱满　评比　偏僻　泡沫　膜拜　名牌　苗圃　貌美

②加强舌尖的力量

对待　动态　电脑　推动　剔透　体能　铁路　年度　农田　论点

③加强舌面的力量

京剧　军旗　继续　气节　前期　迁徙　先进　胸腔　象形　现象

④体会正确的声音着力位置

飘扬　棉田　飞翔　罪魁　夺冠　内容　税款　举例　劝导　勘探

六、声音单薄、窄细的矫治

1. 问题表现

声音音色单一,通常表现为偏高、尖细,不扎实,缺乏低频共鸣。

2. 问题后果

声音不易于控制,适应性差,欠缺公信力和庄重感。

3. 问题实质

气息浅,并且提气;胸腔不能主动参与发声,导致低音共鸣弱;后声腔塌,吐字偏前;习惯性发高音,欠变化;有时与身体状况有关,矮小瘦弱者往往低音共鸣稍差。

4. 问题矫治

(1)胸腹联合式呼吸

注意吸气的要领:吸入肺底,两肋打开,腹壁站定,建立起胸、膈、腹在吸气过程中的相互联系,增强呼吸的稳健感。

(2)适当扩大胸腔容积,增加低音共鸣

发声时要求两肋打开撑住,保持积极状态,在腹壁站定时能自由开合,可以使声音浑厚、结实。

保持上述的状态，发 hei—hei—hei，ha—ha—ha，体会胸腔明显的振动感，再把这种感觉移植到其他发声当中。

（3）加大后声腔开度，调整吐字位置

提颧肌、打牙关、挺软腭、松下巴，加大后声腔开度，加大舌位动程，避免吐字偏前。

特别应注意调整 a 音的位置，元音 a 在口腔中一般处于中央的位置；在韵母 ang 中，由于受到后鼻韵尾 ng 的影响，a 音处于中央偏后的位置。可以发 ang 这个韵母，找到 a 音较为靠后的状态，然后带发其他含有 a 音的音节。

（4）注意起音音高

声源音低易于引起低音共鸣，并且在播读或说话时应注意音高呈现出的变化。

（5）增强体质

健康的体质是稳劲的气息的根本保障，人体质弱或生病时，声音有气无力，较为单薄。

（6）词语练习

北海　窗口　苍黄　荡漾　风雨　高耸　海马　角楼　夸奖　峦嶂

七、几种主要与喉的状态有关的发音问题

1. 用声偏高

（1）问题表现

整体偏高的用声给人感觉声音尖锐、刺耳。

（2）问题后果

费嗓子；表现力差。

（3）问题实质

人用声的高低取决于声带松紧、厚薄、长短的变化。声带拉紧、变薄、变短的紧张状态下，才能发出高音。发高音时，声带负荷加大，长时间这样用声就会造成声带疲劳、干疼。有人频繁使用小高音，误认为小一点声说话就可以省嗓子，然而声带绷紧的情况下声音才能高，虽然音强小也费嗓子，所以用声切忌缺乏变化。

（4）问题矫治

①注意说话时句段开头起音的高度，让起音有高低的变化。

②加大声调高低变化的对比度。

③不要单一使用拔高的方式突出语句重音。

2. 用声过实、过亮

（1）问题表现

声音紧张，过于明亮，缺少润泽，有挤捏感，声音刺耳。

（2）问题后果

加大喉的负担，导致用声不能持久，声带易发生病变；表现力差，适应性差，不利于控制；给人拿腔拿调的虚假之感。

（3）问题实质

声门在闭合紧、无缝隙的状态下才可以发出明亮坚实的实声，有人一味追求亮音，使得喉头不自然地吊高、挤捏；在发声方法上，舌根下压、僵硬，使声音在咽腔、喉腔得不到共鸣的调制；另外发声者只凭借挤捏喉部产生亮音，却不注意气息的配合支持，更加大了喉的负担。

（4）问题矫治

①调整呼吸。采用胸腹联合式呼吸，气息要深，送气量要大。

②加大后声腔开度。提颧肌、打牙关、挺软腭、松下巴，保证后声腔的开度和畅通。

③发气泡连音。发气泡连音时，喉是放松的，声带是放松的，但能发出声音来。先发气泡连音 eeeee……ei，送出一个正常的声音，保持住声带放松的基本状态，把它移植到正常的发音过程中。

④增加后口腔开度音节练习。对照书后所附的"普通话声韵配合表"，选择声母与开口呼、合口呼韵母相拼的音节进行练习。注意随着字腹的拉开立起，后口腔开度加大。

3. 用声过虚

（1）问题表现

气多、声少、字少，声音松散无力。

（2）问题后果

浪费气息，不能做到呼气时的"节流"；加剧声带负担；声音表现力差，只适用于特定内容的表达。

（3）问题实质

虚声是声带没有完全闭合的状态下产生的气流摩擦声。声带过于松弛，不能有效阻挡气息流出口腔，就产生了虚声。

（4）问题矫治

①明确播音用声的特点。以实声为主、虚实结合、富有变化。

②加强对声带的控制能力。对照"普通话声韵配合表"，做音节虚实变化的练习。

③弹发数字。可以练习喊口令:1234,2234。这样弹发的声音是偏实的声音,找到实声的气息和声带状态后,再延长发音时间,循序渐进。

④注意气息的支持。发实声不能单拼嗓子,必须注意声音和气息的配比关系,以气托声。

八、声音色彩单一的矫治

1. 问题表现
用声变化小,表达内容平均用力,无轻无重,语气不到位,就像有声打字机。

2. 问题后果
不能准确、鲜明、生动地表达,使得受众不能很好地接收信息。

3. 问题实质
音高、音长、音色、音强等声音各要素变化不明显;抓不住语句目的、重点,不理解稿件,感受浅。

4. 问题矫治
一是,大胆尝试,突破自己的用声习惯。
二是,注意稿件内容的传达和感情变化。

九、识稿慢的矫治

1. 问题表现
表达过程中出错多,不流畅。

2. 问题后果
在直播过程中造成播出事故。

3. 问题实质
有稿播音存在眼睛、大脑和发声器官的配合问题。眼睛看稿子,大脑进行分析解码,然后指挥发声器官正确发声。如果看一个字念一个字,大脑没有充分的反应时间,就会来不及组织语言。

4. 问题矫治
在看稿时,视觉应做到有一定的提前量,便于组织语言,流畅地表达。这个问题的矫治依赖大量的出声朗读,先不备稿,强制性地建立眼睛、大脑和发声器官的良好配合关系,直到能做到朗读新文章少出错或不出错的程度。

第十二单元　练声与嗓音保护

"工欲善其事,必先利其器",播音专业人员语言功力的锤炼,最基础的是娴熟掌握科学的吐字发声方法、纯正的普通话语音。艺术的高低真伪只有两个区别,一个是基本功,一个是人格。因此,有必要通过科学而长期的练声获得扎实的基本功,让它为高层次的创作增光添彩,而不是掣肘添乱。

练声是运用系统的方法和材料,开发人们发声器官的潜在能力,以便适应特定技术要求的声音训练过程。练声的主要任务是挖掘潜力、拓展能力和修正不良习惯。科学的练声过程是理论与实践、方法与效果高度统一的过程。

第一节　练声应注意的问题

一、练声效果检验标准

一是,发声者是否获得了稳定的心理状态,具有较强的精神控制能力。

二是,发声者是否建立了较坚实的发声基础,具备了对发声器官的主动支配能力。

三是,声音的表现力是否得到丰富和提高,达到与表情达意统一的境界。

四是,练声前存在的问题是否得到纠正。

二、练声的原则

一是,练声要在具备一定的理论知识的基础上进行,也就是说要用理论去指导实践。

二是,要结合练声者的具体发声条件。

三是,要结合有声语言艺术和普通话语音特点的规律,要强调以字带声,不能因声废字。

四是,训练的幅度要大于使用的幅度,具备的发声能力应大于使用的范围。

五是,训练中要做到状态积极,量力而行,循序渐进。

六是,把基本功训练与实践应用紧密地联系起来。要通过练声和播音、朗诵、演讲等实践两方面来提高嗓音质量和发声能力,不可以顾此失彼。

三、练声的时间和地点

练声时间的选择和练声效果之间没有必然的联系。什么时间练可以因人而异,只要能把它作为正常作息安排的一部分,天天去练,不间断就可以了。刚睡醒后练声需要注意:先做一些轻缓的运动,把身体活动开,特别要使大脑由抑制转入兴奋状态再发声。

关于练声时间的长短,应该根据嗓子的承受能力和练声的效果来定。对于初学者来说,时间宜短,每次 15 到 20 分钟;次数宜多,每天练 3 到 4 次为好;随着嗓子承受能力的提高,逐步增加时间和减少次数。

另外,每次练声不必强求时间一致,状态好、效果明显的时候,可以适当延长时间。状态不好、一时不见效果的时候,就可以停下来另找时间再练。这样做有助于稳定练声时的心态,对提高练声效果是有积极意义的。

关于练声的地点,应该选择在噪音比较小、没有明显回音的地方,比如田野、河边、播音室等。天气不好,气温比较低的时候,应该选择在适当的室内场地练声。由于发声环境影响听觉反馈,所以最好不要频繁地更换练声地点。

四、练声的状态和应该注意的问题

练声的基本状态是松弛而积极的,区别于松懈和紧张。精神紧张致使发音器官也处于紧张、僵硬的状态,时间长了会造成生理性的损伤;如果过于松懈,发声器官不能积极运作,也达不到应有的练声效果。因此,练声时心情应保持平和愉快,精神振奋、情绪饱满,不能焦躁不安或萎靡不振。

练声要有目的性,就是说练习者必须知道自己要练什么、怎么练,达到什么样的目标。练习的任何内容都要有对象感、目标感,不能空喊,否则会加速声音疲劳,不容易将练声坚持下去。对于坚持练声的厌烦和麻木往往是由目的性的缺失和效果不明显造成的。

练习者应有长期作战的心理准备,不能希望练声的效果立竿见影地体现在工作中。有些人因练声的效果没有得到认可就丧失信心,大可不必,因为建立一种新的发声习惯、改掉不科学的发声习惯、拓展发声能力不是一天两天的事,应循序渐进、坚持不懈。

与发声有关的问题是逐步解决的,而语音的矫治必须一步到位。如果不到位,即便很接近正确状态,还是错误的,这样的练习无异于重复和巩固错误。如果说发声问题的解决是持久战,语音问题的解决则是打歼灭战,应短平快,但效果要长期巩固。

五、练声的内容

练声的基本内容包括常规练习和特殊练习两个部分。

所谓常规练习就是每天都要进行的,为增强发声各方面控制能力所编排的练习,包括发声能力的训练和运用能力的训练。与发声有关的肌肉的锻炼、呼吸控制、扩展音域、绕口贯口练习等都属于发声能力的训练,运用能力的训练是将基本功消化后的综合运用。

所谓特殊练习是针对发声当中存在的各种问题所进行的针对性练习,因人而异。在常规练习的基础上,根据自己在语音和发声当中的难点问题、个人化问题,进行集中练习、大量练习。

第二节　嗓音保护

嗓音保护是播音专业人员、教师、培训师、窗口行业服务人员等嗓音职业工作者的迫切要求,嗓音职业工作者由于工作的特点,容易患与发声器官有关的职业病,直接影响到职业寿命。因此,练好嗓音,用好嗓音,科学地保护好自己的嗓子,是每一位嗓音职业工作者需要认真考虑并且科学认识的大事。

我们提出的嗓音保护,指的是积极的保护,是在使用中的保护,一副好的嗓音是科学用声用出来的,而不是在一声不吭当中保护出来的。发声能力的增强需要嗓子承担一定的负荷。拓展发声能力,嗓子不可能一点不疲劳,但是嗓子的负荷要由小到大,过度疲劳会造成对嗓音的伤害。

一、嗓音保护

1. 在使用当中保护

前面几个单元讲述了用声的方法和要领,在这里不再重复,总而言之,一定要养成科学的用声习惯。不要追求过于明亮的音色,也不要追求虚声;防止用声偏高或偏低,防止不适当地加大音量或过长时间的用声,还要防止无变化的用声;注意气息的状态和吐字器官的动作对用声的影响。

对嗓音最有效的保护是科学地用声。会用声的人用的是"利息",不会用声的人用的是"本钱"。好嗓子是练出来的,初学者首先要注意发声能力的扩展,循序渐进,获得较宽的音域和丰富的音色。

(1)忌音色过于明亮

音色过于明亮会极大加剧喉的负担,喉容易发干、疼痛。发声时,喉应适当放松。

(2)忌用声偏高或偏低

用声偏高造成声带长时间紧张;用声偏低,会使声音带有喉音色彩,容易造成压喉。

(3)忌不适当地加大音量

在用声过程中,由于目标感、对象感不明确,有时声音不自觉地加大,并且没有气息的支持,造成喉部着力,拼嗓子。

(4)忌用声时间过长

即使科学用声,也不能够无限制地长时间用声,注意循序渐进。

2. 生活中的保护

(1)增强体质

喉的健康依赖于整体健康,尤其注意不要感冒。感冒期间会形成一种新的发音方法,容易导致感冒好了但发音方法还没改过来。凡是和喉、声带有关的疾病要及时治疗,如果长期带病坚持工作造成发声器官器质性的创伤,将很难矫治和弥补。发声器官的疾病需要尽早去医院找有经验的医师进行诊治。不要乱吃药,有许多药物也会产生副作用,导致嗓音嘶哑。

进行中长跑时一定要注意:吸气的时候,不要张开嘴往里吸气,要把舌头抬起来,抵住上齿龈,让气流从舌头的两边,经过舌的湿润,做了迂回动作之后,进入气管和肺部。这样可以避免冬天或春天,干燥、寒冷的气流直接刺激气管和肺。另外,在剧烈运动之后最好不要马上练声。因为运动的时候,全身的肌肉处在疲劳状态,比较松弛,实际上已经使不上劲了,这时候练声,各发声器官也是很容易疲劳的。如果不注意,可能导致发声器官的病变。

(2)养成良好的生活习惯

①保证充足的睡眠时间

睡眠对嗓音的影响很大,睡眠充足嗓子就舒服,睡眠不足嗓子就发紧。同时还要注意,刚睡醒的时候,不要马上发过强、过高的声音,要经过一段时间预热之后,嗓子才能进入工作状态。

②保护好牙齿

牙齿是重要的成阻部位,很多声母的发音和牙齿有关。门齿脱落会导致发音

"走风漏气"。另外，如果后面的槽牙掉了，舌头这个扇面形组织就会向两边扩展，使口腔这个重要的共鸣腔的形状随之改变，影响牙齿对发音的控制。

③忌不良刺激。

酒对喉刺激较大，而且扰乱神经；吸烟会使声带黏膜增厚，声音变得暗而低；炒货，如炒瓜子、炒花生等容易使嗓子发干，上火，引起呼吸道感染；吃有刺激性味道的食品、热嗓子吃冷饮，对喉的刺激都很大；像葱、蒜、辣椒等食物，要根据每个人的生活习惯而定，尽量少吃一些。有些食物对嗓音保护有利，如金橘、萝卜、丝瓜、芹菜、紫菜、柿子等。

④忌用声过程中喝水

许多嗓音职业工作者习惯边说话边喝水，这种习惯是不好的。首先在发声当中喝水，会导致声音发生变化，音色接不上。另外，太冷或太热的水会使发声器官的肌肉受到强烈的刺激而不能自如地运动，严重的可能会造成短暂的失音。我们最好在工作当中不喝水，喝水要在工作开始15分钟以前和工作结束15分钟以后，目的是让发声器官得到充分的休息。

⑤女性生理期用声

女性在经前及经期，由于受性激素的影响，嗓音大多会有不同程度的变化，表现为声带充血、水肿，闭合不良，张力不好，声带分泌物增多等。在此期间，要注意减少用声，同时不要用声时间过长，强度也不宜过大。

对于嗓音保护，著名京剧表演艺术家梅兰芳先生总结出这样一些要点："精神畅快，心气平和；饮食有节，寒暖当心；起居宜时，劳逸均匀；练嗓保嗓，都贵有恒；由低升高，量力而行；五音饱满，唱出剧情。"

二、常见嗓音疾病的防治

在常见的嗓音疾病中，有很多慢性病与发声方法不当有很大关系。嗓音疾病直接影响工作，甚至职业生涯，因此我们应了解一些常识，防患于未然。在下面提到的嗓音疾病当中，除了配合医生做治疗以外，必须特别注意科学用声，按照专业老师或本教程的指导练声，学会用气、用嗓，避免用声不当及过度用声，使用嗓子这一重要的创作工具时才能够"得心应口"。

1. 慢性咽炎

慢性咽炎在成年人中，特别是播音员主持人等嗓音职业工作者当中发病率很高。慢性咽炎致使声音沙哑、易疲劳，对职业的影响较大。

(1) 症状

慢性咽炎的症状表现为咽部轻微的疼痛、异物感、发痒、干燥；由于咽部总有一些黏性分泌物附着，患者常要做"吭、喀"声，希望将其清除。而且在清晨起床刷牙时易恶心欲吐。在声音上表现为暗哑、干涩、不通畅、表现力差。

(2) 病因

受工作或生活环境的影响，如空气污染、湿度低或灰尘多；烟酒过度、经常食用辛辣等刺激性食物；急性咽炎反复发作转变为慢性咽炎；各种鼻病引起的经常性鼻塞，患者需张口帮助呼吸，令咽喉部变得干燥，抵抗力减弱，继而引起慢性咽炎；口腔内不清洁、龋齿未及时处理、牙龈炎；身体抵抗力下降，或患有慢性疾病，如贫血、糖尿病、肾炎、肺病、梅毒等；长期不科学地用声；等等。

(3) 防治

慢性咽炎容易反复发作，因此防治至关重要，防治措施包括戒除烟酒，改善生活工作环境，积极锻炼身体，增强机体抵抗力，避免劳累，预防感冒，治疗各种原发病等。

如果总是依赖抗生素消炎，不仅会产生抗药性，使药效降低，还可能导致咽喉部正常菌群失调，引起二重感染。当有咽干、咽痛时，可选用一些含片，如华素片、草珊瑚含片、西瓜霜含片等，或者饮用一些利咽生津的食疗饮品，以减轻或解除症状。

2. 喉炎

(1) 症状

急性喉炎的患者会出现发热、声音嘶哑、犬吠样咳嗽和吸气性喉鸣，甚至出现吸气性呼吸困难，有生命危险，必须及时就医。更多的情况为慢性喉炎。慢性喉炎以声音嘶哑为主要症状，有时会有短暂的失声。

(2) 慢性喉炎病因

急性喉炎未经治疗或治疗不当，致使病情反复；呼吸道分泌物的刺激；烟酒过度及有害烟尘的吸入使喉部遭受刺激；发声不当或过度用声造成声带损伤及声带疲劳；全身疾病如内分泌紊乱、糖尿病、风湿性疾病；等等。

(3) 防治

首先应去除病因，积极治疗呼吸道疾病，如鼻窦炎、气管炎等，减少分泌物对喉黏膜的刺激。其次戒烟、戒酒，避免吸入有害气体。最后，局部治疗可以采用蒸气或超声雾化吸入、超短波理疗等。

3. 声带小结

(1) 症状

声带小结是慢性喉炎的一种类型，多见于嗓音职业工作者，尤其是成年女性，表现为声音嘶哑,轻者声音毛糙,重者声音沙哑、发声费力、喉部有异物感。用喉镜检查,可见声带有小结节,发声时声带闭合不好。

(2)病因

发病原因和全身状况有一定关系。如在身体疲劳、喉部黏膜发炎充血水肿时,不注意休声,勉强用力发声或高声演唱,造成声带黏膜损伤,引起声带黏膜创伤性、炎性反应。

(3)防治

声带小结的治疗首先要注意休息,少说话,必要时禁声。忌烟、酒和刺激性食物。药物治疗无效可予以手术摘除。

预防声带小结的发生,要避免长时间连续高声演唱或大声讲话,尤其在感冒及女性生理期时,防止用声疲劳;多吃含维生素 C 的食物,如新鲜蔬菜、水果;适当参加文体锻炼,增强体质;掌握正确的发声方法。

4. 声带息肉

(1)症状

声带息肉是在声带边缘黏膜组织上长出不同大小的团块,妨碍声带正常闭合、振动,引起发声障碍、声音嘶哑,多见于成年男性。嘶哑程度因息肉大小、部位而不同,轻者仅有轻微变化,重者声音嘶哑,甚至失声。

(2)病因

滥用嗓音,长期或一次性过度用声,使声带振动超强,致声带黏膜局部损伤,逐渐形成息肉;感冒、急慢性喉炎不及时治疗;长期吸烟或饮酒;女性生理期不注意科学用声;矮胖、头颈短,发声时习惯于舌背舌根抬高的人也易患息肉。

(3)防治

声带息肉和声带小结都属于慢性喉炎,但有所不同。小结是两侧声带内侧前 1/3 的位置细胞增生,病变只涉及表皮层。而声带息肉病变涉及声带黏膜上皮层及浅固有层,所以一般以手术治疗为主。

嘶哑是声带息肉的主要症状,也是喉癌等严重疾病的早期信号。40 岁以上的人声音嘶哑超过 3 个月以上,一定要详细检查,以免误诊。

第三部分
推荐练声材料

推荐练声材料概说

推荐练声材料的内容有：绕口令、贯口词、岔曲习唱、诗歌散文、故事类稿件、新闻类稿件、主持类稿件以及即兴口语表达素材等。如果说第一、二部分是分解动作的训练，那么第三部分就是连贯动作的训练。这一部分涉及各种体裁、不同节目类型、不同场合的稿件，力求使大家强化练声效果，进一步拓展发声能力，从而驾驭各类稿件。

部分稿件注明了容易出现误读的字音，注音依据语文出版社出版、李行健主编的《现代汉语规范词典》2004年1月第1版。古文部分的注音依据上海古籍出版社出版、李梦生等译注的《古文观止》2005年1月第1版。

连贯动作训练中，应特别注意抓语言目的，深入理解稿件内容，并获得充分的形象感受和逻辑感受，思考如何将自己的理解感受外化为恰当的声音形式，如何控制和调整声音。与此同时，不能忽略语音发声的基本功训练，在更大的、自然的语言单位里，扎实地将较小发音单位的训练成果逐渐扩大，使前边的训练得以巩固，效果得以显现，不能囫囵吞枣，不能因所谓的理解感受而忽略基本功的训练。这部分训练总的要求是：

第一，状态积极自然，有强烈的播讲愿望，对稿件充分理解，明晰自己的播讲目的和任务；

第二，气息通畅，小腹、两肋有控制能力，气息持久、稳劲、自如；

第三，口腔状态符合要求，唇、齿、舌、牙、腭各部位有控制能力，吐字清晰、饱满、响亮；

第四，喉部松弛自然，声门闭合控制自如，声音色彩丰富；

第五，获得良好且恰当的共鸣控制能力，使得声音进一步得到美化，提高发声能力；

第六，情声气相结合，使声音变化自如，能够充分支持自己的表达，能够"随心所欲不逾矩"；

第七，声韵调发音到位，获得良好的普通话语感，掌握普通话的语流音变，在语音"发准"的基础上力求做到"发好"。

第十三单元　绕口令、贯口词

学好声韵辨四声

学好声韵辨四声，阴阳上去要分明。
部位方法须找准，开齐合撮属口形。
双唇班报必百波，舌尖当地豆点丁。
舌根高狗坑更故，舌面积结教尖精。
翘舌主争真知照，平舌资则早在增。
擦音发翻飞分复，送气查柴产撤称。
合口呼午枯胡古，开口和坡哥安争。
撮口虚学寻徐句，齐齿一优摇业英。
前鼻恩音烟湾稳，后鼻昂迎中拥生。
咬紧字头归字尾，阴阳上去记变声。
循序渐进坚持练，不难达到纯和清。

鼓玻璃棍儿

鼓玻璃棍儿没有瘪玻璃棍儿瘪，
瘪玻璃棍儿没有鼓玻璃棍儿鼓。

我家有个肥净白净八斤鸡

我家有个肥净白净八斤鸡，飞到张家后院里。
张家有个肥净白净八斤狗，咬了我的肥净白净八斤鸡。
我拿他的肥净白净八斤狗赔了我的肥净白净八斤鸡。

蓝布棉门帘

出前门，往正南，
有个面铺面冲南，
门口挂着蓝布棉门帘。

摘了它的蓝布棉门帘,
面铺面冲南,
给他挂上蓝布棉门帘,
面铺还是面冲南。

长扁担,短扁担

长扁担,短扁担,
长扁担比短扁担长半扁担;
短扁担比长扁担短半扁担。
长扁担绑在短板凳上,
长板凳不能绑在比短扁担长半扁担的长扁担上;
短板凳也不能绑在比长扁担短半扁担的短扁担上。

板凳与扁担

板凳宽,扁担长。
扁担没有板凳宽,
板凳没有扁担长。
扁担绑在板凳上,
板凳不让扁担绑在板凳上,
扁担偏要扁担绑在板凳上。

喇嘛和哑巴

打南边来了个喇嘛,手里提拉着五斤鳎目。
打北边来了个哑巴,腰里别着个喇叭。
南边提拉着鳎目的喇嘛,
要拿鳎目换北边别喇叭的哑巴的喇叭。
哑巴不愿意拿喇叭换喇嘛的鳎目,
喇嘛非要拿鳎目换别喇叭的哑巴的喇叭。
喇嘛抡起鳎目抽了别喇叭的哑巴一鳎目,
哑巴摘下喇叭打了提拉鳎目的喇嘛一喇叭。
也不知是提拉鳎目的喇嘛抽了别喇叭的哑巴一鳎目,
还是别喇叭的哑巴打了提拉鳎目的喇嘛一喇叭。
喇嘛炖鳎目,哑巴嘀嘀嗒嗒吹喇叭。

十道黑

一道黑、两道黑、三四五六七道黑，八道九道十道黑。
我买了一个烟袋乌木杆儿，我是掐着它的两头儿那么一道黑。
二兄弟描眉来演戏，照着他的镜子那么两道黑。
粉皮墙写川字儿，横瞧竖瞧三道黑。
象牙桌子乌木腿儿，把它放在那个炕上那么四道黑。
我买了一只母鸡不下蛋，把它搁在那笼里捂到黑。
挺好的骡子不吃草，把它牵着在那街上溜到黑。
买了个小驴不拉磨，给它备上它的鞍鞴骑到黑。
二姑娘南洼去割麦，丢了她的镰刀拔到黑。
月窠儿里的孩子得了病，团几个艾球儿灸到黑。
卖瓜子儿的打瞌睡，哗啦啦啦撒了这么一大堆，
它的笤帚簸箕不凑手儿那么一个一个拾到黑。

高高山上一老僧

高高山上有一老僧，身披着衲头几千层。
您若问老僧年高迈，曾记得黄河九澄清。
五百年前清一澄，倒有这么四千五百层。
老僧收了八个徒弟，这么八个徒弟可有法名。
大徒弟名叫青头愣，二徒弟名叫愣头青，
三徒弟名叫僧三点儿，四徒弟名叫点儿三僧，
五徒弟名叫崩胡噜把，六徒弟名叫把胡噜崩，
七徒弟名叫随风化，这个八徒弟他的名字可就叫化随风。

老师父教他们八宗艺，八仙过海，各显奇能。
青头愣会敲磬，愣头青会撞钟，
僧三点儿会吹管，点儿三僧会捧笙，
崩胡噜把会打鼓，把胡噜崩会念经，
随风化他是会扫地，化随风会点灯。

老师父叫他们换一换，要想这个交换万不能。
这个愣头青就打不了青头愣的磬，
那个青头愣就撞不了愣头青的钟。
点儿三僧就吹不了这个僧三点儿的管，
僧三点儿就捧不了那个点儿三僧的笙。

把胡噜崩就打不了崩胡噜把的鼓,
崩胡噜把就念不了那把胡噜崩的经。
这个化随风就扫不了随风化的地,
那个随风化就点不了化随风的灯。
结果是,磬儿破、钟儿坏、管儿裂、笙儿倒、
鼓儿破、经儿碎、地儿乱、摔了灯。

老师父一见就有了气,要打徒弟整八名。
眼看着八位僧人要挨打,又来了五位云游僧,
凑齐这个僧人十三位,一起到这后院数玲珑。
这个后院有座玲珑塔,咱们上去数单层,回来数双层,
谁要是数得过来玲珑塔,谁就是那个大师兄;
谁要是数不过来玲珑塔,就叫他夜间罚跪到天明。

玲珑塔

玲珑塔,塔玲珑,玲珑宝塔第一层。
一张高桌四条腿,一个和尚一本经。
一副铙钹一口磬,一个木落鱼子一盏灯。
一个金钟,整四两,被那风儿一刮响哗愣。

玲珑塔,塔玲珑,玲珑宝塔,咱们隔过二层数三层。
三张高桌一十二条腿,三个和尚三本经。
三副铙钹三口磬,三个木落鱼子三盏灯。
三个金钟,十二两,风儿一刮响哗愣。

玲珑塔,塔玲珑,玲珑宝塔第五层。
五张高桌二十条腿,五个和尚五本经。
五副铙钹五口磬,五个木落鱼子五盏灯。
五个金钟,二十两,风儿一刮响哗愣。

玲珑塔,塔玲珑,玲珑宝塔第七层。
七张高桌二十八条腿,七个和尚七本经。
这个七副铙钹七口磬,七个木落鱼子七盏灯。
七个金钟,二十八两,风儿一刮响哗愣。

玲珑塔,塔玲珑,玲珑宝塔第九层。

九张高桌三十六条腿,九个和尚九本经。
九副铙钹九口磬,九个木落鱼子九盏灯。
九个金钟,三十六两,风儿一刮响哗愣。

玲珑塔,塔玲珑,玲珑宝塔第十一层。
十一张高桌四十四条腿,十一个和尚十一本经。
十一副铙钹十一口磬,十一个木落鱼子十一盏灯。
十一个金钟,四十四两,风儿一刮响哗愣。

玲珑塔,塔玲珑,玲珑宝塔到顶十三层。
十三张高桌五十二条腿,十三个和尚十三本经。
十三副铙钹十三口磬,十三个木落鱼子十三盏灯。
十三个金钟,五十二两,风儿一刮响哗愣。

玲珑塔往回数,玲珑宝塔十二层。
十二张高桌四十八条腿,十二个和尚十二本经。
十二副铙钹十二口磬,十二个木落鱼子十二盏灯。
十二个金钟,四十八两,风儿一刮响哗愣。

玲珑塔,塔玲珑,玲珑宝塔第十层。
十张高桌四十条腿,十个和尚十本经。
十副铙钹十口磬,十个木落鱼子十盏灯。
十个金钟,四十两,风儿一刮响哗愣。

玲珑塔,塔玲珑,玲珑宝塔第八层。
八张高桌三十二条腿,八个和尚八本经。
八副铙钹八口磬,八个木落鱼子八盏灯。
八个金钟,三十二两,风儿一刮响哗愣。

玲珑塔,塔玲珑,玲珑宝塔第六层。
六张高桌二十四条腿,六个和尚六本经。
六副铙钹六口磬,六个木落鱼子六盏灯。
六个金钟,二十四两,风儿一刮响哗愣。

玲珑塔,塔玲珑,玲珑宝塔第四层。
四张高桌十六条腿,四个和尚四本经。
四副铙钹四口磬,四个木落鱼子四盏灯。

四个金钟,十六两,风儿一刮响哗愣。

玲珑塔,塔玲珑,玲珑宝塔第二层。
两张高桌八条腿,两个和尚两本经。
两副铙钹两口磬,两个木落鱼子两盏灯。
两个金钟,整八两,风儿一刮响哗愣。

僧人数罢玲珑塔,抬起头来看分明。
天上看,满天星,地上看,一个坑。
坑里看,冻着冰,冰上看,立着松。
松上看,落着鹰,山前看,一老僧。
僧前看,一本经,屋里看,点着灯。
墙上看,钉着钉,钉上看,挂着弓。
看着看着花了眼,西北变天起大风。
说大风,好大的风,十个人见,九个人惊。
刮散了满天星,刮平了地上坑,
刮化了坑中冰,刮倒了冰上松,
刮飞了松上鹰,刮走了一老僧,
刮碎了僧前经,刮灭了屋里灯,
刮掉了墙上钉,刮翻了钉上弓。
只刮得,星散、坑平、冰化、松倒、鹰飞、
僧走、经碎、灯灭、钉掉、弓崩,这么一段绕口令。

破谜儿

8.破谜儿
薛焱丹

那位说您净瞎诌,说我诌来我就诌,
说什么上山吱扭扭,什么下山乱点头?
什么有头没有尾?这个什么有尾没有头?
什么有腿儿家中坐?什么没腿儿游九州?
赵州桥什么人修?玉石的栏杆什么人留?
什么人骑驴桥上走?什么人推车轧道沟?
什么人托刀桥上站?什么人勒马看春秋?
什么人白?什么人黑?什么人的胡子一大堆?
什么圆圆在天边?什么圆圆在眼前?
什么圆圆长街卖?什么圆圆道儿两边?
什么鸟穿青又穿白?什么鸟穿出皂靴来?

什么鸟身披十样锦？什么鸟穿出麻布口袋？
什么开花节节高？什么开花猫着个腰？
什么开花无人见？什么开花嘴上嘟着个一嘴毛？
说双扇儿门,单扇儿开,自己破谜儿自己猜。
小车子上山吱扭扭,瘸子下山乱点头。
蛤蟆有头没有尾,这个蝎子有尾没有头。
板凳儿有腿儿家中坐,粮船没腿儿游九州。
赵州桥,鲁班修,玉石的栏杆圣人留。
张果老骑驴桥上走,柴王爷推车轧道沟。
周仓托刀桥上站,关二爷勒马看春秋。
罗成白,敬德黑,张飞的胡子一大堆。
月亮圆圆在天边,这个眼镜儿圆圆在眼前。
烧饼圆圆长街卖,车轱辘圆圆道两边。
喜鹊穿青又穿白,这个乌鸦穿出皂靴来。
野鸡身披十样锦,鹌鹑穿出麻布口袋。
芝麻开花节节高,柳树开花猫着腰。
橡子开花无人见,老玉米开花嘴上嘟着个一嘴毛。

十八愁

数九寒天冷风嗖,转年这个春打六九头。
正月十五龙灯会,有一对狮子滚绣球。
三月三是王母娘娘蟠桃会,大闹天宫孙悟空就把那个仙桃偷。
五月单五端阳日,白蛇许仙不到头。
七月七传说是天河配,牛郎织女泪双流。
八月十五云遮月,月宫的嫦娥犯了忧愁。
要说愁,咱们净说愁,咱们唱一段儿这个绕口令儿一十八愁。
说虎也愁,狼也愁,象也愁,
这个鹿也愁,骡子也愁马也愁,牛也愁,羊也愁,
猪也愁,这个狗也愁,鸭子也愁,鹅也愁,
蛤蟆愁,螃蟹愁,蛤蜊愁,这个乌龟愁,
鱼愁虾愁,各有分由。
虎愁,不敢把这高山下,狼愁野心耍滑头。
象愁脸愁皮又厚,这个鹿愁头上长犄角。
马愁背鞍行千里,骡子愁的本是一世休。

羊愁从小就把这个胡子长,牛愁愁的个犯牛轴。
狗愁改不了这个净吃屎,猪愁离不开那臭水沟。
说鸭子愁扁哒扁哒嘴,
鹅愁愁来愁去头上长了个大"锛儿喽"头。
蛤蟆愁长了一身脓疱疥,螃蟹愁的净横搂。
蛤蜊愁的闭关自守,乌龟愁的不敢露头。
鱼愁离水不能走,虾愁空枪乱扎没个准头。

莽撞人

后汉三国,有一位莽撞人。自从桃园三结义以来,大爷,姓刘名备字玄德,家住大树楼桑;二弟,姓关名羽字云长,家住山西蒲州解梁县;三弟姓张名飞字翼德,家住涿州范阳郡;后续四弟,姓赵名云字子龙,家住真定府常山县,百战百胜,后称为常胜将军。只皆因,长坂(bǎn)坡前,一场鏖战,那赵云,单枪匹马,闯入曹营,砍倒大纛(dào)两杆,夺槊(shuò)三条,马落陷坑,堪堪废命。曹孟德在山头之上见一穿白小将,白盔白甲白旗号,坐骑白龙马,手使亮银枪,实乃一员勇将。心想:我若收服此将,何愁大事不成!心中就有爱将之意,暗中有徐庶保护赵云,徐庶进得曹营,一语未发。今日一见赵将军马落陷坑、堪堪废命,口尊:"丞相莫非有爱将之意?"曹操言道:"正是。"徐庶言道:"何不收留此将!"曹操急忙传令:"令出山摇动,三军听分明,我要活赵云,不要死子龙。倘有一兵一将伤损赵将军之性命,八十三万人马,五十一员战将,与他一人抵命。"众将闻听,不敢前进,只有后退。赵云,一仗怀揣幼主;二仗常胜将军之特勇,杀了个七进七出,这才闯出重围。曹操一见这样勇将,焉能放走?在后面紧紧追赶。追之到当阳桥前,张飞赶到,高叫:"四弟不必惊慌,某家在此,料也无妨!"让过赵云的人马。曹操赶到,不见赵云,只见一黑脸大汉,立于桥上。曹操忙问夏侯惇:"这黑脸大汉,他是何人"?夏侯惇言道:"他乃张飞,一'莽撞人'。"曹操闻听,呀!大吃一惊:"想当初关公在白马坡斩颜良之时,曾对某家言道:他有一结拜三弟,姓张名飞,字翼德,在百万军中,能取上将之首级,如探囊取物,反掌观纹一般。今日一见,果然英勇。撤去某家青罗伞盖,观一观莽撞人的武艺如何?"青罗伞盖撤下,只见张飞:豹头环眼、面如润铁、黑中透亮、亮中透黑、海下扎里扎煞一部黑钢髯(rán),犹如钢针,恰似铁线。头戴镔(bīn)铁盔、二龙斗宝,朱缨飘洒,上嵌八宝——云、罗、伞、盖、花、罐、鱼、长。身披锁子大叶连环甲,内衬皂罗袍,足登虎头战靴,跨下马——万里烟云兽,手使丈八蛇矛,站在桥头之上,咬牙切齿,捶胸愤恨,大骂:"曹操听真,呔!今有你家张三爷在此,尔或攻或战、或进或退、或争或斗;不攻不战、不进不退、不争不斗,尔乃匹夫之辈!"大喊一声,曹兵吓退;大喊二声,顺水横流;大喊三声,把当阳桥喝断。后人有诗赞之曰:"长坂坡前救赵云,吓退曹操百万军,姓张名飞字翼德,万古流芳莽撞人!"

第十四单元 诗歌散文

一、诗歌

诗歌是用分行押韵的形式、富有音乐性的语言,集中反映生活,抒发强烈感情的文学体裁,具有抒情性、精炼性、音乐性、象征性等鲜明的特点。朗读诗歌要有抑扬顿挫的韵律美和流畅回环的音乐感。诗歌语言凝练,有高远的意境,每个字音都有朗读创作的空间。朗读时,字音舒展,声音色彩丰富。朗读诗歌对体会气息、吐字、喉部控制及共鸣控制很有帮助。

1. 古诗

古诗是练字音、气息的好材料。下面推荐的古诗按照不同的韵脚分类呈现给大家。由于古诗朗读语速较慢,特别有利于体会吐字的清晰、饱满,韵母特别是韵脚的准确到位,声调的完整。在此基础上,我们要注意气息与喉部控制的配合,变换不同的声音色彩,营造出古诗蕴含的意境。

赤壁　杜牧

折戟沉沙铁未销,自将磨洗认前朝。
东风不与周郎便,铜雀春深锁二乔。
注:①戟:jǐ,古兵器。②磨:mó,打磨。

过故人庄　孟浩然

故人具鸡黍,邀我至田家。
绿树村边合,青山郭外斜。
开轩面场圃,把酒话桑麻。
待到重阳日,还来就菊花。
注:①黍:shǔ,黄米。②圃:pǔ,菜园、果园。

春日　朱熹

胜日寻芳泗水滨,无边光景一时新。

等闲识得东风面,万紫千红总是春。
注:①泗:sì,水名。

小池　杨万里

泉眼无声惜细流,树阴照水爱晴柔。
小荷才露尖尖角,早有蜻蜓立上头。
注:①头:此处不易读成轻声。

秋登兰山寄张五　孟浩然

北山白云里,隐者自怡悦。
相望试登高,心随雁飞灭。
愁因薄暮起,兴是清秋发。
时见归村人,沙行渡头歇。
天边树若荠,江畔洲如月。
何当载酒来,共醉重阳节。
注:①兴:xìng,兴致。②荠:jì,荠菜。③载:zài,装载、带来。

元日　王安石

爆竹声中一岁除,春风送暖入屠苏。
千门万户曈曈日,总把新桃换旧符。
注:①曈:tóng,天将亮的样子。

鹿柴　王维

空山不见人,但闻人语响。
返景入深林,复照青苔上。
注:①苔:tái。

长信秋词五首(其三)　王昌龄

奉帚平明金殿开,且将团扇共徘徊。
玉颜不及寒鸦色,犹带昭阳日影来。
注:①帚:zhǒu,扫帚。②昭:zhāo,明亮。

清平调三首之一　李白

云想衣裳花想容,春风拂槛露华浓。
若非群玉山头见,会向瑶台月下逢。
注:①裳:cháng,古人穿的下衣。②槛:jiàn,栏杆。

终南别业　王维

中岁颇好道,晚家南山陲。
兴来每独往,胜事空自知。
行到水穷处,坐看云起时。
偶然值林叟,谈笑无还期。
注:①好:hào,信奉。②陲:chuí,边界。③兴:xìng,兴致。

绝句　杜甫

两个黄鹂鸣翠柳,一行白鹭上青天。
窗含西岭千秋雪,门泊东吴万里船。
注:①行:háng,行列。②泊:bó,停泊。

山中送别　王维

山中相送罢,日暮掩柴扉。
春草明年绿,王孙归不归?

宫词　顾况

玉楼天半起笙歌,风送宫嫔笑语和。
月殿影开闻夜漏,水晶帘卷近秋河。
注:①嫔:pín,嫔妃。②和:hé,混合。

2. 古词

词是诗歌的一种韵文形式,由五言诗、七言诗或民间歌谣发展而成,原是配乐歌唱的一种诗体,句的长短随歌调而改变,因此又叫长短句,一般分上下两阕。大部分词的句式长短不齐,押韵也变化多端。它是一种既能合乐而唱又能讲求格律的新体诗,具有高度音乐性、韵律美和浓郁的生活气息。由于形式上比诗变化大,所以在朗读时我们更应注意气息支持的力度和吐字归音的基本功。

苏幕遮　范仲淹

碧云天,黄叶地。秋色连波,波上寒烟翠。山映斜阳天接水。芳草无情,更在斜阳外。

黯乡魂,追旅思。夜夜除非,好梦留人睡。明月楼高休独倚。酒入愁肠,化作相思泪。

注:①黯:àn,黯然。

蝶恋花　欧阳修

庭院深深深几许?杨柳堆烟,帘幕无重数。玉勒雕鞍游冶处,楼高不见章台路。

雨横风狂三月暮。门掩黄昏,无计留春住。泪眼问花花不语,乱红飞过秋千去。

注:①重:chóng,一重重。②冶:yě,游乐。

临江仙　晏几道

梦后楼台高锁,酒醒帘幕低垂。去年春恨却来时。落花人独立,微雨燕双飞。

记得小蘋初见,两重心字罗衣。琵琶弦上说相思。当时明月在,曾照彩云归。

注:①蘋:pín,歌女的名字。②重:chóng,两重。

破阵子·为陈同甫赋壮语以寄之　辛弃疾

醉里挑灯看剑,梦回吹角连营。八百里分麾下炙,五十弦翻塞外声。沙场秋点兵。

马作的卢飞快,弓如霹雳弦惊。了却君王天下事,赢得生前身后名。可怜白发生。

注:①麾:huī,军旗。②的:dì,的卢指骏马。③弦:xián。

长相思　纳兰性德

山一程,水一程,身向榆关那畔行,夜深千帐灯。

风一更,雪一更,聒碎乡心梦不成,故园无此声。

注:①更:gēng,古代夜间计时单位。②聒:guō,嘈杂。

二、散文

这一节推荐几篇经典的古代和现代散文。这些文章立意深刻、言简意赅、文字晓畅,值得诵读或背诵。

古文的朗读应先明确文章的确切含义、写作背景、写作目的,然后扫清读音障碍。朗读时,同样应注意语意的传达,语言目的的凸显,避免陷入常见的文言文朗读的固定腔调中,看似在大声朗读,实则听不出语义、语气、重点、态度。

现代散文的朗读应抓住文章的主线,突出重点,找出逻辑,避免把文章读散。现代散文的朗读容易一成不变、平铺直叙,应注意在文章中的叙事或描写中找到作者的用意,避免陷入单纯的景物描写,看似很有感情地朗读,实则缺少变化、色彩单一。吐字忌笨拙和过于松散,注意把握分寸。散文多为作者内心情感的表露,朗读时应语速适中、声音柔和质朴、气息舒缓,加强控制的内向力,避免矫情和声音变化的形式化。

1. 古文

桃花源记　陶渊明

训练提示:一是,陶渊明的艺术风格以平淡自然著称,语言质朴而简练。这是一篇虚构的用来寄托作者社会理想的作品,描绘了一幅世外桃源的图景,透露了作者对现实社会的不满,也在一定程度上反映了当时广大农民的愿望。二是,由于全文叙述委婉曲折,朗读应特别注意体现文章的层次感;文章有环境、有人物、有对话,朗读时应注意用声的变化。

晋太元中,武陵人捕鱼为业。缘溪行,忘路之远近。忽逢桃花林,夹(jiā)岸数百步,中无杂树,芳草鲜美,落英缤纷。渔人甚异之。复前行,欲穷其林。林尽水源,便得一山。山有小口,仿佛若有光。便舍船从口入。初极狭,才通人;复行数十步,豁然开朗。土地平旷,屋舍(shè)俨然,有良田、美池、桑竹之属(shǔ)。阡陌交通,鸡犬相闻。其中往来种作,男女衣著(zhuó),悉如外人;黄发垂髫(tiáo),并怡然自乐。见渔人,乃大惊,问所从来,具答之。便要还家,设酒杀鸡作食。村中闻有此人,咸来问讯。自云先世避秦时乱,率妻子邑人来此绝境,不复出焉;遂(suì)与外人间(jiàn)隔。问今是何世,乃不知有汉,无论魏晋。此人一一为(wèi)具言所闻,皆叹惋。余人各复延至其家,皆出酒食。停数日,辞去。此中人语云:"不足为(wèi)外人道也。"

既出,得其船,便扶向路,处处志之。及郡下,诣(yì)太守说如此。太守即遣人随其往,寻向所志,遂迷不复得路。

南阳刘子骥,高尚士也,闻之,欣然规往。未果,寻病终。后遂无问津者。

岳阳楼记　范仲淹

训练提示：一是，《岳阳楼记》因作者处于被贬时期而能有"先天下之忧而忧，后天下之乐而乐"的高远思想境界和人生态度流传于世。本文记事简明，写景铺张，抒情真切，议论精辟。二是，文章是一篇散文，却穿插了许多四言的对偶句，这些骈句为文章增添了色彩。朗读应特别注意体现声音抑扬顿挫的音乐性和韵律感，充分表现作者描绘的景物和情感，为议论做好铺垫。

庆历四年春，滕子京谪(zhé)守巴陵郡。越明年，政通人和，百废俱兴，乃重修岳阳楼，增其旧制，刻唐贤、今人诗赋于其上，属(zhǔ)予作文以记之。

予观夫巴陵胜状，在洞庭一湖。衔远山，吞长江，浩浩汤汤(shāng)，横无际涯；朝晖夕阴，气象万千。此则岳阳楼之大观也，前人之述备矣。然则北通巫峡，南极潇、湘，迁客骚人，多会于此，览物之情，得无异乎？

若夫霪雨霏霏，连月不开，阴风怒号(háo)，浊浪排空，日星隐耀，山岳潜形，商旅不行，樯倾楫摧，薄暮冥冥，虎啸猿啼。登斯楼也，则有去国怀乡，忧谗畏讥，满目萧然，感极而悲者矣。

至若春和景明，波澜不惊，上下天光，一碧万顷，沙鸥翔集，锦鳞游泳，岸芷汀兰，郁郁青青。而或长烟一空，皓月千里，浮光耀金，静影沉璧，渔歌互答，此乐何极！登斯楼也，则有心旷神怡，宠辱皆忘，把酒临风，其喜洋洋者矣。

嗟夫(fú)！予尝求古仁人之心，或异二者之为。何哉？不以物喜，不以己悲。居庙堂之高，则忧其民；处江湖之远，则忧其君。是进亦忧，退亦忧，然则何时而乐耶？其必曰："先天下之忧而忧，后天下之乐而乐"欤！噫！微斯人，吾谁与归！

醉翁亭记　欧阳修

训练提示：一是，这篇文章写于欧阳修被贬滁州时，作者放情林木，醉意山水，文章情与景交融，意与境相谐，给读者独特的审美感受。二是，语言格调清丽，遣词凝练，音节铿锵。全文几乎均用"也"收束句尾，有一唱三叹的风韵。朗读时注意把握其节奏感和回环美；并能抓住醉中之"乐"这一主线，表现作者的心境和情态。

环滁(chú)皆山也。其西南诸峰，林壑尤美，望之蔚然而深秀者，琅琊(yá)也。山行六七里，渐闻水声潺潺，而泄出于两峰之间者，酿泉也。峰回路转，有亭翼然临于泉上者，醉翁亭也。作亭者谁？山之僧智仙也。名之者谁？太守自谓也。太守与客来饮于此，饮少辄(zhé)醉，而年又最高，故自号曰"醉翁"也。醉翁之意不在酒，在乎山水之间也。山水之乐，得之心而寓之酒也。

若夫(fú)日出而林霏开，云归而岩穴(xué)暝，晦明变化者，山间之朝暮也。

野芳发而幽香,佳木秀而繁阴,风霜高洁,水落而石出者,山间之四时也。朝而往,暮而归,四时之景不同,而乐亦无穷也。

至于负者歌于途,行者休于树,前者呼,后者应,伛偻(yǔ lǚ)提携,往来而不绝者,滁人游也。临溪而渔,溪深而鱼肥;酿泉为酒,泉香而酒洌;山肴野蔌(sù),杂然而前陈者,太守宴也。宴酣之乐(lè),非丝非竹,射者中,弈者胜,觥筹交错,坐起而喧哗者,众宾欢也。苍颜白发,颓然乎其间者,太守醉也。

已而夕阳在山,人影散乱,太守归而宾客从也。树林阴翳,鸣声上下,游人去而禽鸟乐也。然而禽鸟知山林之乐,而不知人之乐;人知从太守游而乐,而不知太守之乐其乐也。醉能同其乐,醒能述以文者,太守也。太守谓谁?庐陵欧阳修也。

二、现代散文

家　韩少功

训练提示:一是,作者将自己对于"家"的眷恋、向往、热爱寄放在对景色细致、生动的描写中。溪水、绿意、蓝天、花丛、犁田、炊烟透出作者心中"家"的概念。二是,朗读时应充分调动自己对空间、方向、气味、色彩、动作等的感知觉能力,并注意细节的处理和层次感的把握。

我又来到了这里,在一条寂静无人的山谷里独坐,看一只鸟落在水牛背上举目四顾,看溪水在幽暗的斜树下潜(qián)涌而出,在一截残坝那里喧哗,又在一片广阔的卵石滩上四分五裂,抖落出闪闪光斑。

山里的色彩丰富而细腻,光是树绿,就有老树的墨绿和粉绿,相间(jiàn)相叠,远非一个绿字了得。再仔细看的话,绿中其实有黄,有蓝,有灰,有红,有黑,有透明,比如樟树的嫩芽一开始是暗红色的,或说是铁锈色的,半透明,慢慢才透出绿意,融入一片绿的吵吵嚷嚷碰碰撞撞之中。

溪边有一条小道,证明这里仍在人间。沿着溪流的哗哗声往上走,走进潮湿的腐叶气味中,从水中一块石头上跳到对岸,又缘一根独木桥回到北岸,反复与溪水纠缠一阵,好一阵才能潜出竹林。你可能觉得前面一亮,天地洞开,蓝天白云,有两户人家竟在那高坡上抛出炊烟,你会听到狗的叫声,微弱而遥远。

你知道这里不是人间的尽头。只要你有力气,扶着竹枝继续溯水而上,你还会发现小路,通向新的密林和新的山谷,也通向新的惊讶——在你觉得山岩和杂树将把小路完全吞没之时,随着一只野鸡在草丛中扑啦啦惊飞,一块更大的光亮扑面而来,出现在刚才贴身擦过的一块巨大的岩石那边。那里有竹林后的一角屋檐,地坪前有晾晒的衣服,有开犁的农田以及盛开的花丛。

你觉得这里任何一扇门都应该是你的家。

牡丹的拒绝(节选)　张抗抗

训练提示:一是,文章以洛阳牡丹拒绝开放为描述的重点,赞美了牡丹的个性之美、高贵之美、品味之美。以牡丹的拒绝说明人的高贵不在于富丽而在于品位的深刻寓意。二是,朗读时注意对牡丹悲壮的落花过程的细节描写,加大送气量和口腔控制力度,并由此产生对牡丹个性的解读。注意运用声音高低、虚实等处理区别文章描写、叙述、抒情和议论的色彩。

其实你在很久以前并不喜欢牡丹,因为它总被人作为富贵膜拜。后来你目睹了一次牡丹的落花,你相信所有的人都会为之感动:一阵清风徐来,娇艳鲜嫩的盛期牡丹忽然整朵整朵地坠落,铺撒一地绚丽的花瓣。那花瓣落地时依然鲜艳夺目,如同一只奉上祭坛的大鸟脱落的羽毛,低吟着壮烈的悲歌离去。

牡丹没有花谢花败之时,要么烁于枝头,要么归于泥土,它跨越委顿和衰老,由青春而死亡,由美丽而消遁。它虽美却不吝惜生命,即使告别也要展示给人最后一次的惊心动魄。

所以在这阴冷的四月里,奇迹不会发生。任凭游人扫兴和诅咒,牡丹依然安之若素。它不苟且、不俯就、不妥协、不媚俗,甘愿自己冷落自己。它遵循自己的花期自己的规律,它有权利为自己选择每年一度的盛大节日。它为什么不拒绝寒冷?

天南海北的看花人,依然络绎不绝地涌入洛阳城。人们不会因牡丹的拒绝而拒绝它的美。如果它再被贬谪(zhé)十次,也许它就会繁衍出十个洛阳牡丹城。

于是你在无言的遗憾中感悟到,富贵与高贵只是一字之差。同人一样,花儿也是有灵性的,更有品位之高低。品位这东西为气为魂为筋骨为神韵,只可意会。你叹服牡丹卓(zhuó)而不群之姿,方知品位是多么容易被世人忽略或是漠视的美。

社稷坛抒情(节选)　秦牧

训练提示:作者写此文的目的是透过思古之幽情和历史知识的展现,发自肺腑地抒发自己的爱国之情。因此,应注意播出目的的实现,不能喧宾夺主。

北京有座美丽的中山公园,公园里有个用五色土砌成的社稷坛。

社稷坛是北京九坛之一,它和坐落在南城的天坛遥遥相对。古代的帝王们,在天坛祭天,在社稷坛祭地。祭天为了要求风调雨顺,祭地为了要求土地肥沃。祭天祭地的终极目的只有一个:就是五谷丰登,可以"聚敛贡城阙"。五谷是从地里长出来的,因此,人们臆想的稷神(五谷)就和社神(土地)同在一个坛里受膜拜了。

穿过古柏参天，处处都是花圃的园林，来到这个社稷坛前，突然有一种寥廓空旷的感觉。在庄严的宫殿建筑之前，有这么一个四方的土坛，屹立在地面，它东面是青土，南面是红土，西面是白土，北面是黑土，中间嵌着一大块圆形的黄土。这图案使人沉思，使人怀古。遥想当年帝王们穿着衮(gǔn)服，戴着冕旒(liú)，在礼乐声中祭地的情景，你仿佛看到他们在庄严中流露出来的对于"天命"畏惧的眼色，你仿佛看到许多人慑(shè)服在大自然脚下的神情。

这社稷坛现在已经没有一点儿神秘庄严的色彩了。它只是一个奇特的历史遗迹。节日里，欢乐的人群在上面舞狮，少年们在上面嬉戏追逐。平时则有三三两两的游人在那里低徊(huí)。对，这真是一个引发人们思古幽情的好所在！作为一个中国人，可以让这种使人微醉的感情发酵的去处可真多呢！你可以到泰山去观日出；在八达岭长城顶看日落。可以在西湖荡画舫(fǎng)，到南京鸡鸣寺听钟声。可以在华北平原跑马，在戈壁滩上骑骆驼。可以寻访古代宫殿遗迹，听一听燕子的呢喃；或者到南方的海神庙旁看浪涛拍岸……这些节目你随便可以举出一百几十种来，在这里面千万不能遗漏掉这个社稷坛！这坛后的宫殿是华丽的，飞檐、斗拱、琉璃瓦、白石阶……真是金碧辉煌！而坛呢，却很荒凉，就只有五色的泥土。然而这种对照却也使人想起：没有这泥土所代表的大地，没有在大地上胼(pián)手胝(zhī)足的劳动者，根本就不会有这宫殿，不会有一切人类文明。

我们汉民族的摇篮在黄河的中上游，那里绵亘的是一望无际的黄土高原。因此，黄色被用来配"土"，用来配"中心"，成为我们民族传统中高贵的颜色。中心是不同于四方的，能够生长五谷的土地是不同于其他东西的，黄色是不同于其他颜色的。在这个土坛的中心，黄土被特别砌成了一个圆形，审视这个黄色的圆圈吧！它使我们想起奔腾澎湃的黄河，想起地层下不断被发掘出来的古代村落，也想起那古木参天的皇帝的陵墓。

瞧着这个社稷坛，你会想起中国的泥土，那黄河流域的黄土，四川盆地的红壤，肥沃的黑土，洁白的白垩土……你会想起文学里许许多多关于泥土的故事：有人包起一包祖国的泥土藏在身旁到国外去；有人临死遗嘱必须用祖国的泥土撒到自己胸上；有人远道异国归来俯身去吻一吻自己国门的土地。这些动人的关于泥土的故事，使人对五色土发生了奇异的感情，仿佛他们是童话里的角色，每一粒土壤都可以叙述一段奇特的故事或者一首美好的诗歌一样。

第十五单元　故事类稿件

　　故事类稿件展现人物或事件的完整经过,其中就包括一般的叙事语言、描述语言和人物语言。在播读时,应明确故事起因、经过、高潮、结果的脉络,找出一个故事的主要矛盾,并由此来安排表达的重点,使得表达有起承转合的连贯感、层次感。

　　声音色彩的变化应当根据文章的叙事、描述和对话进行基本的区分。叙述部分以讲述语气为主,用声一般处于自如声区,要根据文章的重点安排详略,不应处处强调,喧宾夺主。描述部分特别是一些细节描写,声音色彩的对比应适度加大,充分利用声音高低、虚实、快慢、明暗等要素的变化深入细致地进行刻画。人物语言的处理,应根据其性别、身份、年龄、处境等因素来选择恰当的声音形式。比如不同年龄的人,咬字的特点不一样;同一个人,在心境不同时,声音也有变化。变化体现在气息的强弱急缓、吐字的松紧前后、共鸣位置的高低等等。但是,初学者应注意播读和扮演的区分,播读力求神似,不可过分夸张,影响整体效果。

一个美丽的故事　　张玉庭

　　有个塌鼻子的小男孩儿,因为两岁时得过脑炎,智力受损,学习起来很吃力。打个比方,别人写作文能写二三百字,他却只能写三五行。但即便这样的作文,他同样能写得很动人。

　　那是一次作文课,题目是《愿望》。他极其认真地想了半天,然后极认真地写,那作文极短。只有三句话:我有两个愿望,第一个是,妈妈天天笑眯眯地看着我说:"你真聪明。"第二个是,老师天天笑眯眯地看着我说:"你一点儿也不笨。"

　　于是,就是这篇作文,深深地打动了他的老师,那位妈妈式的老师不仅给了他最高分,在班上带感情地朗读了这篇作文,还一笔一画地批道:你很聪明,你的作文写得非常感人,请放心,妈妈肯定会格外喜欢你的,老师肯定会格外喜欢你的,大家肯定会格外喜欢你的。

　　捧着作文本,他笑了,蹦蹦跳跳地回家了,像只喜鹊。但他并没有把作文本拿给妈妈看,他是在等待,等待着一个美好的时刻。

　　那个时刻终于到了,是妈妈的生日——一个阳光灿烂的星期天:那天,他起得特别早,把作文本装在一个亲手做的美丽的大信封里,等着妈妈醒来。妈妈刚刚睁眼醒来,他就笑眯眯地走到妈妈跟前说:"妈妈,今天是您的生日,我要送给您一件礼物。"

果然,看着这篇作文,妈妈甜甜地涌出了两行热泪,一把搂住小男孩儿,搂得很紧很紧。

是的,智力可以受损,但爱永远不会。

坚守你的高贵(节选)　　游宇明

三百多年前,建筑设计师莱伊恩受命设计了英国温泽市政府大厅。他运用工程力学的知识,依据自己多年的实践,巧妙地设计了只用一根柱子支撑的大厅天花板。一年以后,市政府权威人士进行工程验收时,却说只用一根柱子支撑天花板太危险,要求莱伊恩再多加几根柱子。

莱伊恩自信只要一根坚固的柱子足以保证大厅安全,他的"固执"惹恼了市政官员,险些被送上法庭。他非常苦恼:坚持自己原先的主张吧,市政官员肯定会另找人修改设计;不坚持吧,又有悖自己为人的准则。矛盾了很长一段时间,莱伊恩终于想出了一条妙计,他在大厅里增加了四根柱子,不过这些柱子并未与天花板接触,只不过是装装样子。

三百多年过去了,这个秘密始终没有被人发现。直到前两年,市政府准备修缮大厅的天花板,才发现莱伊恩当年的"弄虚作假"。消息传出后,世界各国的建筑专家和游客云集,当地政府对此也不加掩饰,在新世纪到来之际,特意将大厅作为一个旅游景点对外开放,旨在引导人们崇尚和相信科学。

作为一名建筑师,莱伊恩并不是最出色的。但作为一个人,他无疑非常伟大。这种伟大表现在他始终恪守着自己的原则,给高贵的心灵一个美丽的住所,哪怕是遭遇到最大的阻力,也要想办法抵达胜利。

少年雄鸡

一只少年雄鸡,守候在他那垂危的父亲身旁。"孩子,我的时间已经不多了,"老雄鸡说,"从今以后,每天早晨呼唤太阳的重任,要由你来承担了"。少年雄鸡很伤心,他注视着父亲慢慢闭上眼睛。

第二天一早,少年雄鸡飞上谷仓的屋顶。它高高地站在那儿,脸朝着东方。

"我必须设法发出最大的声音。"他说着,就抬头啼叫。但是,从他喉咙里发出来的,是一种缺乏力量的、时断时续的嘎嘎声。

太阳没有升起,阴云铺满了天空。湿漉漉的毛毛细雨整天下着,畜牧场上的所有动物,都一齐来责怪小雄鸡。

"这真是倒霉透了!"猪叫道。

"我们需要阳光!"羊叫道。

"雄鸡,你必须大声啼叫!"公牛说:"太阳离我们有九千三百万英里远,你的叫声那么细小,他能听见吗?"

第二天清晨,少年雄鸡又一早就飞上了谷仓的屋顶。他深深地吸了一口气,伸长脖子,放开喉咙大声啼叫。他这次发出的声音,非常洪亮、非常有力,是他开始学习啼叫以来从来没有过的。

畜牧场上,那些正在睡梦中的动物,一个个都被唤醒了。

"这是一种什么声音?"猪说。

"我的耳朵怕被震聋了!"羊叫道。

"我的脑袋都听得快要炸开了!"公牛说。

"我很抱歉,"少年雄鸡说,"但是,这是我应尽的职责。"

他的自尊心受到了很大的打击,他感到十分委屈。但他终于看见在遥远的东方,一轮红日正从丛林后面冉冉地升起来。

羊的醒悟

(一)

小羊们听说大灰狼准备跳崖,奔走相告,纷纷聚集到悬崖下,盼望这一激动人心的时刻早些到来。一会儿,狼站到悬崖边上,对着山下的小羊高喊:"羊宝宝们,我大灰狼今天要跳崖了,我真的不想活了。请求你们不要劝阻我!我知道你们最善良,肯定会劝我活下去……"

"狼先生,你快些跳崖吧,我们不会劝阻的,大家都巴不得你早死呢!"一只全身乌黑的小羊大声喊道。

"小黑羊,你说什么呢?难道你的良心和身体一样黑吗?怎么可以对临死的本狼说这样绝情的话呢?"

"你吃了我们许多亲人,早该死了,快跳下来吧!"

"你说什么?你肯定看走眼了,吃羊的恐怕是我的兄弟,我有四个孪生兄弟,很容易认错的,我三年前就开始吃草了。可是你们还是以为我吃了你们的亲人,天大的委屈啊!所以我不想活了,我要跳崖,天啊,我是怎么死的?我是冤死的!"老狼一把眼泪一把鼻涕的。

"不管是不是冤死的,反正都是一个死,你就别磨磨蹭蹭了,干脆一点跳下来吧!"小黑羊不依不饶。

大灰狼恼羞成怒，指着小黑羊说："本来，本狼早就跳崖了，如果谁能好言好语劝我几句，让我感动落泪，我肯定情不自禁跳下来了。可是，你们看看那个黑不溜秋的小家伙，竟然说了这么多伤人的话，我反而不想死了。因为在这种情况下死了，那才是冤上加冤呢！"

"狼先生，您别跟小毛孩一般见识，您想跳崖就跳吧！"小羊们生怕老狼变卦，齐声高喊起来。

"今天的跳崖都是被小黑羊搅黄的，只要你们把这小家伙留给我，等我收拾了小黑羊，明天立即跳崖！"

为了使大灰狼早些跳崖，为了使小羊们能有一个永久的和平环境，大家只好忍痛割爱，把小黑羊捆绑起来，留给了大灰狼……

（二）

第二天，大灰狼又在悬崖上现身了。

大灰狼高声喊道："羊宝宝们，今天本狼无论如何要跳崖了，但愿不会出现昨天那样的变故。最好有谁能好言好语劝慰几句，如果能感人肺腑，那我就立即跳崖，死而无憾！"

小羊们推来推去，总算选出一只能说会道的小白羊去劝慰老狼。

"狼先生，不管您犯过多少罪行，只要能改过自新就好了，何必要跳崖呢？世界上最宝贵的是什么？是生命！生命对于每个人都只有一次。我们来到世上多么不容易啊，我们必须好好活着。只要能活下来，就会有弥补过错的机会，轻生是最没有出息的行为。您就下来吧，别跳崖了，我求求您了……"那只小白羊声泪俱下，竟然跪了下来。

大家都说老狼这回死定了，因为小羊规劝的话连羊们自己都感动了。大灰狼说过，只要劝得它感动落泪，它就立即跳崖。大家都眼巴巴等待大灰狼能情不自禁地跳下来。

老狼掏出纸巾，擦了擦眼睛说："小家伙，你太有才了，一番肺腑之言，说得我心悦诚服，简直是醍醐灌顶啊！我老狼今日大彻大悟了。我昨天刚刚伤害了你们的小黑羊，而你们竟然不计前嫌，希望我珍惜生命，不要轻生。你们的崇高品德深深感动了我，本狼如果不听规劝，一意孤行，那就太对不起你们的一番苦心了。我一定要活下来，争取有一个弥补过错的机会……"

"狼先生，小白羊的话只能代表它自己，其实，我们大家都巴不得你早些跳崖的。"小羊们怕老狼说话不算话，只好大声表达自己的意愿。

大灰狼说："好，我明白了。原来，小白羊的话只是代表它自己。那好，我马上就死给你们看。不过，这小白羊太可爱了，也太有才了，我临死前一定要亲一亲它，让它上来吧,让我抱一抱、亲一亲,我立即就跳崖,否则,我是死不瞑目的。"

为了整体利益,为了让老狼早些跳崖,大家鼓励小白羊让老狼抱一抱、亲一亲。小白羊爬上悬崖,结果当然是有去无回啰……

(三)

小羊们一次又一次上当受骗,不知该如何对付这狡猾又凶残的大灰狼。

它们想起了去请教足智多谋的老山羊阿太,阿太说:"孩子啊,你们太天真了,怎么能希望坏蛋自我毁灭呢?这是不可能的,要想战胜敌人,全靠我们自己!我觉得对付大灰狼的花招,不妨来个将计就计、弄假成真……"大家商量好对策,便分头行动起来。

第二天,大灰狼再次站到悬崖边上。它捶胸顿足,痛哭流涕,对着小羊们哭诉起来:"羊宝宝们,我真该死啊!昨天,这么可爱的小白羊,我抱也抱不够,亲也亲不够,结果呢,因为抱得太紧、亲得太狠,竟然把它咬死了!我一辈子都饶恕不了自己,不如死了好,一了百了……"

"不用啰嗦了,你以为我们还会上当吗?"

"是啊,本狼三番两次跳崖,却没有跳下来,连我自己都怀疑自己是个骗子。所以今天,本狼已经写好遗书,请你们上来两只最强壮的小山羊,在我不知不觉时把我推下去,谢谢了!"

"狼先生,你肚子饿了吧?一定又想吃羊肉了,对吧?"

"唉,本狼知道你们一定不会相信我的,所以谁也不肯帮我的忙。实在是因为悬崖太高了,我有恐高症,每次站在悬崖边上,好像就会晕倒了,没办法起跳。我现在闭上眼睛,身子站直了,请你们猝不及防推我一把,让我死个痛快……"

大灰狼的计谋其实是很高明的:如果有小羊上来当推手,肯定又成了它的美食;如果没有推手,它又有借口可以逍遥自在回家了。所以,这家伙装作很真诚的样子,把双眼闭得紧紧,一副视死如归的样子。

可惜大灰狼这回可是聪明反被聪明误啊!

今天天刚拂晓,早就有两只最强壮的小山羊在悬崖上埋伏起来。现在,时机已到,它们悄悄挪近大灰狼。大灰狼竟然毫无察觉,只顾自己呼喊:"求求你们,帮帮我,推我一把吧,——"

"来了,你去死吧!"两只小山羊猛地一推,大灰狼惊恐万状地号叫着从悬崖上摔下去了……

第十六单元　新闻类稿件

本单元新闻类稿件包括新闻播报、新闻专题、新闻评论以及现场报道。新闻类稿件的播读语速偏快，初学者应在吐字清晰饱满的前提下适当加快速度，不能吃字、蹦字；气息稳劲通畅，能够根据新闻播出的时间、栏目和受众灵活调整气息状态；音色明亮坚实，注意气息、口腔、喉部及共鸣的综合控制。

一、消息类新闻稿

1. 宣读式新闻

训练提示：宣读式新闻庄重严肃，此类稿件的播读语速相对平缓，字正腔圆，吐字饱满规整、口腔控制力度强，气息沉稳而有变化，声音坚实、洪亮。宣读式新闻稿件是训练胸腹联合式呼吸和口腔控制非常适合的训练材料。

十三届全国人大一次会议选举产生新一届国家领导人　习近平全票当选国家主席中央军委主席

十三届全国人大一次会议17日上午选举习近平为中华人民共和国主席、中华人民共和国中央军事委员会主席。

当这一选举结果宣布时，全场爆发出长时间热烈的掌声。

会议还同时选举栗战书为第十三届全国人民代表大会常务委员会委员长，选举王岐山为中华人民共和国副主席。

（选自央视《新闻联播》）

2. 播报式新闻

训练提示：播报式新闻既端庄又不失自然，语速较宣读式新闻稍快，吐字规整、干净利落、流畅自然，气息稳劲、弹动感强，声音明亮扎实。如果把宣读式新闻的播报风格比喻为"正步走"，播报式新闻的播报风格则可以比作"齐步走"。

（1）庆祝中华人民共和国成立70周年活动标识发布

国务院新闻办公室今天(3日)发布了庆祝中华人民共和国成立70周年活动标识。

活动标识以数字"70"和代表国家形象的国徽五星及天安门作为设计核心元素，

紧扣中华人民共和国成立70周年庆典活动主题。活动标识中,"70"设计成翻开历史新的一页的视觉效果,突出党和国家各项事业的崭新形象,寓意在以习近平同志为核心的党中央坚强领导下,中国特色社会主义进入新时代,中华民族奋力谱写新篇章。

(选自央视《新闻联播》)

(2)北京新机场主航站楼主体工程完工

经过3年多建设,北京大兴国际机场主航站楼主体工程昨天(4月30日)正式完工,进入工程验收和调试阶段。目前,新机场室外"凤凰展翅",室内"如意祥云"的整体效果已初步呈现。在航站楼核心区内部,屋盖面积达18万平方米,顶部设有大面积天窗,保证自然光充足。预计北京大兴国际机场将在今年6月30日前全部竣工验收,9月底前通航。

(选自央视《新闻联播》)

(3)公安部:对涉校违法犯罪保持"零容忍"

公安部、教育部今天(5月17日)对做好当前和今后一个时期校园安全工作进行动员部署,要求对各类侵害师生人身财产安全的违法犯罪保持"零容忍",着力构建周边防控、专业防控与校园防控相结合的校园安全防范体系。对涉及校园的有关案事件和报警第一时间受理,第一时间立案,第一时间出警,第一时间侦办,坚持露头就打、依法严惩。

(选自央视《新闻联播》)

(4)中国人工智能峰会今天在厦门召开

今天(8月9日),在福建厦门举行的中国人工智能峰会上发布了首届中国人工智能竞赛成果,其中,人脸识别技术精度已达99%以上。本届竞赛共有360多支队伍参与近1000个项目的角逐,涉及图片、音频、视频识别等15个方向,近15%的参赛项目达到国际先进水平。

(选自央视《新闻联播》)

(5)海南新发布12条制度创新案例

今天(5月20日),海南发布了12条制度创新案例。其中,开展通信基站建设管理"放管服"改革、利用候鸟人才资源设置高等教育"冬季小学期"等均为全国首创。至此,海南建设自由贸易试验区一年多来,已对外发布了25项"海南特色、全国首创"制度创新案例。

(选自央视《新闻联播》)

(6)我国发现亚洲首例霸王龙足迹

昨天(29日),亚洲首例霸王龙足迹新闻发布会发布,近期在我国江西赣州发现的恐龙足迹,是我国乃至亚洲首次发现霸王龙足迹。这对研究中国白垩纪最末期恐龙动物群的分布与演化有着重要意义。霸王龙又名暴龙,生活在距今约6850到6550万年前的晚白垩纪,是一种超大型的肉食性恐龙。

(选自央视《新闻联播》)

(7)贵州水城"7·23"特大山体滑坡灾害已致24人遇难

今天(26日),贵州水城"7·23"特大山体滑坡灾害抢险救援仍在继续,截至下午1点,通过户籍核对、家属报案、DNA比对等方式,进一步确认该滑坡灾害区共有户籍人口22户77人,外来探亲访友、务工人员8人,共计85人,其中已取得联系的在外人员23人,搜救并送医伤员11人,截至目前的遇难人数为24人,失联人员27人。

(选自央视《新闻联播》)

(8)联合国报告称全球饥饿人数超8亿

15日,联合国粮农组织等相关机构在纽约联合国总部发布了2019年度《世界粮食安全和营养状况》报告,报告显示2018年全球共有8.2亿人无法获得充足食物,处于"饥饿"状态。这一数字已经是连续第三年增长,主要集中于非洲、中东和拉丁美洲的部分地区。

报告指出,实现2030年可持续发展目标中的"零饥饿"目标仍然面临巨大挑战,呼吁国际社会采取更大胆的行动,开展跨行业合作,以应对这一严峻形势。

(选自央视《新闻联播》)

(9)中科院授予云南首个北回归线坐标点

中国科学院天文研究机构今天在云南红河州蒙自市碧色寨,测量并认定我国首个北回归线坐标点。在我国,北回归线穿越台湾、广东、广西、云南四地。夏至这天正午,在北回归线上的地区将会出现"立竿无影"的有趣现象。

(选自央视《新闻联播》)

(10)俄三员名将被禁止参加平昌冬奥会

俄罗斯奥委会23日说,三名俄罗斯选手因兴奋剂问题没能出现在国际奥委会有资格参加冬奥会的运动员名单中。俄奥委会表示,包括冬奥会六枚金牌得主、短道速滑名将维克托·安在内的这三人并未涉足任何兴奋剂事件,俄方已要求国际奥委会对此作出解释。

国际奥委会2017年以"系统性操纵反兴奋剂工作"为由禁止俄罗斯以代表团形式参加平昌冬奥会，但允许俄罗斯运动员以个人名义参赛。

（选自央视《新闻联播》）

3. 说新闻

训练提示："说新闻"这种播报方式较"播报式"更加亲切自然、更容易拉近和受众的距离。在气息和口腔的控制上的表现更为自然，但应区别于"大自然"的毫无控制的松散状态。

（1）创意出精彩

观众朋友，您要是本周去西班牙的布尼奥尔，不管您答应不答应，愿意不愿意，肯定都会被砸得满身的西红柿，因为人家那正过着传统的节日"西红柿节"。要说形式，这"西红柿节"跟咱们的"泼水节"差不多，可要说场面，这满大街的"西红柿泥"看着实在是有点邋遢。不过人家可不是这样想的，"一个愿打，一个愿挨"，这会儿被西红柿砸中，那可是代表着幸福，所以不管这红柿粘在身上是多么黏糊糊的，人家也乐意，而且还恨不得把自己都埋在这"西红柿糊"里呢！只不过痛快是痛快了，幸福也幸福够了，这狂欢过后要打扫起来，那可就不太容易了。瞧瞧，是不是就跟刚刚发过洪水一样。

（选自央视《本周》）

（2）高温天气：谨防"情绪中暑"

现在，许多地方高温天气持续。炎炎夏日，大家想了各种方法防暑降温。医生还提醒说，高温天气，还要谨防"情绪中暑"。

这两天，广西大部地区遭受了高温热浪的袭击，在南宁街头，很多人都是从头到尾来了个全副武装。医生说，当气温超过35度的时候，人体就容易出现情绪烦躁、爱发脾气、思维紊乱等行为异常的现象，一旦遇到不愉快的事情，极易出现口角纠纷。天气炎热也容易引发交通事故，一些驾驶员由于心烦气躁，安全意识较平时下降，而这也成为夏季交通事故频发的原因之一。医生建议大家，保证充足的睡眠，注意情绪的调整，饮食方面要清淡，可以喝一些凉茶、绿豆汤等消暑食品。同时避免食用过于辛辣和油腻的食物。

（选自央视《全球资讯榜》）

(3)微信公号现众多以暴易暴主题视频

央广网北京1月28日消息:据中国之声《新闻晚高峰》报道,近日,微信公众号上出现了许多宣扬以暴易暴主题的短视频公众号,其视频内容充斥着暴力、粗口、拳打脚踢,拍摄手法采用纪实手段,容易让观众分不清真伪。此类视频虽然冠以"公平正义""惩恶扬善"的名义,实质却是以暴易暴、宣扬暴力。

以"搞事""出击"等关键词进行搜索,可以看到数量众多已通过认证的同类公众号,如"小马出击""老崔出击""泽哥出击"等等。这些公众号视频的制作良莠不齐,往往以"正义"为主题,实则脏话连篇、宣扬暴力,而且视频大多以纪实手法拍摄,容易让不明真相者以为这就是实际上发生过的事,混淆了新闻与节目的区别。视频中的主人公一般都是嘴里讲着大道理,却对别人施加暴力。

这些视频的点击量,从几千次到十万加不等,有的公众号如"火爆泽哥",从2017年10月30日至今,已发布18条视频推送,每条视频推送的阅读量都在10万+。

微信今天已将绝大多数类似视频删除,并封掉了部分传播视频的公众号。微信表示,平台一直致力于为用户提供绿色、健康的生态环境,坚决打击涉嫌淫秽、色情及低俗类等信息。

(选自央广网)

(4)中国话语海外认知度调研报告发布

中国外文局今天首次发布了《中国话语海外认知度调研报告》,报告显示:近两年中国话语以汉语拼音的形式在国外的接触度和理解度都大幅提升,拼音和汉字"中为洋用"正在成为英语圈国家的一种新现象。

在这份报告中,认知度排在前100名的中国词,文化类所占比重最大,春节、重阳等中国传统节日悉数上榜。一个有趣的现象是,过去不少翻译成英文的中国词,开始被汉语拼音替代。比如熊猫,外国人不光知道panda,还知道这个憨态可掬家伙的中文叫法"熊猫"。还有饺子,过去叫dumpling,现在越来越多的外国人,直接叫它jiaozi,最新版的《牛津英语词典》也把拼音"jiaozi"收录进去。

经济类词汇"人民币"的外媒传播度和民众知晓度也十分抢眼。无论在美国纽约曼哈顿还是英国伦敦金融城,伴随人民币国际化进程加速,汉语"人民币"不仅成为高频词,还成了金融圈的必修中文词。

值得注意的是,"一带一路""十三五""中国梦",一系列由中国定义、带有鲜明中国特色的词语也以原汁原味的方式走进世界。

(选自央视《新闻联播》)

(5) 中国航空业迎来空中上网时代

今后，坐飞机时，"飞行模式"终于派上用场，手机看视频、图片等操作会给乘客带来更多便利。在有Wi-Fi的航班上，乘客还可尝试"下单"购物、网上支付。在国内航空公司的飞机上不能用手机将成为历史。

东方航空、海南航空分别宣布，今日起允许乘客在空中使用手机，但需设置为"飞行模式"，关闭蜂窝移动通信功能。而不具备飞行模式的移动电话等设备，在空中仍然被禁止使用。北京青年报记者从国航方面了解到，国航正在进一步完善相关工作方案。其他多家航企也表示，将陆续为手机飞行模式"解禁"。

（选自北青网）

(6) 兰州一高校教室设置手机袋 学生从"低头族"变成"抬头族"

据中国之声《央广新闻》报道，兰州一高校教室门口设置挂在墙上的手机袋，杜绝上课期间学生成为"低头族"。

现在大学生群体已经成为手机依赖症的"重灾区"。智能手机的普及和手机聊天、手机游戏的流行使很多同学都沉迷其中。上课时刷微博、点赞朋友圈，甚至玩手机游戏都很普遍。于是，在寒假期间，兰州交通大学在调研部分学院为学生试行配备手机袋经验的基础上，为全校170多个教室制作安装了具有鲜明特色的固定手机袋，使学习自觉性不强、主动性不高的学生与手机进行了物理隔离。

学校方面表示，通过一段时间试行，学生从"低头族"变成"抬头族"的效果很明显，希望通过这种方式让上课不玩手机变成学生的自觉行为。

学生表示，以前手机随身带，上课期间同学发来信息，不及时回复，别人会说摆架子之类的，回复又难免分心，影响上课；现在不错，上课可以安心听讲，没有手机，课堂氛围也活跃了许多。

也有一些学生表示，自己以前上课的时候就想隔离手机，但是在教室没有合适的位置放，放在身上又忍不住想玩。如今这个问题得到解决，可以自觉地把手机入袋。而且，手机袋上还印着学校校徽、校训和编号，教师上课可以不再浪费时间点名，谁没来上课，放手机的地方就是空的，一目了然。

（选自央广网）

二、新闻专题

火眼金睛的校检员——鄂岳

听众朋友，在今天的节目里我们一起来认识一位火眼金睛的校检员，他每晚要看30多万字的文稿,并且堵住其中的漏洞。他就是《人民日报》总编室校检组夜班校检员鄂岳。

每当夜幕降临,鄂岳才开始他新一天的工作。他的主要任务是把总编、版面编辑和校对改动的地方誊到一张清样上。你可别小瞧这对样的活儿,它是《人民日报》出版前的最后一关,责任大风险也大!并且多年的辛勤工作使得鄂岳现在已经成为《人民日报》校检岗位上的一名多面手,无论校样、检查大样还是对样,样样工作都完成得非常出色。

每晚10多块版,一块版13000字,每版校对3遍,加起来鄂岳一晚上要对30多块版!长时间的伏案工作,鄂岳20多岁就得了严重的颈椎病,低头时间长了脖子钻心得疼,同事建议他直起腰举着大样看,可他说:"那样看不投入,出了错咋办!"有一次,一篇稿子讲一个乡镇治理环境污染,写道"治理面积达5.6万平方公里",鄂岳用自己常年积累的方法推算,误差大了十几倍。像这样的错误在鄂岳手中被纠正了多少次,连他自己也记不清了。

鄂岳常说自己的这个工作是平凡的,只是《人民日报》决不能出错,别人说他"火眼金睛",其实只是细心、耐心而已。

(改编自央视《新闻联播》)

林波涛:万里邮路上的绿衣使者

他常年奔波在万里邮路上,带领班组取得了质量服务全优的业绩。听众朋友,今天的节目中为您介绍上海市邮政局邮区中心局押运科沪乌十五班班长林波涛。

上海至乌鲁木齐线是全国铁路中最长的干线邮路,往返8000多公里,林波涛和他的班组就常年奔波在这条邮路上。

邮件押运工作,既枯燥又繁重,每跑一个班次往返6天,林波涛和同事就要在这节不到100平方米的车厢里工作96个小时,在18个交接站装卸近2000个邮袋。列车提速后,各站停靠的时间越来越短。为了争取时间,每到一站,林波涛他们不仅采用双门作业,还打开车窗帮助地面局同志一同装卸。

沪乌线跨越7个省、市、自治区,沿途气候多变。为了保障邮件安全,在火车运行中不能开启车窗。每逢酷暑,车厢内温度高达40摄氏度,但是清点、核对、登记、堆放邮袋,林波涛一项也不马虎,衣服常常湿了又干,干了又湿。

今年4月,T53次列车在新疆遭遇20年一遇的罕见沙尘暴,邮政车厢的6块车窗被砂石击得粉碎。为了不让邮件受损,林波涛带领同事们用棉被堵住车窗,用身体围成"防护墙",顶着零下4摄氏度的严寒,整整坚持了六个小时。

回忆起当时的情景,林波涛说:"我们就是要迅速准确地把所有我们承包的总包邮递运到全国各地,确保它的时限和安全。"

(改编自央视《新闻联播》)

陈步上:人老心红 党员不褪色

今年70岁的陈步上是江西萍乡明塘村的老支书,退休后,他依然心系群众,坚持一辈子为人民群众发光发热。

正在为村里党员做宣讲的就是老支书陈步上,他现在是当地"百姓讲身边故事"的宣讲员,每年宣讲近200场。

陈步上还在家里设立了工作室。经常同党员群众一起学一起议,了解百姓诉求。村民邬远清打算种西瓜,但资金不足,陈步上了解后,主动帮他解决。

陈步上对全村情况了如指掌,村民遇到困难都会想到他,因此他也得了个外号叫"陈管事"。去年年底,村上要建卫生所,在土地征用时有人不同意,这时候,"陈管事"又站了出来。

一看老支书这么说,再一想卫生所建起来也是大家受益,邬记元也就同意了。陈步上入党48年里,不管是学还是做,都给村里党员树榜样。

(选自央视《新闻联播》)

郎平:雄心志四海

1984年洛杉矶奥运会女排决赛,中美巅峰对决,身高1米84的中国女排主攻手郎平击溃了美国女排的防线,帮助中国女排登上了冠军的宝座,赛后诞生了一个流行词——"铁榔头"。"铁榔头"郎平两次在中国女排最困难的时期,主动接下了中国女排主帅这个"星球上压力最大的职业":第一次是1995年女排生死存亡之际,她毅然归国,担任女排主帅,累倒在工作当中;第二次是2012年中国女排伦敦奥运会被日本队淘汰,2013年同年龄队友陈招娣撒手人寰,这一系列的悲痛触动了郎平内心深处的女排情结,于是她冒着"一世英名可能毁于一旦"的风险再次走马上任,仅仅一年半时间,郎平就带领中国队于2014年时隔16年重返世锦赛决赛舞台,最终夺得亚军,并于2015年重夺世界杯冠军。30年来,从担任主攻手时的"五连冠"到任教练率中国女排重返世界之巅,"铁榔头"似乎已经是奇迹的代名词。

【颁奖词】临危不乱,一锤定音,那是荡气回肠的一战!拦击困难、挫折和病痛,把拼搏精神如钉子般砸进人生。一回回倒地,一次次跃起,一记记扣杀,点染几代青春,唤醒大国梦想。因排球而生,为荣誉而战。一把铁榔头,一个大传奇!

(选自央视《感动中国》)

大山深处的小院长

在山东淄博的大山深处,有一家乡镇卫生院,周围的村民大病小情都愿意来。带领这家卫生院成长的,就是在这里工作了37年的亓庆良。

65岁的亓庆良现在每天还坚持做三四台手术,工作七八个小时。20年前,源泉镇卫生院濒临倒闭,最少的一天收入只有一毛八分钱。看到这个情况,时任淄博市医院外科主任的亓庆良,毅然放弃城里工作,返回家乡。

靠着从区医院带回来的基础设备,亓庆良从最小的手术做起,把全院仅剩的13名医护人员全部编入手术序列。如今的卫生院已经发展成多功能的卫生服务中心,有148名医护人员,能开展20多个常见病、多发病的诊治,年接诊病人2万人次,覆盖30万群众。

(选自央视《新闻联播》)

三、现场报道

罗平,油菜花的春天

早春二月,滇西的油菜花黄了一片,漫山遍野,郁郁葱葱。观众朋友,每年2月到7月,是油菜花的季节,也是旅游摄影爱好者和情侣们最向往的季节。

您看,油菜花开,一朵朵成簇,一簇簇成枝,一枝枝花开,一田田蛋黄色,农家春色最美如斯。油菜花,不着杂色,天蓝蓝,地黄黄,花色袭人,让人喘不过气来。几丘田花开,鲜黄一片,迷了人眼。

金色的山冈、金色的沟壑、金色的原野、金色的河堤、金色的花坛、金色的盆景,金色铺设了罗平的山山水水,罗平成了金色的世界。

观众朋友,这个油菜花的海洋,恐怕是世界上最奇特的大海了。春风习习,金色的花海,潮起潮落,荡漾着清香,吹奏着牧歌。罗平城在花海中沉浮,成为一座大海中的岛屿。当你站在白腊山上俯视这座县城的时候,但见近700万平方米油菜花漫山遍野铺天盖地,秀峰、村舍、道路、河流,都融入油菜花海,真是蔚为壮观!

(选自央视《为您服务》)

第十七单元　主持类稿件

主持类稿件包括读报类、服务类、主持人言论及科教类稿件等，这些稿件的用声更加强调变化和自如，做到既有控制的意识，又不能有控制的痕迹，但绝不是大自然的状态。试图用完全生活中的用声状态来应付话筒前、镜头前的用声，势必掺杂许多不规范的、含混的因素。播音员主持人应辨明无控制和自动化控制的区别，使有声语言向更高、更美的层次发展。

一、读报类

1. 孩子不交作业高学历家长撑腰

上海《新民晚报》报道说，上海一所小学的吴老师最近很头疼，他班上有个孩子每天交来的家庭作业都和别人不一样，不是这个题没写，就是那道题没做。吴老师一问，孩子振振有词地说：我老爸说了那几道题是重复劳动，浪费时间，可以不做。如果有问题，爸爸让您找他讨论。原来，这个孩子的父母都是知名大学的教授，每天老师布置的作业他们就会进行挑选，觉得没有必要做的就不让孩子做了。这样的家长还不止一个两个，尤其是那些高学历家长，动不动打电话教育老师您该如何如何，一张口就是国外教育怎样怎样。这样的行为破坏了学校的教学秩序，让老师叫苦不迭。

2."挑刺客"

您听说过"挑刺客"吗？《解放日报》说，李先生想出国玩一趟，可是他找了几家旅行社，哎，奇了怪了，家家都说名额满了。后来他多方打听才知道，就因为去年十一他投诉过某旅行社，于是他已经上了旅行社用来"封杀"部分旅客的"黑名单"啦，省里几个旅行社还结成同盟，把"黑名单"资料共享，提醒大家千万别带他玩。有位旅行社负责人解释说，实在是无奈啊，这是旅行社的自我保护。"挑刺客"，一般都是"资深游客"，自我保护意识很强，也了解相关法律，在旅行中，一有不满就找旅行社索赔，如果不赔，就找消协、主管部门投诉曝光。旅行社很头疼，搞不好大半年都得关门大吉。不过，既然人家能挑出你的刺来，就说明您本身还有刺需要解决。我们消费者振臂高呼：让"挑刺客"来得更猛烈些吧！

3.豪华消费

年底快到了,各种各样的聚会也多了起来。《新华日报》说,这两天,南京某儿童教育机构推出了1088元的天价聚会。在聚会的宣传单上写着,家庭套票中"包括司机、保姆、保镖各一名",除了这些,还有吃有玩有礼物。什么"欧美城堡风情、冰雪童话世界",什么地道西式套餐、纯正野外烧烤。最后还有精彩的:进口礼物派送、缤纷礼花庆典等。呦,够豪华,够高档。除此之外,主办方还要对孩子进行爱的教育,要求每位到场的孩子都要拿出自己的零花钱,为贫困儿童亲自选购并包装一份礼物。这主办方唱得挺好听,但是参加这样的聚会,孩子是更有爱心了,还是更爱攀比了,咱们家长可得拿捏好了。

4.大学生辅导员的苦恼

"才刚做了大一新生一个月的宿舍导师,我都快成保姆了!"一看就知道说话的是一名大学生宿舍的导师。《中国青年报》说,为了能让刚刚入学的大学新生尽快适应学校生活,很多高校都"贴心"地为他们安排了宿舍导师和辅导员,大都由高年级学生或研究生担任,小高就是其中的一位。可自从当了宿舍导师以来,小高快成接线员了,今天有学生打电话来说学校社团太多,不知道该选择哪一个,明天有学生因为饭卡折了没办法打饭而"求救",让小高哭笑不得的是,问题大多是学生完全有能力自己解决的。

二、主持人言论

过度包装的危害

观众朋友,要过年了,走亲访友、礼尚往来,这是过年不可缺少的内容。送礼要体面这是人之常情,所以精美包装的礼品更受消费者的欢迎。现在大家生活越来越好,礼品也越来越丰富多彩。我不知道您注意有这样一种情况没有,有的礼品包装越来越大,越来越复杂,越来越豪华,甚至有的包装价值已经超过了礼品内容的价值。

送礼的人希望有面子,有的商家正是利用过度包装来诱导和放大消费者这种心理,来赚取更大的利润。应该明确的是,精美的礼品包装并不意味着豪华包装或者过度包装。过度包装的害处往小了说,对于咱们消费者个人是花钱花得不值,往大处说是对国家造成资源浪费。现在国家有关部门出台相应措施来抑制过度包装,那咱们消费者也应该理智点,别花冤枉钱。

(选自央视《东方时空》)

三、服务类稿件

巧做冬季暖手包

观众朋友,大家好。您现在收看的是中央电视台经济频道的《为您服务》。天气这么冷,每个人都会要想到一些让自己保暖的办法。特别是南方的冬天比较阴冷,特别想随时随地抱一个热水袋。可是热水袋体积太大,也不够美观。有什么更好的方法取暖呢?今天我给你看两样东西,第一样东西:毛巾。另外一样东西就是红小豆。对了,我自己缝了一个布袋子。为什么要用这个毛巾呢,因为它是全棉的,全棉的东西很舒服,而且它不会因为热度高了之后出现什么样的变化。你就把红小豆放在毛巾包里,然后放到微波炉里微一下。但是一定要注意火候,如果火候过高,时间过长,它就炸了,成爆米花了,中火两分钟就可以了。这么一个红豆做的暖手包经过微波炉的加热,温度能持续一个小时到一个半小时,好了,我们看一段导视之后继续为您服务。

(选自央视《为您服务》)

四、科教类稿件

1. 奥林匹克精神

观众朋友,您好,这里是《子午书简》。

今天是第28届奥林匹克运动会闭幕的日子,我们为大家选取了现代奥林匹克运动之父顾拜旦的讲演《奥林匹克精神》。文章选自高中语文读本第一册。

1937年9月2日,皮埃尔·德·顾拜旦在瑞士的日内瓦逝世。顾拜旦留下了丰富的遗产:五环旗是他设计的,运动员誓言是他起草的;他赋予奥运火炬崭新的时代意义,他主张奥林匹克运动是一个"自由超越的领域",他确立了"更快、更高、更强"的目标……顾拜旦将他对奥林匹克运动的哲学思考,写进《奥林匹克回忆录》这一巨著中。

顾拜旦是当之无愧的"奥林匹克之父"。他把毕生的精力献给了奥林匹克运动,为了把一种充满活力的新教育体系介绍给祖国,顾拜旦从青少年时期起,就潜心钻研同时代的不同教育体系和古希腊的历史。1894年,他召集了第一次国际体育大会,成立了国际奥委会,提出的口号是"体育为大众"。从此,现代奥林匹克运动蓬勃开展起来。

《奥林匹克精神》是顾拜旦于1919年在瑞士洛桑的演说。他奠定的理论基础,使得奥林匹克运动经受住了百年风雨的考验,发展成为一个持久的青年运动与和平运动。

(选自央视《子午书简》)

2. "象形"胡同

北京的胡同多如牛毛,胡同有以人物名字命名的、有以街巷中著名的建筑命名的、有以衙署机构命名的,有以地形水道命名的……在北京胡同的名称中,还有一类地名是因其胡同的特殊形状而命名的。这些胡同名称非常形象,有如胡同特点的点睛之笔,到这样的胡同走走,再品其名,饶有兴味。

北月牙胡同和南月牙胡同地处地安门内大街东侧,这两条胡同的形状就像是两只弯弯的月牙,故而人们将这两条胡同形象地称为月牙胡同了。

用辘轳打水时人们要转动辘轳把,那辘轳把的形状是左右俩平行线,中间以斜线相连,而在丰盛地区东起太平桥大街,西至锦什坊街的辘轳把胡同正是这个样子,于是这里被称为辘轳把胡同。

拐棒一词在《现代汉语词典》中解释为"弯曲的棍子"。在北京有一条西起西四北大街、东至大拐棒胡同的小拐棒胡同,就是一条曲曲折折的胡同。它的样子就像一根弯曲的棍子,故而它被冠以了拐棒的名字。

在新街口南大街东侧,与棉花胡同相邻的前罗圈胡同和后罗圈胡同首尾相连成了一个梯形,像人的罗圈腿,于是有了这样的名字。

东口袋胡同西起有名的柳荫街,这是一条死胡同;前口袋胡同西起西四北大街,这也是一条死胡同。正因为这种胡同像口袋一样只有一个开口处,所以用口袋之名告诉人们此巷不通。

铃铛胡同在鼓楼北边的钟楼西侧,从胡同的形状看就像一只铜铃,每天伴着钟鼓楼的钟鼓之声以铃声相和之。

烟袋斜街,东起地安门外大街,西至银锭桥,它的名称不仅告诉人们它是一条斜街,也告诉人们这条胡同的样子有点儿像烟袋锅儿。

(选自央视科教节目)

第十八单元　即兴口语表达语音发声训练

学习普通话语音和播音发声,不仅为了适应不同类型的有稿播音,也要把学习成果运用到无稿播音中。张颂教授提出:"无稿播音出口成章,有稿播音锦上添花。"因此,这一单元推荐时下热点消息,检验大家在即兴口语表达的状态下用声是否自如、有变化,语音是否规范清晰,表达是否流畅、到位。可在稿件播读之后,针对新闻事件进行评述。

(1) 北京新机场设"女司机停车位"引争议　网友:叫"新手车位"不好吗

今年9月底,随着北京新机场开通,停车楼将同步启用,这座高度智能化的停车楼温馨地设置了一批较宽敞的车位,但这类车位的命名却引起争议。

据北京市交通委消息,今年9月底,大兴国际机场停车楼将与机场同步运行,以服务旅客的停车需求。启用后,这里将成为国内机场中停车智能化程度最高的停车楼。

《北京日报》记者注意到,新机场停车楼中,"提供了一定数量的女司机停车位,除了外观设计更贴近女性风格外,车位空间也更加宽敞"。"女司机停车位"一词引发网友热议,有网友认为此举有歧视女司机的嫌疑。

(选自北京日报网)

(2) 浦东消保委:上海迪士尼不接受调解　坚持翻包检查

人民网8月22日电,上海迪士尼乐园(简称上海迪士尼)禁带食物且翻包检查引发的舆论风暴仍在发酵。美国迪士尼乐园总部公共事务部和上海市浦东新区消费者权益保护委员会近两日相继向人民网记者做出回应。前者称他们无法回复关于上海迪士尼的问题,后者称上海迪士尼不接受调解,不会就禁带食物、翻包检查等规定做更改。中国消费者协会相关专家指出,相关监管部门不能缺位,应按照法律规定进行调查。

人民网8月13日刊发《四问上海迪士尼:翻包、"双标",凭什么?!》一稿,一问:凭什么搞"双标",欧美带得亚洲带不得? 二问:凭什么强制翻包,游客隐私如何保障? 三问:禁带食物是为园区卫生? 园区卖的饮食没气味? 四问:谁来纠正迪士尼的"双标"行为? 谁来保障消费者权益? 随后"人民网四问上海迪士尼"登上微博热搜,微博话题#人民网四问上海迪士尼#讨论量达4.1万,阅读量达4.1亿。

(选自人民网)

(3)奔驰女车主哭诉维权:在中国做有尊严的车主有多难

随着新料送出,西安奔驰女车主维权事件持续发酵。不妨简单复盘事件的传播经过。

从4月11日开始,一名西安奔驰女车主维权的视频开始在网上热传。女子盘腿坐在奔驰车引擎盖上,控诉其糟心的购车经历。

女子自称是研究生毕业,花了66万购买的奔驰车,还没有开出4S店,发动机就漏油了。在多次沟通之后,4S店方面出尔反尔,仅仅同意更换发动机,不能换车、退车。不得已之下,女子才"大闹4S店"。

此事在网上迅速发酵,涉事4S店声称"已和解",但很快遭到女车主"打脸"。

随着女车主维权成为热搜话题,当地市场监管部门介入调查,并在13日责成"利之星"4S店尽快落实"退车退款"事宜。

(选自网易网)

(4)大合唱、广场舞被严管,北京公园降分贝,京味儿也淡了

大合唱、广场舞、各种吹拉弹唱……公园里好像歌舞厅,想好好遛弯儿实在太吵,住在周边更是不堪其扰,连睡个懒觉都不行。如今,在本市公园,这些类似的公园高分贝噪音已经得到整治,很多公园启动了降噪行动。不过,公园里越来越清净,有市民担心,是不是老北京的味道淡了。

随着天气转暖,来公园锻炼的市民逐渐多起来了。早上8点多,在景山公园,有十几位老年人自带音响,放着音乐,做着拍手操,也有市民随身带着收音机散步,音量都比较适宜。"原来早晨6点多就有练声的,比较吵闹,景山合唱团原来经常在这里唱歌。现在经过降噪管理后,都是周六周日在后山唱。"住在附近的王阿姨表示,自己更喜欢降噪后安静的公园,之前虽然比较热闹好玩,但的确比较吵。

(选自北京日报网)

(5)上海推出纯方言早教引网友热议

近日,一些上海家庭选择将孩子送到纯沪语的早教机构学习,期望孩子可以尽早接触上海方言,并熟练掌握。

最近,一些以上海方言为教学语言的早教机构成为很多上海父母的新选择。一家沪语早教中心的园长表示,很多家长意识到,不会讲上海方言的并不只有自家孩子。

这件事在网上引发了网友的热烈讨论。大部分网友表示支持,称"方言丢掉太可惜"。也有网友表示反对,称孩子正处于受教育的启蒙时期,教孩子说方言之后,

普通话会带口音。

　　对于给孩子选择纯沪语早教，上海本地的家长表示不希望看到会讲家乡话的人越来越少。钱静(音译)是土生土长的上海人，她选择把孩子送去沪语早教机构，她认为孩子们应该会说自己家乡的方言。她表示，自己的儿子在早教中心很适应，因为那里的老师都说方言。她说："作为一个土生土长的上海人，我最不想看到的就是上海人不说上海话了。"而外来的"新上海人"则认为，会讲上海话会增加归属感。张逸(音译)是移居上海的外地人，她说她选择让女儿去这个早教机构的原因恰恰就是因为他们提供纯沪语教学。对她来说，学习上海话能增加归属感。"你熟悉了这种方言后就会觉得跟这个城市更加亲近了。"

(选自中国日报网)

　　(6)警方通报"保时捷女子打人反被打耳光"事件

　　7月30日，一则网传视频显示重庆渝北区两路附近，一驾驶保时捷的女子在调头时与另一辆车的男司机发生口角，随后冲突升级，两人各扇对方一耳光。30日晚6时40分左右，重庆市公安局官方号"平安重庆"在抖音平台上表示，已对该女子罚款250元。

　　视频画面显示，一头戴宽檐帽、脚穿高跟鞋、身穿黑白吊带连体裤的女子从红色保时捷下车后，径直走到一辆银灰色奇瑞轿车旁，与白衣男司机言语，似乎十分激动。男司机下车后，两人在现场继续争执，女司机率先向对方扇了一耳光，男司机立刻用手还击，女司机打了个趔趄，用手撑住车才站起，帽子飞至两三米远。

　　"平安重庆"发布的视频称，事发地点在重庆市渝北区龙盛街路口，事发时间为7月30日8时50分。经交巡警查明，该女子驾车未按规定掉头，罚款200元；驾车戴帽、穿高跟鞋等妨碍安全行车的行为，扣2分，罚款50元。双方就纠纷达成调解协议。有评论表示，"话说女子做生意赚了钱，有钱也不能任性，当街动手更不可取"！

(选自央视网)

　　(7)郑州"高空抛2个灭火器被全楼驱逐"涉事租户同意搬离小区

　　河南郑州13岁男孩高空抛下2个灭火器一事有了最新进展。

　　7月11日，郑州市经开区远大理想城小区物业管理一名工作人员告诉澎湃新闻，今天早上，涉事租户的房东告知物业，该租户已经同意搬离小区。目前，涉事租户正在与被砸电动车的车主协商处理此事。

　　据《河南商报》7月10日报道，7月8日晚上7时许，郑州市经开区远大理想城小区发生一起高空抛灭火器事件。经排查，该小区租户家的一名13岁男孩从所在楼层抛下2个灭火器,未造成人员伤亡,但造成一辆电动车有损坏痕迹。事发后,该楼栋业主持一致意见,要求男孩一家从这里搬离。

7月10日,抛下灭火器的男孩及其家长写下道歉信和保证书,贴在事发楼栋3个单元门口,向业主道歉。业主提供的保证书显示,他解释了高空抛物的原因,他想看看扔下灭火器会怎么样。男孩认为别人无法查明是他扔的。他希望业主再给他一次机会,并保证不会再犯。目前,男孩和家长已经将手写道歉信贴在该小区36号楼楼下。但仅个别业主愿意原谅他们,其他业主都希望他们搬离小区。

(选自澎湃新闻)

(8)聋哑外卖小哥遭差评"送餐还讨钱"

从外卖平台上点了餐,送快递的是一个聋哑人,他竟然掏出残疾证让客户捐钱?这让点餐的客户格外愤怒,在点餐平台上狠狠地给了差评。随后,商家在评论下回复称,已向公司投诉,并表示,"绝对不会再有聋哑人送餐了"。

1月3日晚上,一份土豆丝、一份粉蒸排骨加一份米饭,和22岁的外卖小哥刘之翔前几天送的外卖没什么差别,取餐、送餐,很近,整个过程不过10多分钟。但他没有想到,这份普通的外卖竟然让他戴上了"要钱"的帽子。刘之翔通过手机打字,告诉记者,他记得那是晚饭时间,他将外卖送给客人后,将挂在胸前的工作牌递给客人,但对方连工作牌上的字都没有看,就挥手让他走。"他们以为我的工作牌就是要(他们献)爱心。"

该平台都江堰负责人朱峻推测,客户大概是因为遇到过聋哑人出示残疾证乞讨的不愉快经历,所以一看到刘之翔掏出的牌子上写有聋哑人的字样,就习惯性地认为,这是聋哑人在乞讨。

刘之翔1岁多时,因为生病丧失了听力和语言能力,现在这份外卖送餐员的工作,是找了快半年才找到的。之所以做外卖骑手,刘之翔说,是因为他不想浪费时间,希望靠劳动过上能养活自己的生活。

(选自新浪微博@成都商报)

(9)陪写作业让中国一半人口陷入集体焦虑

据今日头条网消息,日前一网络视频曝出,上海一位爸爸陪娃写作业气到崩溃,当场管亲生儿子叫"爷叔"。这是继"辅导儿子写作业到五年级,心梗住院做了两个支架"之后,席卷网络的又一则新闻,引发新一轮全民吐槽。众多家长痛诉陪孩子写作业的"血泪史"。"老娘我做错了什么,要陪孩子写作业?!"上海家长的一句哀号可谓说出了中国父母的心声。

家长的反应并非空穴来风,《写作业压力报告》数据显示,在中国,91.2%的家长有陪孩子写作业的经历,其中每天陪的高达78%。学生年级越高,家长陪写作业的时间越长,有7%的高中生家长每天陪写作业超过4小时。上班、陪作业无缝衔接,家长们感到身心俱疲,"就像每天打两份工"。而陪写作业,也成为影响中国家长幸福感的主因。热点新闻背后,一种"集体焦虑"情绪弥漫开来。

(选自今日头条网)

(10)三岁稚儿鞠躬致谢救命好医生

《楚天都市报》消息:有一张著名的百年老照片,照片里一名小患者彬彬有礼地向"洋医生"鞠躬,医生也深深鞠躬回礼,这张照片体现了当时和谐的医患关系。近日,同样温暖的一幕也发生在武汉市中心医院后湖院区儿科门诊,一名3岁男孩向挽救了自己生命的医生鞠躬致谢,医生也鞠躬回礼。

12月5日,家住汉口后湖的3岁男孩军军因高烧出现抽搐,到武汉市中心医院后湖院区就诊。冲进儿科诊室时,军军已出现意识模糊、双眼上翻、四肢抽搐、牙关紧闭等症状。儿科杨惠琴主任医师意识到孩子的状况十分危急,快速撬开军军的牙关,迅速将自己的手指伸了进去,帮其抵住舌头,以免孩子窒息。随后,杨医生为军军进行了退热、镇静等针对性治疗,半小时后军军情况有所好转。

军军转危为安,其父母感激不已。上周五,军军的父母带军军来医院复查输液,并特意让军军向杨主任鞠躬致谢,杨主任也赶紧鞠躬回礼,在场的护士拍下了这感人的一幕。孩子的父亲告诉记者,希望用这个鞠躬告诉孩子,要做一个懂得感恩的人。

(缩编自《楚天都市报》)

(11)江苏高邮:两小伙"逆行"救火不留名

央视网消息:前不久,在江苏高邮,路过的行人发现二楼一居民家的厨房着火,火光越来越大。两名年轻人不顾自身危险挺身而出,爬楼破窗救火,事后又不留姓名悄悄离开。

从市民手机拍摄的画面看到,这处居民楼二楼的火势越来越大。两个小伙子正通过居民楼的雨水管道爬到二楼平台,试图拆开防盗栅栏进入房间。

两人从窗户先后爬进了房间。很快明火被扑灭,火势得到控制。而两个小伙子则悄悄离开了。事发时有人在现场拍下了其中一人的视频。

事后经多方寻找,记者找到了另一位进屋救火的年轻人,他叫黄淦海,是高邮本地人。

黄淦海说,他也不认识另外一名救火男子。两人进入房间,发现起火原因后,随即实施扑救。

据了解,火灾原因是房主外出忘关煤气灶,灶台上的食物烧干后点燃周边物品。一旦火势继续蔓延,后果不堪设想。

(选自央视网)

(12)上海生活垃圾新规实施满月 外卖平台"无须餐具"订单增长迅猛

中新网上海8月1日电:上海市生活垃圾强制分类施行一个月以来,生活垃圾分类工作取得了阶段性成果。外卖平台饿了么数据显示,上海区域的"无须餐具"订单增长迅猛,自7月1日至7月30日,上海"无须餐具"订单环比6月同期,提升了471%。

数据显示,"无须餐具"订单单量最高的商户主要是炸鸡烤串和奶茶果汁。炸鸡烤串商户收到的"无须餐具"订单在6月的订单占比为5.8%(该类商户在"无须餐具"总订单量里的占比),新规实施的这一个月来,占比已达7.7%,同样,奶茶果汁类商户的"无须餐具"订单直接从6月的5.2%上升到7月的7.0%。

静安寺的一色拉商户负责人刘晴女士表示,自7月1日以来,店铺内堂食的餐具从一次性餐具改为不锈钢刀叉。不少送往办公商务楼和居民区的外卖订单备注"无须餐具"的情况也越来越多,"因为不少白领在办公室用餐,他们都会自备餐具",刘晴表示,随着"无须餐具"订单的增多,她店内用于餐具的开支也大大节省了,顾客的环保意识也越发强烈。

根据订单备注显示,很多用户为了避免浪费,从源头减少垃圾的产生,自7月1日以来,已有1000多个奶茶果汁订单备注了类似"只要十颗珍珠"的信息,超1500个炸鸡炸串订单备注了类似"炸串不要签子"的信息。

(选自中新网)

附　录

一、易读错的字

b

畚箕(běnjī)　　匕首(bǐ)　　泌阳(Bì)　　秘鲁(Bì)
胳臂(bei)　　臂膀(bì)　　针砭(biān)

c

谄媚(chǎn)　　羼水(chàn)　　霓裳羽衣(cháng)
一场雨(cháng 用于事情的经过)
三场比赛(chǎng 用于文体活动)　　匀称、对称、称职(chèn)
种(Chóng 姓氏)　　憧憬(chōng)　　驰骋(chěng)　　鞭笞(chī)
处暑、处理(chǔ)　　揣着书(chuāi)　　啜(Chuài 姓氏)
汆丸子(cuān)

d

档案(dàng)　　订正(dìng)　　胴体(dòng)　　句读(dòu)
拾掇(duo)

f

菲薄(fěi)　　氛围(fēn)　　果脯(fǔ)

g

准噶尔(gá)　　勾当(gòu)　　呱呱坠地(gū)

h

薅草(hāo)　　契诃夫、堂吉诃德(hē)　　道行(heng)
飞来横祸、蛮横、发横财(hèng)　　哄抬、哄堂大笑(hōng)
哄逗、哄骗(hǒng)　　一哄而散(hòng)　　白桦树(huà)

和泥、和面(huó)　和稀泥(huò)　溃脓(huì)　馄饨(húntun)

j

通缉(jī)　　窗明几净(jī)　嫉妒(jí)　给予(jǐ)　人才济济(jǐ)
脊背、脊梁、脊柱(jǐ)　　成绩(jì)　　里脊(ji)
渐染、东渐于海(jiān)　　眼睑(jiǎn)　　请柬(jiǎn)
矫枉过正(jiǎo)　　缴纳、缴费(jiǎo)　　发酵(jiào)
粳米(jīng)　腈纶(jīng)　根茎(jīng)　颈部(jǐng)
以儆效尤(jǐng)　　强劲、劲敌、劲旅(jìng)　靓妆(jìng)
解送、押解(jiè)　　循规蹈矩、矩形(jǔ)　前倨后恭(jù)
绢花(juàn)　配角儿、角色(jué)　　龟裂(jūn)

k

倥偬(kǒngzǒng)　　内窥镜(kuī)　　傀儡(kuǐ)

l

落不是(lào)　琅琅书声(láng)　硕果累累(léi)　伤痕累累(lěi)
连篇累牍(lěidú)　　连累(lěi)　　量杯(liáng)　度量衡、量体裁
衣(liàng)　　淋病(lìn)
绿林好汉(lù)　棕榈(lǘ)

m

草莽(mǎng)　　扪心自问(mén)　披靡(mǐ)　腼腆(miǎntiǎn)
酩酊(mǐngdǐng)　抹墙(mò)　　模样(mú)

n

泥淖(ní)　　拘泥、泥古不化、泥子(nì)　　忸怩(niǔní)
驽马(nú)　　弩弓(nǔ)

p

喷香(pèn)　　土坯、坯胎(pī)　砒霜(pī)　癖好、洁癖(pǐ)
媲美(pì)　　睥睨(pìnì)　　大腹便便(pián)
剽窃、剽悍(piāo)　　　骠勇(piào)　娉婷(pīngtíng)
湖泊(pō)　　开封繁塔(pó)　曝晒、一曝十寒(pù)

q

菜畦(qí)　　　绮丽(qǐ)　　　　蹊跷(qīqiāo) 哨卡(qiǎ)
地壳、金蝉脱壳、甲壳(qiào)　　牵强附会(qiǎng)
襁褓(qiǎngbǎo)　　　　　　　　龋齿(qǔ)　　　蜷缩(quán)

r

绕(rào)　　　妊娠(rènshēn)

s

禅让、封禅(shàn)　　　　搭讪、讪笑(shàn)
教室、办公室(shì)　　　　狩猎(shòu)
箪食壶浆(shí)　　　　　　精髓(suǐ)

t

体己(tīji)　　轻佻(tiāo)　　　妥帖(tiē)
请帖、一帖药、帖子(tiě)　　字帖(tiè)
上吐下泻(tù)　　　　　　　　吐槽(tǔ)

w

海参崴(wǎi)　龌龊(wòchuò)

x

新潟(xì)　　　纤维(xiānwéi)　　嫌弃(xián)　　鲜见(xiǎn)
骁勇、骁将(xiāo)　　　　　　　相机行事(xiàng)
叶韵(xié)　　挟制(xié)　　　　浑身解数(xiè)
乳臭、铜臭(xiù)　　　　　　　眩晕(xuànyùn)

y

倾轧(yà)　　　殷红(yān)　　　筵席(yán)　　　梦魇(yǎn)
窈窕(yǎotiǎo)　笑靥(yè)　　　迤逦(yǐlǐ)　　　旖旎(yǐnǐ)
荫凉(yìn)　　　树荫(yīn)　　　应届(yīng)　　　佣工、佣人(yōng)
佣金(yòng)　　迂回、迂腐(yū)　年逾古稀(yú)
鹬蚌相争(yù)　伛偻(yǔlǚ)　　　熨帖(yùtiē)

附 录

头晕、晕厥(yūn)　　　　　晕车、晕船、晕机、晕针(yùn)

Z

包扎、扎小辫(zā)
拒载、载人、载体、载运、怨声载道、载歌载舞(zài)
谮言(zèn)　　驻扎(zhā)　　札记(zhá)　　择菜(zhái)
占卜、占星术(zhān)　　棋高一着(zhāo)　　着慌(zháo)
召开、号召(zhào)　动辄(zhé)　症结(zhēng)　踯躅(zhízhú)
抵掌(zhǐ)　　趾甲(zhǐ)　　卷帙浩繁(zhì)
博闻强识(zhì)　　　　中肯(zhòng)　　压轴(zhòu)
白术(zhú)　莺啼鸟啭(zhuàn)　琢磨(zhuómó 加工义)
琢磨(zuómo 思索义)　　涿州(zhuō)　　渣滓(zǐ)
编纂(zuǎn)

二、易读错的成语

一画

一丘之貉(hé)　　一气呵成(hē)　　一筹莫展(chóu)
一曝十寒(pù)　　一蹴而就(cù)

二画

十恶不赦(è)　　力能扛鼎(gāng)

三画

义愤填膺(yīng)　　大放厥词(jué)　　飞扬跋扈(hù)

四画

户枢不蠹(shū dù)　　斗转参横(shēn)　　心怀叵测(pǒ)
为虎作伥(wèi chāng)　火中取栗(lì)　　天崩地坼(chè)
开门揖盗(yī)　　无懈可击(xiè)　　不辨菽麦(shū)
不容置喙(huì)　　以讹传讹(é)　　分道扬镳(biāo)
毛骨悚然(sǒng)　　毛遂自荐(suí)　　风驰电掣(chè)
风声鹤唳(lì)　　反躬自省(xǐng)

五画

未雨绸缪(chóumóu)　　功亏一篑(kuì)　　厉兵秣马(mò)
叱咤风云(chìzhà)　　皮开肉绽(zhàn)　　奴颜婢膝(bìxī)
发人深省(xǐng)

六画

汗流浃背(jiā)　　安土重迁(zhòng)　　安步当车(dàng)
并行不悖(bèi)　　关山迢递(tiáodì)　　动辄得咎(zhé jiù)
有加无已(yǐ)　　亘古未有(gèn)　　吃一堑长一智(qiàn)
因噎废食(yē)　　同仇敌忾(díkài)　　同出一辙(zhé)
杀一儆百(jǐng)　　众目睽睽(kuí)　　年高德劭(shào)
色厉内荏(rěn)　　自惭形秽(cán huì)　　自吹自擂(léi)
自作自受(zuō)　　如火如荼(tú)　　岌岌可危(jí)
刚愎自用(bì)　　讳疾忌医(huì jì)

七画

沐雨栉风(zhì)　　穷奢极侈(shē chǐ)　　忧心忡忡(chōng)
言简意赅(gāi)　　良莠不齐(yǒu)　　杞人忧天(qǐ)
囫囵吞枣(húlún)　　时乖命蹇(jiǎn)　　余勇可贾(gǔ)
纷至沓来(tà)　　饮鸩止渴(zhèn)

八画

怙恶不悛(hù quān)　　放荡不羁(jī)　　玩火自焚(fén)
直言贾祸(gǔhuò)　　虎视眈眈(dān)　　咄咄逼人(duō)
图穷匕见(bǐ)　　乳臭未干(xiù)　　侃侃而谈(kǎn)
所向披靡(mǐ)　　参差不齐(cēncī)　　苦心孤诣(yì)
迥然不同(jiǒng)　　垂涎三尺(xián)

九画

恬不知耻(tián)　　相形见绌(chù)　　枵腹从公(xiāofù)
咫尺天涯(zhǐ)　　冒天下之大不韪(wěi)　　咬文嚼字(jiáo)
神采奕奕(yì)　　神差鬼使(chāi)　　草菅人命(jiān)

鬼蜮伎俩(yùjìliǎng)　　轶群超伦(yì)　　　　　诲淫诲盗(huì)
剑拔弩张(nǔ)　　　　　骇人听闻(hài)

十画

称心如意(chèn)　　　　海市蜃楼(shèn)　　　　剜肉补疮(wān chuāng)
高瞻远瞩(zhān zhǔ)　　病入膏肓(gāohuāng)　　栩栩如生(xǔ)
厝火积薪(cuò xīn)　　　破绽百出(zhàn)　　　　蚍蜉撼大树(pí fú)
娓娓动听(wěi)　　　　　造谣中伤(zhòng)　　　　脍炙人口(kuài zhì)

十一画

深恶痛绝(wù)　　　　　得不偿失(cháng)　　　　唾手可得(tuò)
绰绰有余(chuò)

十二画

惴惴不安(zhuì)　　　　越俎代庖(zǔ páo)　　　　煮豆燃萁(qí)
揠苗助长(yà)　　　　　提纲挈领(qiè)　　　　　朝不保夕(zhāo)
确凿不移(záo)　　　　　屡见不鲜(lǚ xiān)　　　啼饥号寒(háo)
喋喋不休(dié)　　　　　量才录用(liàng)　　　　量入为出(liàng)
短小精悍(hàn)　　　　　销声匿迹(nì)　　　　　缓兵之计(huǎn)

十三画

数典忘祖(shǔ)　　　　　趑趄不前(zī jū)　　　　嗤之以鼻(chī)
解甲归田(jiě)　　　　　遗臭万年(chòu)

十四画

模棱两可(léng)　　　　踌躇满志(chóu chú)

十五画

横征暴敛(héng liǎn)　　暴戾恣睢(lì suī)　　　　暴殄天物(tiǎn)
暴虎冯河(píng)

十六画

瞠目结舌(chēng)　　　　蹉跎岁月(cuō tuó)　　　邂逅(xiè hòu)

十七画

罄竹难书(qìng)

十八画

翻箱倒箧(qiè)

十九画

魑魅魍魉(chīmèiwǎngliǎng)

二十画

鳞次栉比(zhì)

三、易读错的地名

安徽

石埭(dài)　　黟县(Yī)　　枞阳(Zōng)　　泾县(Jīng)
蚌埠(Bèngbù)　　亳州(Bó)　　涡阳(Guō)　　歙县(Shè)
濉溪(Suī)　　六安(Lù)①　　砀山(Dàng)

福建

长汀(Chángtīng)　　闽侯(Mǐnhòu)　　海澄(chéng)　　莆田(Pú)
将乐(Jiānglè)　　厦门(Xià)

甘肃(sù)

皋兰(Gāo)

广东

东莞(guǎn)　　高要(yāo)　　崖县(Yá)　　深圳(zhèn)
番禺(Pānyú)　　湛江(Zhàn)　　澄迈(Chéngmài)　　澄海(Chéng)

海南

儋州(Dān)

---

① 何九盈,王宁,董琨.辞源[M].3版.北京:商务印书馆,2015.《现代汉语词典》(第7版)未收录 lù 这一读音。

广西

百色(Bǎi)

贵州

三穗(suì)　　贞丰(Zhēn)　　贵筑(zhù)①　　婺川(Wù)　　鳛水(Xí)

河北

大城(Dài)　　井陉(xíng)　　乐亭(Lào)　　邯郸(Hándān)
柏乡(Bǎi)　　蠡县(Lǐ)　　获鹿(Huòlù)　　蔚县(Yù)　　新乐(lè)
蓟州(Jì)　　滦州(Luán)

河南

叶县(Yè)　　柘城(Zhè)　　武陟(zhì)　　浚县(Xùn)
泌阳(Bì)　　郏县(Jiá)　　尉氏(Wèishì)　　郾城(Yǎn)
漯河(Luò)　　阌乡(Wén)　　潢川(Huáng)　　睢县(Suī)
荥阳(Xíng)　　鄢陵(Yān)　　渑池(Miǎn)　　西峡(xiá)

黑龙江

桦川(Huà)　　讷河(Nè)　　爱辉(Àihuī)　　绥棱(Suíling)②
穆棱(Mùlíng)

湖北

郧县(Yún)　　监利(Jiàn)　　秭归(Zǐ)　　黄陂(pí)
蒲圻(Púqí)　　蕲春(Qí)

湖南

耒阳(Lěi)　　茶陵(Chá)　　晃县(Huàng)③　　郴州(Chēn)
溆浦(Xùpǔ)　　酃县(Líng)

---

① 旧读 zhú。
② 旧读 léng。
③ 旧地名,今改称新晃(Xīnhuǎng),侗族自治县。

吉林

珲春(Hún)　镇赉(lài)

江西

婺源(Wù)　波阳(Bō)　新淦(Gàn)　雩都(Yúdū)
铅山(Yán)　鄱阳湖(Pó)　浒湾(Xǔ)

江苏

句容(Jù)　盱眙(Xūyí)　邗江(Hán)　浒墅关(Xǔ)
邳州(Pī)　沭阳(Shù)　睢宁(Suī)　溧水(Lì)

辽宁

阜新(Fù)

内蒙古

巴彦淖尔(nào)　碾口(Dèng)

青海

湟源(Huáng)　亹源(Mén)

山东

莒县(Jǔ)　茌平(Chí)　莘县(Shēn)　乐陵(Lào)
东阿(ē)　汶上(Wèn)　沂水(Yí)　单县(Shàn)
即墨(Jímò)　临朐(qú)　冠县(Guàn)　费县(Fèi)[①]
郯城(Tán)　菏泽(Hézé)　郓城(Yùn)　栖霞(Qī)
掖县(Yè)　鄄城(Juàn)　峄县(Yì)

山西

隰县(Xí)　繁峙(shì)　长子(Zhǎng)　屯留(Tún)
曲沃(Qūwò)　应县(Yìng)　汾阳(Fén)　沁水(Qìn)
岢岚(Kělán)　临猗(yī)　崞县(Guō)

---

① 旧读 bì。

解①州(Xiè)　　洪洞(Hóngtóng)

陕西

邠县(Bīn)　　华阴(Huà)　　佛坪(Fóping)　　沔县(Miǎn)
吴堡(bǔ)　　郃阳(Hé)　　柞水(Zhà)　　汧阳(Qiān)
栒邑(Xún)　　乾县(Qián)　　略阳(Lüè)　　郿县(Méi)
雒南(Luò)　　鄜县(Fū)　　鄠县(Hù)　　澄城(Chéng)
盩厔(Zhōuzhì)②　　耀州(Yào)

上海

莘庄(Xīn)　　陆家浜(bāng)

四川

郫县(Pí)　　珙县(Gǒng)　　犍为(Qiánwéi)　　什邡(Shífāng)
邛崃(Qiónglái)　　乾宁(Qiánníng)　　越嶲(xī)　　筠连(Jūn)
阆中(Làng)

西藏

日喀则(kā)

新疆

于阗(tián)　　和硕(Héshuò)　　和阗(Hétián)③　　莎车(Shāchē)
尉犁(Yùlí)　　婼羌(Ruòqiāng)　　喀什(Kāshí)　　焉耆(Yānqí)
鄯善(Shànshàn)　　巴音郭楞(léng)

云南

宁蒗(Nínglàng)　　畹町(Wǎndīng)　　漾濞(bì)　　綦江(Qí)

浙江

天台(tāi)　　台州(Tāi)　　乐清(Yuè)　　嵊州(Shèng)
鄞州(Yín)　　诸暨(Zhūjì)　　丽水(lí)

---

① 当地人口头读为 hài，当地路牌上的注音既有 hài，也有 xiè。
② 今作"周至"。
③ 1959 年更名为"和田"。

北京

奤夿屯(Hǎbātún)　　潴县(Huǒ)　　岧峪(Tóngyù)

大栅栏(Dàshílànr,"栏"约定俗成读成儿化音)

天津

泃河(Jū)

重庆

涪陵(Fú)　　　北碚(Bèi)

香港

尖沙咀(zuǐ)

澳门

氹仔(Dàngzǎi)

四、易读错的中药名

二画

人参(shēn)

三画

大戟(jǐ)　　大蓟(jì)　　大黄(dà)[①]　　山栀子(zhī)　　川芎(xiōng)

四画

巴戟天(jǐ)　　文蛤(gé)　　木天蓼(liǎo)　　毛茛(gèn)

水蛭(zhì)　　牛蒡(bàng)　　丹参(shēn)　　瓦楞子(léng)

乌桕(jiù)

五画

代赭石(zhě)　　玄参(xuánshēn)　　白术(zhú)　　白蔹(liǎn)

---

① 旧读 dài。

白僵蚕(jiāng)

六画

全蝎(xiē)　　戎盐(róng)　　肉苁蓉(cōngróng)
血竭(xuèjié)　　朴树(pò)　　羊踯躅(zhízhú)　　老鹳草(guàn)

七画

没药(mò)　　没食子(mò)　　牡蛎(mǔlì)　　苎麻(zhù)
芫花(yuán)　　芜菁(wújīng)　　杓兰(sháo)　　芡实(qiàn)
诃子(hēzǐ)　　连翘(qiáo)　　苣荬菜(qǔ·mai)　　杜衡(héng)
羌活(qiāng)

八画

狗脊(jǐ)　　青葙子(xiāng)　　苤蓝(piě·lan)　　苴麻(jū)
苦楝皮(liàn)　　钗子股(chāi)　　降真香(jiàng)
罗勒(lè)

九画

枳椇子(zhǐjǔ)　　枸杞子(gǒuqǐ)　　省藤(shěngténg)　　胡荽子(suī)
香薷(rú)　　香蕈(xùn)　　香橼(yuán)　　荠菜(jì)
荨麻(qián)　　柽柳(chēng)　　茯苓(fúlíng)　　荆芥(jīngjiè)
蚤休(zǎo)　　茺蔚子(chōngwèi)

十画

桑螵蛸(piāoxiāo)　　栝楼(guālóu)　　秦艽(jiāo)　　莎草(suō)
莨菪(làngdàng)　　荸荠(bí·qi)　　莪术(ézhú)　　莕菜(xìng)
桔梗(jiégěng)　　莜麦(yóu)　　莼菜(chún)
桧柏(guìbǎi)　　豇豆(jiāng)　　栒子(xún)　　莱菔(láifú)
都捻子(dūniǎn)　　莴苣(wōjù)　　鸭跖草(zhí)

十一画

梓实(zǐ)　　梣木(qǐn)　　淫羊藿(huò)
麻蕡(fén)　　菹草(zū)　　菟丝子(tù)
黄耆(qí)　　萚叶(tuò)　　雪里蕻(hóng)

黄檗（bò）

十二画

斑蝥（máo）　　蛞蝓（kuòyú）　　萱草（xuān）　　靰鞡（wù·la）
葛根（gé）　　　棣棠（dì）　　　酢浆草（cù）　　葳蕤（wēiruí）

十三画

赪桐（chēng）　　蒟蒻（jǔruò）　　蒺藜（jí·li）　　蒴果（shuò）
蓍草（shī）　　　蒯草（kuǎi）　　榉树（jǔ）　　　楝树（liàn）
榅桲（wēn·po）　　楷树（jiē）　　　楸树（qiū）
椴树（duàn）　　　稗子（bài）

十四画

箬竹（ruò）　　　蔓菁（mán·jing）　　蔊菜（hàn）
槟榔（bīng·láng）　榛子（bīn）　　　榧树（fěi）　　　槜李（zuì）
豨莶（xīxiān）　　蝉蜕（tuì）　　　罂粟（yīngsù）

十五画

蕲艾（qí）　　　蕙兰（huì）　　　蕺菜（jí）　　　樗（chū）
槲栎（húlì）　　缬草（xié）

十六画

薄荷（bò·he）　　薏苡（yìyǐ）　　蕹菜（wèng）　　薤白（xiè）
薜荔（bì）　　　篸菜（zàn）

十七画

螺蛳（luó·sī）

十八画

瞿麦（qú）　　　藨草（biāo）　　檫木（chá）　　　檵木（jì）
藁本（gǎo）

十九画以上

蟾酥（chán）　　蘘荷（ráng）　　鳢肠（lǐ）　　　蠡实（lǐ）　　蘡薁（yīngyù）

五、易读错的姓氏、少数民族名称

姓氏

乜(Niè)	仇(Qiú)	殳(Shū)	乐①(Yuè/Lè)
朴(Piáo)	华(Huà)	曲(Qū)	任(Rén)
那(Nā)	冼(Xiǎn)	柏(Bǎi)	哈(Hǎ)
员(Yùn)	查(Zhā)	过(Guō)	郄(Qiè)
区(Ōu)	盛(Shèng)	单②(Shàn/Dān)	
解(Xiè)	葛(Gě)	燕(Yān)	缪(Miào)
盖(Gě/Gài)	褚(Chǔ)	戚(Qī)	邹(Zōu)
韦(Wéi)	酆(Fēng)	岑(Cén)	卞(Biàn)
卜(Bǔ)	尹(Yǐn)	邵(Shào)	臧(Zāng)
纪(Jǐ)③	樊(Fán)	昝(Zǎn)	应(Yīng)
干(Gān)	诸(Zhū)	於(Yū)	覃(Qín/Tán)
长孙(Zhǎngsūn)	尉迟(Yùchí)	澹台(Tántái)	
诸葛(Zhūgě)	万俟(Mòqí)		

少数民族名称

僮(Zhuàng)	侗(Dòng)	傣(Dǎi)	彝(Yí)
佤(Kǎwǎ)	柯尔克孜(Kē'ěrkèzī)	傈僳(Lìsù)	
侬(Nóng)	拉祜(Lāhù)	羌(Qiāng)	仫佬(Mùlǎo)
达斡尔(Dáwò'ěr)	仡佬(Gēlǎo)		

历史上的民族

吐蕃(Tǔbō)

注音依据：①中国社会科学院语言研究所词典编辑室.现代汉语词典[M].7版.北京：商务印书馆，2016.
②何九盈，王宁，董琨.辞源[M].3版.北京：商务印书馆，2015.
③各地政府网站注音。

---

① 两音分别为来源不同的两个姓。
② 两音分别为来源不同的两个姓，今 shàn 姓居多。
③ 中国社会科学院语言研究所词典编辑室.现代汉语词典[M].7版.北京：商务印书馆，2016：613.近年也有读 Jì 的。

六、岔曲习唱

妙词新岔

作词：王峥 编曲：孙鸿宴

(1. 21 5 6 5 | 1 2 3 2 1 | 0 1 5 1) | 5 i 6 i | 5 i i | 0 3 2 i |
　　　　　　　　　　　　　　　　　　　北京人儿说 北京音儿　　唱　段

i 6 5 5 3. | 3. 5 6 5 6 | 0 3 2 i 2 7 | 6. 5 6 5 6 | 0 5 6 5 |（过门）| 3 2 5 |
岔　曲儿长　　　　精　　　　　　　神儿　　　　　　　　　　　　八　角

i 6 5 6 i | 6 5 3 5 2 | 2 — | 1 — |（过门）| i 6 5 0 6 i | 5 6 5 5 3. |
鼓　　　　下　　　　　　缀　着　长　　穗儿

i 6 i 5 i | 3 6 5 | 6 i 5 3 2 i | i 5 6 i i | 2 7 2 7 | 2 6 7 |
三 弦儿响　音 清 脆儿　弦 索 悠 悠　沁 人 心儿　唱不尽古往

2 2 6 2 2 | 2 7 6 i | i 6 3 3 | 5 3 2 | 5 i i 3 3 | 5 6 5 6 | 3 — |
今来北京的事儿 听不够佳音绝 句儿 美 妙 的 词儿

(大过门) 7 7 6 7 | 7 2 7 6 5 3 | 6 7. 6 |（过门）| i 6 6 i 6 i | 5 i | 0 3 2 i |
　　　　 吊 吊 嗓 熟　熟 词儿　　　　　　气 贯 丹 田 颂 扬　一

6. i 5 | i 5 6 5 | 6 i i 2 3 2 i | 6 5 3 5 | i 5 i 3 5 6 | 6 i 6 |
曲儿 唱 得是 农 夫 锄 刨 又 一 春儿　牧 童 卧在那 牛 背 之 上

6 i 3 5 6 i. | 6 i 5 i i | 6 7 2 2 7 6 | 6 i 5 i i | 6 5 3 5 |
横 短 笛儿 夏 日 天 长 柳 成 荫儿　麦 浪 轻 翻 波 浪 纹儿

2 2 2 7 | 2 2 | 3 2 i 7 6 | 5 5 5 2 3 | 7 6 7 6 7 6 | i i i 6 i |
蝉 销江树 悲 秋 意　　秋 山 秋 水　秋 声 秋 色 秋 风 秋 雨它

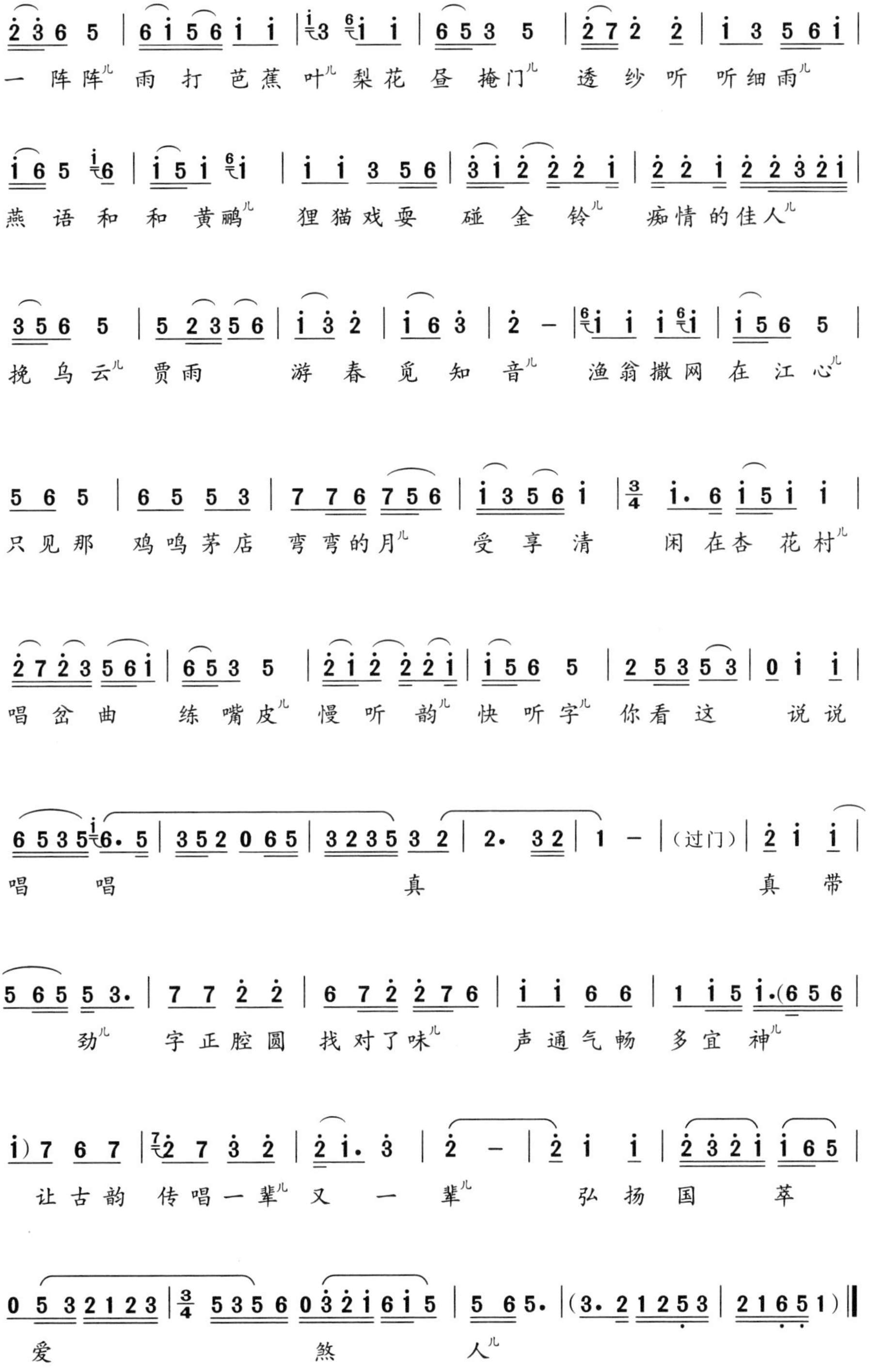
一 阵阵儿 雨 打 芭蕉 叶儿 梨花 昼 掩门儿 透 纱 听 听细雨儿
燕 语 和 和 黄鹂儿 狸猫戏耍 碰 金 铃儿 痴情的佳人儿
挽 乌 云儿 贯雨 游 春 觅 知 音儿 渔翁撒网 在 江 心儿
只见那 鸡鸣茅店 弯弯的月儿 受 享 清 闲 在杏 花村儿
唱 岔 曲 练 嘴 皮儿 慢 听 韵儿 快 听 字儿 你看这 说说
唱 唱 真 真 带
劲儿 字正腔圆 找对了味儿 声通气畅 多宜 神儿
让古韵 传唱一辈儿 又 一 辈儿 弘 扬 国 萃
爱 煞 人儿
（过门）

参考书目

国家语言文字工作委员会普通话培训测试中心编制.普通话水平测试实施纲要[M].北京:商务印书馆,2004.

周殿福.艺术语言发声基础[M].北京:中国社会科学出版社,1980.

徐世荣.普通话语音知识[M].北京:文字改革出版社,1980.

徐恒.播音发声学[M].北京:北京广播学院出版社,1985.

张颂.中国播音学[M].北京:北京广播学院出版社,2003.

罗常培,王均.普通语音学纲要[M].北京:商务印书馆,2002.

鲁允中.轻声和儿化[M].北京:商务印书馆,2001.

王今铮.简明语言学词典[M].呼和浩特:内蒙古人民出版社,1985.

金晓达,刘广徽.汉语普通话语音图解课本教师用书[M].北京:北京语言大学出版社,2006.

后　记

　　广播电视有声语言艺术,是艺术化的有声语言传播,区别于"大自然"的表达。同时也应是建立在一定规范之上的大众传播,即使在审美多元化的今天,也不能因追求所谓"个性"而抹杀"规范"。在如何纯正普通话语音、如何科学用声方面,前辈积累了诸多有益的经验。在此基础上,我愿意把自己在教学中的心得和发现梳理成册,与读者分享,希望能够更科学高效地指导播音专业教学和播音实践。

　　成书过程中,我得到了校内外专家的指点。我的导师李钢先生对本书的结构体系以及主要观点提出了建设性意见,为这本书的形成付出了大量心血。李钢老师从事播音实践和播音专业教学几十年,理论与实践融会贯通,学问"化到骨子里",听他的课是享受,也是福气! 李钢老师亲自示范朗读了本书的附录普通话声韵配合表,毫无疑问可以作为标准普通话语音的样板。

　　我还要感谢儒雅、乐业的凤辉师兄抽出宝贵时间为我的这本书作序;感谢寿柯力老师和王裕民老师不厌其烦地校稿;感谢杨俊英女士认真仔细地修改插图;感谢家人无微不至的关爱;感谢学生的信任和读者的期待;特别感谢责任编辑赵欣在怀孕和哺育宝宝的特殊时期给予的大力支持!

　　扎根于学院这片沃土,我愿意实实在在做一些研究,恳请专家、学者和广大读者给予指正!

　　作者电邮:bywangzheng@hotmail.com

王峥

2008年12月

图书在版编目(CIP)数据

语音发声科学训练/王峥编著.--3 版.--北京:中国传媒大学出版社,2020.4(2023.6 重印)
(全媒体播音主持科学训练)

ISBN 978-7-5657-2635-4

Ⅰ.①语… Ⅱ.①王… Ⅲ.①播音—发声法 ②主持人—发声法 Ⅳ.①G222.2

中国版本图书馆 CIP 数据核字（2019）第 269421 号

语音发声科学训练(第三版)
YUYIN FASHENG KEXUE XUNLIAN (DI-SAN BAN)

编　　著	王　峥
策划编辑	赵　欣
责任编辑	赵　欣
责任印制	阳金洲
封面设计	拓美设计

出版发行　**中国传媒大学**出版社

社　　址	北京市朝阳区定福庄东街 1 号	邮　　编	100024
电　　话	86-10-65450528　65450532	传　　真	65779405
网　　址	http://cucp.cuc.edu.cn		
经　　销	全国新华书店		
印　　刷	三河市东方印刷有限公司		
开　　本	710mm×1000mm　1/16		
印　　张	16.5		
字　　数	352 千字		
版　　次	2020 年 4 月第 3 版		
印　　次	2023 年 6 月第 4 次印刷		
书　　号	ISBN 978-7-5657-2635-4/G·2635		
定　　价	56.00 元(附数字资源)		

本社法律顾问:北京嘉润律师事务所　郭建平

普通话声韵配合表

1. 普通话声韵配合表发音示范　李　钢

声母\韵母	-i[前][后]	a	o	e	ê	er	ai	ei	ao	ou	an	en	ang	eng	i	ia	ie	iao	iou	ian	in	iang	ing	u	ua	uo	uai	uei	uan	uen	uang	ueng	ong	ü	üe	üan	ün	iong
						开口呼												齐齿呼										合口呼								撮口呼		
b		ba 巴	bo 玻				bai 白	bei 杯	bao 包		ban 般	ben 奔	bang 邦	beng 绷	bi 逼		bie 别	biao 标		bian 边	bin 宾		bing 兵	bu 布														
p		pa 爬	po 坡				pai 拍	pei 胚	pao 抛	pou 剖	pan 潘	pen 喷	pang 旁	peng 烹	pi 批		pie 撇	piao 飘		pian 偏	pin 拼		ping 平	pu 铺														
m		ma 妈	mo 摸	(me)么			mai 买	mei 梅	mao 猫	mou 谋	man 瞒	men 闷	mang 忙	meng 蒙	mi 迷		mie 灭	miao 秒	miu 谬	mian 棉	min 民		ming 名	mu 木														
f		fa 发	fo 佛					fei 非		fou 否	fan 帆	fen 分	fang 方	feng 风										fu 夫														
d		da 搭		de 德			dai 呆	dei 得	dao 刀	dou 兜	dan 担		dang 当	deng 登	di 低		die 爹	diao 刁	diu 丢	dian 颠			ding 丁	du 都		duo 多		dui 对	duan 端	dun 敦			dong 东					
t		ta 他		te 特			tai 胎		tao 掏	tou 偷	tan 摊		tang 汤	teng 腾	ti 梯		tie 贴	tiao 挑		tian 天			ting 听	tu 秃		tuo 托		tui 腿	tuan 团	tun 吞			tong 通					
n		na 拿		ne 讷			nai 奶	nei 内	nao 脑		nan 男	nen 嫩	nang 囊	neng 能	ni 泥		nie 捏	niao 鸟	niu 牛	nian 年	nin 您	niang 娘	ning 宁	nu 奴		nuo 挪			nuan 暖				nong 农	nü 女	nüe 虐			
l		la 拉		le 勒			lai 来	lei 雷	lao 老	lou 楼	lan 兰		lang 郎	leng 冷	li 梨	lia 俩	lie 列	liao 撩	liu 溜	lian 连	lin 林	liang 良	ling 零	lu 炉		luo 罗			luan 乱	lun 论			long 龙	lü 吕	lüe 掠			
g		ga 嘎		ge 哥			gai 该	gei 给	gao 高	gou 沟	gan 干	gen 根	gang 刚	geng 庚										gu 姑	gua 瓜	guo 郭	guai 乖	gui 规	guan 官	gun 棍	guang 光		gong 工					
k		ka 咖		ke 科			kai 开		kao 考	kou 口	kan 看	ken 肯	kang 康	keng 坑										ku 枯	kua 夸	kuo 阔	kuai 快	kui 亏	kuan 宽	kun 困	kuang 筐		kong 空					
h		ha 哈		he 喝			hai 海	hei 黑	hao 耗	hou 侯	han 寒	hen 很	hang 杭	heng 哼										hu 呼	hua 花	huo 活	huai 怀	hui 灰	huan 欢	hun 昏	huang 荒		hong 轰					
j															ji 鸡	jia 家	jie 街	jiao 交	jiu 纠	jian 间	jin 斤	jiang 江	jing 京											ju 居	jue 决	juan 捐	jun 均	jiong 窘
q															qi 欺	qia 恰	qie 切	qiao 敲	qiu 秋	qian 千	qin 亲	qiang 腔	qing 青											qu 区	que 缺	quan 圈	qun 群	qiong 穷
x															xi 希	xia 瞎	xie 歇	xiao 消	xiu 休	xian 先	xin 新	xiang 香	xing 星											xu 虚	xue 学	xuan 宣	xun 勋	xiong 兄
zh	zhi 知	zha 渣		zhe 遮			zhai 摘	zhei 这	zhao 招	zhou 舟	zhan 占	zhen 针	zhang 张	zheng 争										zhu 朱	zhua 抓	zhuo 桌	zhuai 搋	zhui 追	zhuan 专	zhun 准	zhuang 庄		zhong 中					
ch	chi 吃	cha 插		che 车			chai 拆		chao 超	chou 抽	chan 产	chen 陈	chang 昌	cheng 成										chu 出	chuo 戳		chuai 揣	chui 吹	chuan 川	chun 春	chuang 窗		chong 充					
sh	shi 诗	sha 沙		she 奢			shai 筛	shei 谁	shao 烧	shou 收	shan 山	shen 身	shang 商	sheng 生										shu 书	shua 刷	shuo 说	shuai 衰	shui 水	shuan 栓	shun 顺	shuang 双							
r	ri 日			re 热					rao 绕	rou 柔	ran 然	ren 人	rang 嚷	reng 扔										ru 如		ruo 弱		rui 锐	ruan 软	run 闰			rong 绒					
z	zi 滋	za 杂		ze 则			zai 灾	zei 贼	zao 遭	zou 邹	zan 簪	zen 怎	zang 藏	zeng 增										zu 租		zuo 昨		zui 嘴	zuan 钻	zun 尊			zong 宗					
c	ci 雌	ca 擦		ce 测			cai 猜		cao 操	cou 凑	can 参	cen 岑	cang 仓	ceng 层										cu 粗		cuo 搓		cui 催	cuan 窜	cun 村			cong 葱					
s	si 司	sa 萨		se 色			sai 腮		sao 骚	sou 搜	san 三	sen 森	sang 桑	seng 僧										su 苏		suo 所		sui 虽	suan 酸	sun 孙			song 松					
零声母		a 阿		e 鹅		er 儿	ai 哀		ao 熬	ou 欧	an 安	en 恩	ang 昂		yi 衣	ya 鸭	ye 耶	yao 腰	you 优	yan 烟	yin 因	yang 央	ying 应	wu 乌	wa 娃	wo 窝	wai 歪	wei 威	wan 弯	wen 温	wang 汪	weng 翁		yu 迂	yue 约	yuan 渊	yun 晕	yong 拥

①此表收录普通话400个常用音节，不包括某些语气词或不常用的音节，如o(噢) nou(耨) eng(鞥)等。②me(么)本是mo，轻声音节弱化为me。不计数，加括号列入表格备用。③ong按照实际发音列入合口呼音节。④iong按照实际发音列入撮口呼音节。